"十三五"国家重点图书出版规划项目
Translation Series on the International
Law of the Sea

世界海洋法译丛

欧洲卷 III

张海文　张桂红　黄　影
·主编·

青岛出版社

《世界海洋法译丛》编译委员会

主　　任　张海文

副 主 任　李红云　张桂红　黄　影

委　　员　王居乔　王　娟　王莘子　宁　佳　白　雪
　　　　　　祁冬梅　刘煜洲　李　杨　张凯月　杨　涛
　　　　　　李晓宁　张　逸　林益涵　岳　霄　赵　沄
　　　　　　赵晓静　敖　梦　梁凤奎　谢　慧　蔡璧岭
　　　　　（按照姓氏笔画排列）

本卷主编　张海文　张桂红　黄　影

本卷翻译　张桂红　白　雪　刘煜洲　李晓宁　王　娟
　　　　　　杨　涛　赵　沄

本卷校对　张桂红

《世界海洋法译丛》出版委员会

主　　任　孟鸣飞

副 主 任　张化新　高继民

委　　员　李忠东　刘永贵　李明泽　张性阳　黄　锐
　　　　　　宋来鹏　周静静　宋　磊　张文健　朱凤霞
　　　　　　张　晓　王春霖

前 言
PREFACE

从1609年荷兰法学家格劳秀斯发表著名的《海洋自由论》到1994年11月16日《联合国海洋法公约》(以下简称《公约》)生效,海洋法经历了一个漫长而坎坷的发展过程。如今,海洋法已发展成为国际法中内容最新、最完备的一个分支。截至2017年11月,《公约》已成为一个拥有168个缔约国的国际条约。根据《公约》,沿海国家可以拥有自己的领海、毗连区、专属经济区、大陆架;群岛国还可拥有群岛水域。国家在不同的海域中行使不同的主权、主权权利和管辖权。

联合国秘书处海洋事务与海洋法司已将各国政府根据《公约》的有关规定向联合国秘书处交存的文件予以公布,这些文件主要有:(1)沿海国家的有关海图或地理坐标表,注明直线基线、群岛基线;领海、专属经济区和大陆架外部界限的大地基准点。(2)沿海国公布的所有有关无害通过的法律和规章;海峡沿岸国公布的在用于国际航行的海峡中有关过境通行的法律和规章;沿海国在其领海的特定区域内暂时停止外国船舶的无害通过的情况。(3)沿海国家的立法实践。

考虑到我们在海洋法研究、实践以及立法工作上的需要,我们决定将世界各国海洋立法、海洋边界实践以及国际海洋争端解决的经典案例译成汉语,并列为国家海洋局海洋发展战略研究所关于海洋权益与法律问题的系列研究项目之一,逐步编译成册出版,丛书名定为《世界海洋法译丛》。我们的决定得到了联合国秘书处海洋事务与海洋法司的赞同和支持。

本丛书的内容包括世界沿海国家的海洋立法汇编8卷（非洲卷1卷、欧洲卷3卷、美洲卷2卷、亚洲卷1卷、大洋洲卷1卷）、海上边界协定1卷、海洋法争端解决国际案例汇编1卷和海上边界国家实践发展现状4卷，共计14卷。

《公约》生效后，《公约》中包含的原则和规则开始对各国的海洋实践产生重大影响，在各国海洋立法中尤为明显。国内立法是国际法研究的一个重要方面，不仅是一国履行国际义务的实践，还可以为国际习惯法的形成和发展提供证据。本丛书中的沿海国海洋立法系列将沿海国立法分为5个部分，分别是非洲国家、亚洲国家、大洋洲国家、欧洲国家和美洲国家。在每部分中将国家按英文字母先后顺序排列。此系列的翻译原文均为联合国网站公布的各国提交的该国立法英文文本。需说明的是，其中有些立法是从其他语种的官方文本译为英文的。我们在翻译过程中尽量做到忠实原文，对有明显错误的地方作了注释。译文尽量保持原立法的完整性，仅对个别立法中与海洋法无关的内容作了省略，并作出标明。

海洋划界是现代海洋法的重要部分。《公约》对国家主权和管辖海域的规定（增加领海宽度、设立专属经济区这一新制度，重新界定大陆架等）使得各沿海国之间出现了大量的重叠主张。各沿海国家相互之间签署了大量的边界协议，但仍有200多项海洋划界问题亟待解决。海洋划界的发展经历了3个阶段：第一个阶段自18世纪至二战爆发前，见证了沿海国普遍接受将陆地领土主权延伸至领海的历程，形成了一些划界的基本原则。第二个阶段始于第一项领海范围以外海洋划界协定（1942年《帕里亚湾条约》）的出台，进而杜鲁门1945年发布《大陆架公告》，直至1958年《大陆架公约》和1969年《北海大陆架案》，见证了海洋划界向外拓展并涵盖大陆架的过程。第三个阶段自专属经济区概念和大陆架新定义首次引入第三次《联合国海洋法公约》会议谈判案文并最终写进《公约》开始，海洋划界有了新的内涵。本丛书中的海上边界协定部分收录了1942—1991年相关国家之间签订的海洋划界协定。为方便查询，协定按地区分类汇总，如大西洋区域（北大西洋和南大西洋）、加勒比区域、地中海区域、印度洋区域和太平洋区域（东太平洋和西太平洋），每个区域依照国别和划界区域列出协议。

本丛书中的海洋法争端解决案例系列收录了自19世纪末至20世纪初的33个海洋法典型案例，内容编排为7章，涵盖了海洋法主要的案例类型：第一章为基线、海湾和领海类案例；第二章为国际航行海峡类案例；第三章为海洋划界类案例；第四章为渔业和海洋生物资源类案例；第五章为公海刑事管辖权和船旗国管辖权类案例；第六章为航行类案例；第七章为海洋环境类案例。这些案例包含了国际常设法院（Permanent Court of International Justice, 2宗）、中美洲法院（Central American Court of Justice, 1宗）、国际法院（12宗）和国际海洋法法庭（International Tribunal for the Law of the Sea, 7宗）作出的判决及仲裁法庭（10宗）和特别委员会（1宗）作出的仲裁裁决。由于有些涉及海洋法的争议仍在审理当中，因此不排除以后会更新相关审理结果的可能性。

本丛书中的海上边界国家实践发展现状系列旨在广泛传播各国在实践中适用《公约》的现状，为《公约》的实施提供帮助，促进各国统一、一致地适用《公约》规定的复杂而全面的国际规则。此系列包括1982—1994年的双边和多边条约、国内立法及政府照会、宣告和声明，按照国家字母顺序逐一列出。内容涵盖以下事务：领海基线、领海宽度及归属、专属经济区的建立、大陆架的界定、海岸相向或相邻国家间海上边界的划定等。

本丛书的编译工作由张海文主持，北京大学法学院李红云教授及其部分研究生、北京师范大学法学院张桂红教授及其部分研究生以及原国家海洋局国际合作司梁凤奎、祁冬梅、宁佳、蔡璧岭等参与了翻译工作。天津外国语大学黄影讲师负责本丛书的审校工作。丛书的文字翻译是对联合国公开资料的客观展示，以利于国内读者作为资料参考，并不代表编者和出版者认可其观点和立场。在编译过程中由于水平所限，错误在所难免，在此欢迎读者批评指正。

本丛书集合了国内立法和政策、边界协定和国际法案例，为我国了解国际海洋边界的最新进展、熟悉"海上丝绸之路"沿线国家的基本情况以及国际司法和仲裁机构对各类涉海问题的解读和分析提供了权威参考资料,对于推动国际法治、实现海洋强国具有重要的现实意义。我们希望通过《世界海洋法译丛》的编译出版,能对我国研究海洋法的学者和学生、涉海的政府行政主管部门、海洋立法和执法机构提供一些帮助和参考,为我国海洋事业的发展尽绵薄之力。

编译者

2017年11月28日

目 录
CONTENTS

波兰 / Poland ··· **1**
    波兰共和国海上领域以及海上管理法令（1991年3月21日）············· 1

葡萄牙 / Portugal ··· **20**
    第49—369号法令(1969年11月11日)························· 20
    第33/77号关于葡萄牙领海以及专属经济区法律地位的法案
    （1977年5月28日）·································· 23
    第495/85号法令（1985年11月29日）······················· 25

罗马尼亚 / Romania ··· **31**
    第142号国家议会关于在黑海建立罗马尼亚专属经济区的法令
    （1986年4月25日）································· 31
    关于建立罗马尼亚内水、领海以及毗连区法律制度的法案
    （1990年8月7日）·································· 37

俄罗斯 / Russia ··· **48**
    俄罗斯联邦边界法案(1993年4月1日)······················· 48
    关于俄罗斯大陆架的联邦法(1995年10月25号由国家杜马通过)········ 68
    关于内水、领海和毗连区问题的俄罗斯联邦法案················· 97
    关于俄罗斯联邦专属经济区的联邦法案······················ 117

苏联 / USSR ·········· **146**

主席团关于大陆架的法令 (1968 年 2 月 6 日) ·········· 146

苏联内阁会议第 564 号关于开展大陆架工事以及保护自然资源过程

　　的决议 (1969 年 7 月 18 日) ·········· 148

苏联最高苏维埃主席团 1969 年 8 月 13 日关于《苏联最高苏维埃

　　主席团关于苏联大陆架的法令》的应用的决定 ·········· 150

苏维埃最高主席团关于苏维埃社会主义共和国专属经济区的决议 ·········· 151

第 4450 号声明 ·········· 157

第 4604 号声明 ·········· 157

斯洛文尼亚 / Slovenia ·········· **158**

斯洛文尼亚共和国生态保护区和大陆架法案 (2005 年 10 月 22 日) ·········· 158

颁布关于修订《海洋法典》(PZ-C) 法案的法令 ·········· 160

修订《海洋法典》(PZ-C) 的法案 ·········· 161

西班牙 / Spain ·········· **162**

第 10 号法令 (1977 年 1 月 4 日) ·········· 162

第 2510 号皇家法令 (1977 年 8 月 5 日) ·········· 163

关于专属经济区第 15 号法令 (1978 年 2 月 20 日) ·········· 175

第 1315 号关于在地中海建立渔业保护区的皇家法令

　　(1997 年 8 月 1 日) ·········· 177

第 1313 号皇家法令,地中海中西班牙渔业保护区界限的地理坐标列表

　　(1997 年 8 月 1 日) ·········· 178

瑞典 / Sweden ·········· **182**

关于大陆架的第 314 号法案 (1966 年 6 月 3 日) ·········· 182

关于大陆架法案（1966/314）应用程序的公告（1966/315）

　　1966 年 7 月 1 日 ·········· 185

瑞典领海法案 (1966 年 6 月 3 日) ·········· 187

第 375 号关于瑞典领海测量规则的皇家公告 (1966 年 6 月 3 日) ········ 187
关于外国舰艇以及军用飞机进入瑞典的公告 (1966 年 6 月 3 日) ······· 193
瑞典经济区法案 (1992 年 12 月 3 日) ·· 198
瑞典专属经济区条例 (1992 年 12 月 3 日) ······································ 201

英国 / United Kingdom ·· **205**

   1878 年领海管辖权法令 ·· 205
   1964 年领海枢密令 ··· 207
   大陆架法令 (1964 年 4 月 15 日) ·· 208
   1964 年大陆架决议（区域划定） ··· 213
   1965 年大陆架决议（额外区域划定） ·· 214
   1968 年大陆架决议（额外区域划定） ·· 217
   1968 年大陆架决议（管辖权） ·· 218
   1971 年大陆架决议（额外区域划定） ·· 220
   1971 年大陆架决议（管辖权修正案） ·· 223
   1974 年大陆架决议（额外区域划定） ·· 223
   1974 年大陆架决议（管辖权修正） ··· 224
   1979 年领海（修正案）枢密令 ·· 224
   1980 年大陆架（管辖权）决议 ·· 226
   对鱼类保护以及福克兰群岛享有海事管辖权的声明
      (1986 年四号公告，1986 年 10 月 29 日) ································ 229
   福克兰群岛—1986 年渔业条例（保护和管理） ···························· 230
   1987 年领海法令 (1987 年 10 月 1 日) ·· 243
   1989 年第 482 号领海（界限）决议
      （制定：1982 年 3 月 15 日，生效：1987 年 4 月 6 日） ············ 249
   延伸福克兰群岛外围保护区的公告 (1994 年 8 月 22 日) ·············· 250
   1994 年第 1 号公告 ·· 251

1999年渔场边界线法令 ……………………………………………… 252

1999年大陆架决议（区域划定）……………………………………… 254

2001年大陆架（区域划定）决议 （法定文件2001年第3670号）…… 258

2009年海洋及沿、近海管理法（专属经济区部分）………………… 259

建立英属印度洋领地环境（保护和保存区）的公告

    (2003年9月17日第1号)…………………………………………… 261

大陆架（指定区）（联合）令(2000年11月15日)…………………… 315

加勒比及北大西洋地区英属维尔京群岛（领海）令（2007年）

    (2007年7月25日颁布，2007年8月15日生效)………………… 327

加勒比及北大西洋地区安圭拉岛（领海）令（2007年）

    (2007年10月10日颁布，2007年10月31日生效)……………… 331

波 兰
Poland

(英语文本截止于 2010 年 9 月 9 日)

波兰共和国海上领域以及海上管理法令

（1991 年 3 月 21 日）

第一部分　一般规定

第一条

1. 该法规定其法律适用范围为波兰共和国的海域、沿海地区和海洋管理局及其管辖范围。

2. 该法规定适用国际条约,波兰共和国另有规定除外。

第二条

1. 波兰共和国的海域包括：

（1）内水；

（2）领海；

（3）专属经济区,以下简称"波兰海域"。

2. 内水和领海是波兰共和国领土的一部分。

3. 波兰共和国的内水和领海的领土主权及于其水域、上空、海床和底土。

第三条

1. 若有国防或国家安全的需要,则要求:

(1) 可在内水和领海建立禁止航行和捕鱼的区域;

(2) 可在内水和领海之外,公告对于航行或捕鱼不安全的区域。

2. 上述规定所指的区域应经国防部与运输和海洋经济部、内政部长协议,由国防部设立并公告。

第二部分 波兰的海域

第一节 内 水

第四条

内水包括:

1. 位于波兰共和国和德国间的国家边界以东,包括新瓦尔普诺湖和什切青湾的部分水域,Swina,Dziwna 和凯密恩湾,以及什切青湾与什切青港口水域之间的奥得河;

2. 格但斯克湾的部分,其封闭基线为海尔半岛上坐标为北纬 54°37′36″、东经 18°49′18″的点与维斯瓦沙咀上坐标为北纬 54°22′12″、东经 19°21′00″的点的连线;

3. 维斯瓦湾部分,即该峡湾内波兰共和国与苏维埃社会主义共和国联盟之间国界线的西南部分;

4. 港口水域为最外部永久海港工程之间连线的靠海一侧水域,永久海港工程应构成海港体系的主要部分。

第二节 领 海

第五条

1. 波兰共和国的领海是指从海岸基线起向外延伸 12 海里(22 224 米)的海域。

2. 领海基线由沿岸低潮线或内水外部界限构成。

3. 领海的外部界限是一条其每一点同基线最近点的距离等于 12 海里的线,受本条第 4 款规定限制。

4. 通常用于船舶装卸和下锚的泊船处，即使全部或一部分位于领海的外部界限以外，都应包括在领海范围之内，其中领海的外部界限受本条第1款和第3款规定的限制。

5. 上述规定中提到的泊船处的界限须部长理事会通过立法制定。

第六条

1. 外国船舶受本条第3款规定的限制，享有无害通过波兰共和国领海的权利。

2. 无害通过权指为了下列目的，通过领海的航行：

（1）穿过领海但不进入内水或停靠内水以外的海港体系或泊船设施处；

（2）驶入或驶出内水；

（3）驶入或驶出部分海港体系或泊船设施处，受本款第（1）项规定的限制。

3. 若外国军舰进入波兰内水，国防部部长须通过法令，决定其通过波兰领海。

第七条

通过应继续不停和迅速进行。通过包括停船和下锚在内，但以通常航行所附带发生的或由于不可抗力或遇难所必要的或为救助遇险的人员、船舶或飞机的目的为限。外国渔船通过时，须将甲板上的渔具移除，或排除其使用的方式将其储藏。

第八条

通过只要不损害波兰共和国的和平、良好秩序或安全，就是无害的。

第九条

如果外国船舶或军舰在领海内进行下列任何一种活动，其通过即应视为损害沿海国的和平、良好秩序或安全：

1. 对波兰共和国的主权、领土完整或政治独立进行任何武力威胁或使用武力，或以任何其他违反《联合国宪章》所体现的国际法原则的方式进行武力威胁或使用武力；

2. 以任何种类的武器进行任何操练或演习；

3. 任何目的在于搜集情报使波兰共和国的防务或安全受损害的行为；

4. 任何目的在于影响波兰共和国防务或安全的宣传行为；

5. 在船上起落或接载任何飞机；

6. 在船上发射、降落或接载任何军事装置；

7. 违反波兰共和国海关、财政、移民或卫生的规章，上下任何商品、外国货币或人员；

8. 任何故意的污染行为；

9. 任何捕鱼活动；

10. 进行研究或测量活动；

11. 任何目的在于干扰波兰共和国任何通信系统或任何其他设施或设备的行为；

12. 与通过没有直接关系的任何其他活动。

第十条

1. 运输部和海洋经济部经国防部部长同意，考虑到为航行安全而有必要时，可以通过立法在领海内划分海道，制定分道通航方案以及船舶定位通知方法，并为船舶通行管理指明适用上述内容的方法。

2. 海道和分道通航制应在海图上标明。

第十一条

行使无害通过领海权利的外国船舶应遵守关于防止海上碰撞和保护海洋环境的波兰法律和国际规章。

第十二条

1. 波兰共和国不应在通过领海的外国船舶上行使刑事管辖权，但下列情形除外：

（1）罪行的后果及于波兰共和国；

（2）罪行扰乱领海的安宁或良好秩序；

（3）经船长或船旗国外交代表或领事官员请求波兰当局予以协助；

（4）这些管辖是取缔违法贩运麻醉药品或精神调理物质所必要的。

2. 上述规定不应限制波兰共和国在驶离波兰内水后通过其领海的外国船舶上行使刑事管辖权。

3. 若来自外国港口的外国船舶仅通过波兰领海而不驶入内水，波兰共和国不得对该船舶驶进领海前所犯的相关罪行采取任何措施。

4. 若违反第十七条对波兰共和国权利的规定或由于人为原因引起海洋环境污染，上述规定不应适用。

5. 如经船长请求，当局在刑事管辖领域采取措施，应通知船旗国的外交代表或领事官员。

第十三条

1. 不应为对通过波兰领海的外国船舶上某人行使民事管辖权的目的而停止其航行。

2. 不得为任何民事诉讼的目的而对船舶从事执行或加以逮捕，但涉及该船舶本身在通过波兰的内水或领海的航行中或为该航行的目的而承担的义务或因而负担的责任，则不在此限。

3. 对于在波兰领海内停泊或者驶离波兰内水后通过领海的外国船舶，不适用上述规定。

第三节　专属经济区

第十四条

波兰共和国明确规定其专属经济区。

第十五条

专属经济区是领海以外并邻接领海的一个区域，包括水体、海床和底土。

第十六条

1. 按照国际条约划定专属经济区的边界。

2. 若与上述规定相关的国际条约不存在，内阁部长会议可通过立法决定专属经济区的边界。

第十七条

波兰共和国在其专属经济区内享有权利如下：

1. 以勘探、管理和开发海床上覆水域和海床及其底土的生物或非生物的自然资源为目的的主权权利和对该权利的维护，以及关于在该区内从事经济性活动的主权权利。

2. 相关管辖权：

（1）人工岛屿、设施和其他结构的建造和使用；

（2）海洋科学研究；

（3）海洋环境的保护和保全；

3. 国际法规定的其他权利。

第十八条

在本法的限制下,外国船舶在专属经济区享有航行和飞越的自由,敷设海底电缆和管道的自由,以及与这些自由有关的海洋其他国际合法用途。

第十九条

波兰涉及环境保护的法律在专属经济区适用。

第二十条

仅波兰船舶在其专属经济区享有从事和进行捕鱼的权利,任何其他规定不得与本条相冲突。

第二十一条

如果波兰共和国和其他国家签订了与捕鱼业相关的国际条约,或者外国船舶拥有从事捕鱼业的许可执照,则该外国船舶在波兰的专属经济区可以从事捕鱼业。

第二十二条

1. 波兰共和国在专属经济区内有专属权利建造、授权和管理建造以及利用任何旨在进行科学研究、资源勘探或开发的人工岛屿、设施和结构。

2. 上述规定所指的人工岛屿、设施和结构适用波兰法律。

第四节 人工岛屿、设施和结构、海底电缆和管道

第二十三条

在波兰的领海和专属经济区建造和利用人工岛屿、设施和结构的许可须在得到环保、自然资源、林业部部长建议后,由运输和海洋经济部部长签发。波兰内水的这类许可应由海洋管理办事处主任签发。

第二十四条

海洋主管办事处主任可在不超过这些人工岛屿、设施或结构周围 500 米的距离建立安全地带,但为一般接受的国际标准所许可或相关国际组织所建议的不同宽度区域除外。

第二十五条

涉及人工岛屿的建造、设施和结构的设立及其周围安全地带的建立和全部或部分人工岛屿拆除的信息,应在波兰水文局官方出版物及航海公告中向公众公示。

第二十六条

在内水和领海敷设、维护海底电缆和管道须得到海洋主管办事处主任的批准。

第二十七条

1. 在不妨碍波兰共和国行使权利,并不违反运输和海洋经济部部长做出的关于维护方法和位置的决定的情况下,在专属经济区敷设和维护海底电缆和管道应当被许可。上述运输和海洋经济部部长的决定,须在获得环保、自然资源和林业部部长的意见之后方能做出。

2. 若满足敷设和维护海底电缆和管道的条件,则运输和海洋经济部部长可撤回其许可。

第五节 科学研究

第二十八条

外国政府、自然人、法人以及相关国际组织在波兰内水和领海的科学研究,需在获得运输和海洋经济部部长的意见之后方能进行。

第二十九条

1. 在第二十八条中提及的政府、自然人、法人和组织在波兰专属经济区的科学研究,需在获得运输和海洋经济部部长的意见之后方能进行。研究目的和研究方案信息的赞成意见申请书须不迟于研究预计开始日期之前6个月递交。

2. 若科学研究威胁环境,可能导致污染,在获得环保、自然资源和林业部部长的意见之后,运输和海洋经济部部长应拒绝颁发许可执照,或者撤回许可执照。同样的,运输和海洋经济部部长可以对如下研究措施保留意见:

(1)与该区域的自然资源有直接关系;

(2)涉及大陆架的钻探、炸药的使用或将有害物质引入海洋环境;

(3)涉及人工岛屿、设施和结构的建造或使用。

第三十条

若外国政府、自然人、法人以及相关国际组织在波兰海域从事科学研究应:

1. 确保波兰参议院在研究中的参与,包括允许其在科考船舶或其他设施上的参与考察;

2. 按照运输和海洋经济部部长的要求,通知其研究结构;

3. 按照运输和海洋经济部部长的要求,使其获得研究取得的数据和样本;

4. 在研究项目发生重要改变前,及时通知运输和海洋经济部部长;

5. 在研究完成前移动科学研究的设备和设施,须获得另一个单独的许可方可。

第三十一条

波兰的自然人和法人不需要执照即可在波兰海域从事科学研究,但应在研究开始前14日至研究结束后14日内,就研究的使用方法和地理区域告知海洋主管办事处主任。

第三十二条

若研究在某种意义上与法律规定或者按照特别规定制定的许可不符,或研究对环境有害,按照第二十八条、第二十九条的规定,运输和海洋经济部部长应要求中止在波兰海域的研究,或者基于第二十九条规定撤销其许可。

第六节 矿物资源的开发

第三十三条

1. 在波兰海域勘探、开发和利用矿物资源的权利归波兰国家所有。

2. 涉及第1款规定的对矿物资源的勘探、开采和利用须持有许可执照,该许可执照是经由环保、自然资源和林业部部长与运输和海洋经济部部长达成一致意见后颁发的。

3. 如果规定源于对波兰有约束力的国际条约,或者其持有第2款中所提到的许可执照,则外国的自然人或者法人可以参与第2款中涉及的对矿物资源的勘探、开发和利用。

第三十四条

对矿物资源的调查、探矿、勘探和开发应遵守涉及地质研究的规章、矿物开发利用规章,以及涉及保护海洋环境、海洋生命和航行安全的规章。

第七节 旅游业及水上运动

第三十五条

在波兰海域从事旅游业和水上运动,应遵守波兰法律的相关规定。

第八节 海岸带

第三十六条

1. 海岸带是毗邻海岸的陆地区域。

2. 海岸带包括：

（1）技术区，即由直接分离海洋与陆地的区域组成，用于保持海岸使其能够满足安全和环境保护的需要的一片区域；

（2）保护区，在此区域内人类活动直接影响技术区的状态。

3. 海岸带沿着海岸延伸。

4. 由内阁部长通过法令规定技术区和保护区的界限和宽度。

第三十七条

1. 经由海洋主管局同意并明示允许的利用情况，可以对技术区进行除第三十六条第2款第（1）项中提及的情况以外的其他目的的利用。

2. 禁止在技术区内捕猎。

3. 水利方面的法规和决定规定下的涉及植树造林、创建捕猎区，以及将保护区的土地用于经济用途的规划施工计划的领域的授权，须与海洋主管办事处主任协商同意方可。

4. 涉及技术区、内水和领海的经济用途的所有计划和工程，须经海洋管理局与适格海岸团体达成一致意见后方可批准许可。

第三部分 海洋管理

第一节 海洋管理局的组织

第三十八条

海洋管理局的主管人员包括：

1. 运输和海洋经济部部长；

2. 海洋管理办事处主任，即地方海洋管理局的主管人士。

第三十九条

1. 海洋管理办事处主任从属于运输和海洋经济部部长。

2. 海洋管理办事处主任由运输和海洋经济部部长任命或解雇。海洋管理办事处副主任由海洋管理办事处主任提名,由运输和海洋经济部部长任命或解雇。

3. 海洋管理办事处主任应行使其协助海洋管理办事处的职能。

4. 原则上,海洋管理办事处的组成应具体包括海洋监察员、大港口海港控制办公室和小港口的水手长办公室。

第四十条

1. 海洋管理办事处须由运输和海洋经济部部长经法令决定设立或废除。

2. 运输和海洋经济部部长应通过法令决定海洋管理办事处主任及其总部的活动区域范围,但须获得地方政府意见后方可。

3. 运输和海洋经济部部长应通过法令决定海洋管理办事处的体制和海洋管理办事处主任的具体活动范围。

第四十一条

1. 由海洋管理局雇用的专门类别的管理人员在行使其职能时须穿着军服。

2. 运输和海洋经济部部长应通过法令,决定雇用的须穿着军服的管理人员的类别,工作章程和上述制服的图样。

第二节 管辖权范围及领土范围

第四十二条

1. 海洋管理局应对受本条或其他条文限制的涉及海洋利用的政府行政管理范围内的事务进行管理。

2. 一般情况下,海洋管理局管理的事项涉及如下方面:

(1) 海上航行安全;

(2) 海上航线和大小海港的使用;

(3) 海洋捕捞管理和其他海水生物资源的开发;

(4) 涉及对海床上的矿物资源调查、勘探和开发的安全;

(5) 保护海洋环境,禁止因海洋利用、废物或其他化学物质倾倒而造成的污染;

(6) 在海洋中挽救生命、水下作业和资源开发;

(7) 专家技术监督;

(8) 技术和施工监控;

（9）保护大、小海港，防止火灾；

（10）对以下决定进行协调，包括按照水利法规定的许可的颁发和在技术区、大小海港、内水和领海内施工许可的颁发，以及涉及上述区域的经济用途的决定，但法律另有规定除外；

（11）技术区内的施工、保全和维护沿海防御工事、沙丘和防护林措施。

3. 海洋管理局应致力于涉及第1款和第2款事项中的国际合作领域的事务。

4. 对于第2款第（10）、（11）项决定的补偿措施应在获得地方自治政府主管部门意见之后予以执行。

第四十三条

对于涉及海洋管理局管辖权和在管理程序过程中决定的事项，一审结果应由海洋管理办事处主任宣布，但一审机关是运输与海洋经济部除外。

第四十四条

1. 海洋管理局应在波兰的海域、大小海港、技术区作业，但法律另有规定除外。

2. 按照国际条约和波兰法律的规定，海洋管理局同时肩负在公海上演习的任务。

第四十五条

1. 根据第五条第4款的规定，除军事港口外，海港在沿海一侧的边界及其停泊处，应由运输与海洋经济部部长作出规定，但须经其他相关部门的部长同意方可。

2. 海洋经济办事处经获得社会团体委员会主管部门和负责国境防御当局的意见后，应对小港口的界限作出规定。

3. 国防部部长须与运输和海洋经济部部长商定军用港口的界限。

第四十六条

经国防部部长和内政部部长同意，运输和海洋经济部部长应对海洋管理办事处与海军、边防干警在第四十二条所述内容范围内的事项进行协作后作出决定。

第三节 地方海洋管理局发布的规章

第四十七条

1. 海洋管理办事处主任应基于法律授予的权利发布法律规章。

2. 根据第四十八条,涉及第 1 款的规章应通过决议的形式发布。

3. 海洋管理办事处主任发布的决议须通过地方政府公报明示。该政府公报须具备发布上述有关海洋事务管理的决议的资格。

4. 海洋管理办事处发布的决议在其发布期满 14 日后生效,但法律另有规定或者该决议另有规定除外。

第四十八条

1. 对于没有标准化的规范的情况下,为在海中保护生命、健康、财产或者保护海洋环境之目的,海洋管理办事处主任可以设立包括关于行为的禁令和命令的一般规章。

2. 涉及第 1 款的普通规章应以普通决议的形式发布。

3. 普通决议的适用范围应规定在其中。

4. 普通决议应在确立时而不是在发布后生效,具体见第 5、6 款规定。

5. 普通决议应以地方政府公报上的公告为准。该政府公报须具备发布上述有关海洋事务管理的决议的资格。

6. 若一项普通决议须立即生效,则可通过在其执行地区以公告、广播或者任何在海上航行或相关位置能够普遍接收的传播形式发布,以上述形式发布普通决议的日期则为其公告日期。

7. 以第 6 款规定的行式发布的普通决议应刊登在有权地方政府公报上。

第四节 监督权的行使

第四十九条

地方海洋管理局对于是否遵守法律规定应行使监督权。

第五十条

1. 在波兰海域,海洋监察员执行第四十二条规定的任务时,享有如下权利:

（1）核实船舶是否有从事其作业项目的资格，以及是否获得法定执照；

（2）核实进行中的航行、捕捞或者其他活动是否遵守生效的波兰法律规定或者国际条约；

（3）发现由海洋作业引起的海洋环境污染及其人为原因；

2. 海洋监察员应行使第1款规定的与边防干警合作的权利，通过合作借用边防干警的武力和工具。

3. 当某辖区内隶属边防部门的水运单位的甲板上未设置监察员，则上述边防行为应自然地代表地方海洋管理局，并依照第1款规定的相关权利进行。

4. 调用边防干警的工具的权利由海洋管理办事处享有，行使涉及第1款规定的权利须与运输和海洋经济部部长和内政部部长达成一致意见后方可。

5. 本条第3款规定的海洋监察员的监察权，由边防水运单位的指挥官享有，比照适用第五十一条和第五十二条第1款。

第五十一条

海洋监察员（下文称监察员）行使的职能如下：

1. 审查在波兰海域的海洋捕捞或其他活动的资格单证。

2. 审查渔具以及甲板上、加工室和货仓内的鱼。

3. 保护被遗弃的鱼和渔具。

4. 在有足够理由怀疑被监察对象正在或已经违反法律或规章的情况下，可以要求其做出解释，或对其采取以下必要的检查措施：

（1）保留第1款提及的单证；

（2）没收并保全鱼和渔具；

（3）检查在波兰海域正在或已经用于捕鱼或其他开发作业的船舶的隔离室。

第五十二条

1. 在有足够理由怀疑被监察对象正在或已经违反法律或规章的情况下，监察员可以通过必要手段检查在波兰海域的外国船舶，并强制其进入指定港口。

2. 当有外国船舶停靠在波兰港口时，地方海洋管理局应立即向船旗国管理当局通告。

3. 关于保护海洋环境，禁止船舶污染方面的检测，法律另有规定。

第五十三条

1. 船舶驶入波兰海域时,船舶指挥官应根据边防水运单位发出的信号,停船并接受检查措施。

2. 在波兰海域作业的船舶的甲板上须设置监察员。

3. 甲板上设有监察员时,上述船舶的指挥官须保证监察员能够进行合法性审查,以及监视进行中的活动,具体如下:

(1)提供必要的解释;

(2)提交必要的单证和航海日志,以备核查;

(3)保证监察员查看捕捞的鱼、渔具、研究设备和在进行研究和分析过程中的采样。

(4)保证监察员登记航海日志;

(5)保证监察员使用通信工具,帮助其收发信息;

(6)按照法律规定,为监察员执行检查措施提供所有其他必要的帮助;

(7)若在其船上停留时间延长,须提供必需的住处和食物。

第五十四条

监察人员在行使其职能时应穿着制服、佩戴徽章。

第四部分　罚款

第五十五条

1. 在波兰海域,船舶进行如下活动,将违反本法令或其他法律的规定或规章:

(1)开发海洋中的矿物资源和生物资源;

(2)污染海洋环境;

(3)进行关于海洋和海床的科学研究;

(4)建设人工岛屿、设施和结构;

(5)敷设海底电缆和管道。

若有违反,船舶将被处以相当于不超过 100 万美元记账单位的罚款,此权利被称为"特别提款权"(SDR),由国际货币基金组织规定。

2. 违法行为涉及建造人工岛屿、设施和结构,以及敷设海底电缆和管道的,应被处以相等的罚款。

第五十六条

实施以下行为者,应被处以不超过 10 倍的平均月收益的罚款,该月收益按照统计中心主席公布的上一年国有产业平均月收入数据进行计算:

(1)在指定地点以外的地方泊船或下锚;

(2)偏离航线航行或者未能遵循有权当局指定的航线;

(3)驶入封闭区,在此区域内航行、捕捞或设置捕鱼设备;

(4)无视禁令驶出港口;

(5)未在指定地点装卸货物;

(6)建造连接海岸的设施,对航行安全造成危险;

(7)在非法地点停放船舶;

(8)违反海关、财政、移民或者卫生的相关法规让人上船或者下船;

(9)违反第四十七条和第四十八条法律的行为;

(10)未遵照第五十二条第 1 款的规定;

(11)破坏海岸防御工事、沙丘、防护林或者以任何手段违反技术区的行为准则;

(12)破坏或者移除航行标志,或不按照其本来用途使用;

(13)安置运转设备,减弱航行标志系统的效力。

第五十七条

1. 关于第五十五条和第五十六条的罚款,应由海洋管理办事处主任通过行政处罚的方式进行处理。

2. 对于第 1 款中涉及的决定的投诉,可以向运输和海洋经济部部长提出。

3. 第 1 款的决议一经做出,立即执行。

第五十八条

1. 如果上述行为做出已满 5 年,则不能对其进行罚款。

2. 如果对某一行为进行罚款的最终决定作出已满 5 年,则该罚款的决定不得再进行更改。

第五十九条

1. 为保障罚款的征收,海洋管理办事处主任可以要求违法者提供担保;遭到拒绝时,应行使强制执行权,扣押没收用于违法行为的船舶或其他物品。

2. 在扣押船舶的命令暂未发布期间,海洋管理办事处主任可以安排扣押该船舶,但不得超过48小时。

3. 罚款的担保包括在诉讼过程中将当局规定的支付金额打入其金融账户或者提供总部在波兰的银行或保险公司的银行担保。

4. 根据第五十五条和第五十六条的规定,罚款未在规定日期内付清的,应按照行政管理中强制执行的规定征收罚款和由此产生的在延迟期间的利息。

第六十条

所有罚款应归运输和海洋经济部部长管理,并用于海洋环境和海洋生物资源的保护。

第五部分　现行条款修正案

第六十一条

删除1963年5月21日法令中关于海洋捕捞的规定,其中包括第七节内容(Dziennik Ustaw 第22号,第115项;1970年,第3号,第14项;1977年,第37号,第163项)。

第六十二条

以下是对涉及违反程序法的事项的修正案:

1. 在第十三部分,删除"海洋和"。

2. 在第四十三条中:

(1)在第1款中,删除"海洋办事处和";

(2)对第2款做如下修订:"2. 一审机关应为地方矿业办事处委员会或同级矿业委员会,二审机关应为高级矿业办事处委员会。"

3. 删除第一百四十四条第2款。

4. 删除第一百四十五条中的"海洋办事处和"。

5. 删除第一百四十六条。

6. 删除第一百四十七条第1款和指定的第2款。

7. 删除第一百四十八条。

8. 删除第一百四十九条中的"海洋管理和"。

9. 在第一百五十条中：

（1）在第1款中，删除"与航运部部长和"；

（2）在第2款中，删除"分别的，与航运部部长和"。

10. 在第一百五十一条中：

（1）对第1款做如下修订："1. 对于矿业办事处委员会的活动的高级监督权由高级矿业办事处主席行使"；

（2）在第2款中，删除"航运部部长和"，并且将"可以"由复数形式改为单数形式。

第六十三条

删除1971年5月的法令中关于委员会的构成涉嫌违法事项的规定（Dziennik Ustaw第12号，第118项；1972年，第49号，第312项；1974年，第24号，第142项；1975年，第16号，第91项；1982年，第45号，第291项；1989年，第35号，第192项；和1990年，第43号，第251项），其中包括第二条第1款第2小段和第5小段。

第六十四条

对1974年11月24日的法令——水利法（Dziennik Ustaw第38号，第230项；1980年，第3号，第6项；1983年，第44号，第201项；1989年，第26号，第139号，和第35号，第192项；1990年，第34号，第198项，和第39号，第232项），对第五十五条第2款第7项做如下修订："（7）在技术区和海港里液体或固体废物的堆积——与有权海洋办事处主任的工作进行协调"。

第六十五条

删除1977年12月17日的法令中涉及波兰海洋渔业控制水域的内容规定（Dziennik Ustaw第37号，第163款），其中包括第一条、第二条第1款和第2款，以及第三条至第九条。

第六部分　过渡条款和最后条款

第六十六条

未达到法令生效日期,但涉及违反其规定的有关事项被提交到海洋管理办事处委员会进行讨论的,应直到该法令生效前,由上述委员会依照到现在为止已生效的规定进行处理。

第六十七条

1. 关于第十六条第 1 款的条约：

（1）波兰人民共和国和苏维埃社会主义共和国联盟之间在波罗的海关于领海、经济区、渔业控制水域以及大陆架的界限的划定条约,在 1985 年 7 月 17 日签署于莫斯科（Dziennik Ustaw,1986 年,第 16 号,第 85 项）；

（2）波兰人民共和国和瑞典王国之间关于大陆架和渔业控制水域的界限的划定条约,在 1989 年 2 月 10 日缔结于华沙（Dziennik Ustaw 第 54 号,第 323 项）；

（3）波兰人民共和国和德国民主共和国之间在波美拉尼亚湾关于海运区的界限的划定条约,在 1989 年 5 月 22 日签署于柏林（Dziennik Ustaw 第 43 号,第 233 项）。

2. 在波兰人民共和国和丹麦王国之间缔结关于海运区的界限划定条约期间,1977 年 12 月 17 日法令中第二条第 3 款和第 4 款涉及波兰海洋渔业控制水域的内容（Dziennik Ustaw 第 37 号,第 163 项）继续有效,但本条提及的术语"海洋渔业控制水域"应被理解为"波兰专属经济区"。

第六十八条

自该法令生效之日起 6 个月内,海洋管理办事处主任应在有决定权的地方政府公报发布通告,列出内容为关于法令生效前颁布的法律条例与该法令的有效规定的合集。未列出的规章应失去法律效力。

第六十九条

若该法令中规定的实施条例尚未发布,现行规则应继续有效,但与待发布的该法令规定相反的情况除外。

第七十条

下列规定应失去法律效力：

1.1955 年 2 月 2 日涉及地方海洋管理局的法令（Dziennik Ustaw 第 6 号，第 35 项；1961 年，第 6 号，第 42 项；1971 年，第 12 号，第 117 项；和 1989 年，第 35 号，第 192 项）；

2.1977 年 12 月 17 日涉及波兰共和国领海的法令（Dziennik Ustaw 第 37 号，第 162 项）；

3.1977 年 12 月 17 日涉及波兰共和国大陆架的法令（Dziennik Ustaw 第 37 号，第 164 项；和 1989 年，第 35 号，第 192 项）。

第七十一条

本法令于 1991 年 7 月 1 日生效。

L. 瓦文萨

波兰共和国主席

葡萄牙
Portugal

（英文文本截止于 2013 年 9 月 6 日）

第 49—369 号法令

（1969 年 11 月 11 日）

《大陆架公约》于 1958 年 4 月 29 日在日内瓦通过，并经葡萄牙批准。该公约将大陆架的外部界限扩展到其上覆水域深度能够允许开发自然资源的范围。

1956 年 3 月 21 日第 2080 号法案，第 II 款中规定了关于 200 米深度大陆架的许可的内容，但在随即生效的特别法中涉及此内容的另一规定被采纳。

现代技术已达到勘探深度超过 200 米的能力，并且预期今年的勘探深度将可能到达 500 米。（研究关于超出国家管辖权限制的海床和洋底区域的和平使用的专门委员会报告，联合国，第 25 页）

这些技术的进步与自然资源直接相关。因此，相关法律的制定刻不容缓，其内容是关于对这些超过 200 米深度的资源进行探矿、勘探、评估和开发的许可执照的管理规定。

因此，在听取联合委员会的陈述后，鉴于《宪法》第 109 条第 2 款第（1）项赋予我和政府之法令的权力，我在此颁布如下法律：

第一条

1. 获得探矿、勘探、评估和开发矿物资源许可的区域可延伸至整个大陆架。

2. 为了实施该法令,大陆架被视为毗邻国家领土和上覆水域的海底区域的海床和底土。其中,领土包括大陆和岛屿,上覆水域指允许探矿、勘探、评估,以及最终开发自然资源的深度的水域。

3. 其海岸与葡萄牙海岸相向或相邻的国家未与葡萄牙就该事项达成协议的情况下,大陆架的边界应为一条其每一点都同测算每一国领海宽度的基线上最近点距离相等的中间线。但因特殊情况而按照与上述规定不同的方法划定两国领海的界限,则不适用上述规定。

第二条

1. 许可执照可以授予特定直接活动区域和保留区域。

2. 对于这些用于探矿、勘探、评估,以及最终开发利用的特定直接活动区域须规定许可协议,许可执照持有者在上述区域须履行支付采矿税费的义务,并履行其他合同义务。

3. 在没有葡萄牙缔结的国际协议或公约的限制或者没有许可协议限制的情况下,保留区域及于从直接活动区域前端边界延伸至上覆水域深度达到允许在其中探矿、勘探、评估,以及最终开发海床和底土的矿物资源的区域。

第三条

1. 按照执照持有者的有据要求,全部或部分保留区域可以申报为直接活动区域,并应遵守上述法条第2款的规定。

2. 以国家利益为目的的特定行为,如在保留区域从事探矿、勘探、评估或开发,其许可执照持有者应知晓从事该行为的期限,并且应将要进行活动的区域公告为直接活动区域。

3. 开展活动的期限可以推迟至必须去进行的时候。

4. 若活动未在要求的期间内执行,管理机关可以撤销保留区域的全部或部分许可执照,执照持有者无权获得任何赔偿。

第四条

如果本法令规定之行为在该区域内与探矿、勘探、评估或开发其他矿物资源的行为可以共同进行时,则不得以批准本法令规定之行为为由,不予批准后者行为。

第五条

1. 执照持有者须遵照葡萄牙缔结的协议和公约进行活动,以免对海洋航运、捕鱼和生物资源保护,海底电缆和管道的敷设和维护,自发的或葡萄牙国家授权的海洋学或其他学科研究造成不当的妨碍。

2. 执照持有者须采取必要措施,以避免对海洋、陆地和空气环境的污染,以及有危险或有害的影响。

3. 已批准进行该海洋活动的许可执照,其相关设施或其他装置非经主管国家当局先验许可不得建立或安置。

4. 执照持有者须在设施或其他装置周围建立安全区,尽一切努力提供保护,并建立主管国家当局认可的评分系统,遵守葡萄牙缔结的协议和公约。

5. 被丢弃或废弃的设施或其他装置须由执照持有者移除,法律另有规定除外。

第六条

1. 未经适格部级机关授权,任何本国或外国主体不得在大陆架上进行关于大陆架、海洋学或其他方面的研究,也不得在大陆架上从事任何其他活动。

2. 对于在大陆架上进行探矿、勘探、评估或开发矿物资源的许可须经内阁部长批准。

第七条

1. 许可执照持有者须邮寄保证金,用以担保其活动引起的损害赔偿和支付其可能受处分的罚款。

2. 保证金的数额应规定在许可协议中。

第八条

授权转移须得到内阁会议的批准方可。

…… ……

第 33/77 号关于葡萄牙领海以及专属经济区法律地位的法案

（1977 年 5 月 28 日）

第一条 葡萄牙的领海

1. 葡萄牙领海宽度为 12 海里。

2. 葡萄牙领海的外部边界按照葡萄牙法律划定，并与国际法规定协调一致。

第二条 专属经济区

1. 专属经济区以下述方式建立，其外部边界是一条其每一点都同测算葡萄牙领海宽度的基线上最近点距离为 200 海里的线。

2. 在其海岸与葡萄牙海岸相向或相邻的国家未与葡萄牙就该事项达成协议，但未生效的情况下，第 1 款中提及的区域的边界延伸至中间线以外，中间线即一条其每一点都同测算每一国领海宽度的基线上最近点距离相等的线。

3. 前述条款的规定不应影响葡萄牙领海的法律地位。

第三条 国际法

专属经济区的建立应参考国际法的相关规定，即涉及无害通过和飞越的规定。

第四条 生物资源的养护和管理

1. 葡萄牙对于第二条提及的区域享有养护和管理其生物资源的专属管辖权。

2. 在不符合现行法案的例外规定的情况下，外国船舶在专属经济区不得捕鱼。

3. 遵照现行法律的立法目的，依照 1967 年 9 月 18 日第 47947 号生效法令第二条第 2 款规定，捕鱼的意思是"在海洋中对生物资源进行搜寻、捕捉、收获或利用"，而进行活动理解为"为捕鱼做的准备"；依照上述生效法令第二条第 2 款规定，法案措施限制以捕鱼为目的的葡萄牙公民或其他具有相似法律地位的人进行这些活动，理解为"法律限制捕鱼"。

第五条 专属经济区关于捕鱼的规章

政府应在专属经济区制定和实施关于捕鱼的规章，除其他外，应包括：

1. 关于整个渔场，以及每个种类或种群和特定区域的每个部分，许可捕

捉和最大限度捕捞产量的总数的规定;

2. 由国家指定分配的关于外国人的捕捞配额的条款和条件;

3. 关于捕鱼活动的合理适当惯例,包括在禁渔季和禁渔区对于渔具的数量和尺寸、设备和捕鱼装置的使用和规制的规定;

4. 对于专属经济区生物资源的保护、保全和恢复。

第六条 国际合作

葡萄牙参与关于海洋生物资源保护事项的分区域、区域或全球国际组织合作。

第七条 专属经济区的特别规章

依据国际海洋法的适用规则,政府可以为专属经济区建立特定区域,以及有关:

1. 环境保护;

2. 科学研究;

3. 永久性或临时性的人工岛屿;

4. 海底电缆和管道;

5. 以经济用途为目的的测量和开发,包括海床、底土和上覆水域中生物和非生物资源中蕴藏的能源产品。

第八条 处罚

1. 政府应向立法机构提交关于法律规定的民事责任和违反现行法律与规章规定的个人、集体、国家或其他组织遭受的处罚的公开提案。

2. 根据其违法的严重性,除其他外,上述条款所规定的内容应包括:取消捕鱼许可的相关措施,查封船舶和其设备、渔网、捕鱼装置,以及由国家行使的其他处罚行为,包括罚款和对相关人员的监禁。

3. 在上述条款未生效的情况下,1967 年 9 月 18 日第 49 947 号生效法令规定的处罚制度中涉及的"近海捕鱼管辖权"适用于本法第二条中规定的区域;外国船舶在葡萄牙领海从事违法行为适用上述生效法令第五条第 2 款、第 3 款的规定。

第九条 大陆架上的生物资源

本法不损害葡萄牙对于其大陆架长居物种享有的国家主权。

第十条 本法的审议

本法以及关于国家具有主权或管辖权的海洋空间之法律地位的附加规定,应依照第三届联合国海洋法和海洋法未来发展问题大会所达成的共识进行审议。

第十一条 依照现行特别法的规定

1.1966 年 8 月 22 日第 2130 号法案第三条和第五条特此废除。

2.1967 年 6 月 29 日第 47 771 号生效法令第十条第 2、3、4 款特此废除,并且该条法律内容中涉及"……Guinf、安哥拉和莫桑比克州海岸"的措辞也被删除。

第十二条 关于外国船舶捕鱼的规定

在未满足本法要求的条件时,政府可以在不超过 12 个月的过渡期间内许可外国船舶在专属经济区内捕鱼。

第 495/85 号法令
（1985 年 11 月 29 日）

第一条

测算领海宽度的基线为依据第 2130 号法律第一条规定的正常基线,封闭线和直线基线作为补充。封闭线和直线基线是按照表格 I 中大陆沿岸、表格 II 中马德拉自治群岛沿岸,以及表格 III、IV、V 中亚速尔自治群岛沿岸的地理坐标点划定的。这些表格作为独立的部分附加在该生效法令中。

第二条

除了上述第一条涉及的内容,葡萄牙用来测算领海宽度的封闭线划定方法适用国际法关于用于船舶装卸和下锚的泊船处、河口和港口入口处的相关规定。

第三条

1967 年 6 月 27 日第 47 771 号生效法令特此废除。

表格 I
作为大陆沿岸正常基线的补充的封闭线和直线基线

编　号	直线基线	端点的地理坐标	
		北　纬	西　经
59	自 Ver-o-Mar	41° 24.85′	08° 47.20′
	至 Vouga 河口（北部码头）	41° 24.85′	08° 47.20′
64	自 Cabo Mondego（Pedra da Nau）	40° 11.02′	08° 54.55′
	至 Farilhoes（Pedra Grande）	39° 28.73′	09° 32.65′
68	自 Farilhoes（Pedra Grande）		
	至 Farilhoes-Forçada（Pedra W.）	39° 28.20′	09° 33.42′
68	自 Farilhoes-Forçada（Pedra W.）		
	至 Berlenga-Estelas（via Broeiro）	39° 24.98′	09° 32.28′
68	自 Belenga-Estelas（via Broeiro）		
04	至 Cabo da Roca（Pedra de Arca）	38° 46.82′	09° 30.20′
72	自 Cabo Raso	38° 42.48′	09° 29.10′
05	至 Cabo Espichel	38° 24.77′	09° 13.28′
05	自 Cabo Espichel		
84	至 Cabo de Sines（码头最前端）	37° 56.17′	08° 53.25′
84	自 Cabo de Sines（码头最前端）		
86	至 Cabo de Sao Vicente（Pedra do Gigante）	37° 02.25′	08° 59.77′
86	自 Ponta de Sagres	36° 54.53′	08° 56.92′
91	至 Cabo de Santa Maria（Barreta Is.）	37° 57.55′	07° 53.07′

表格 II
作为马德拉自治群岛沿岸正常基线的补充的封闭线和直线基线

编 号	直线基线	端点的地理坐标	
		北 纬	西 经
104	自 Ponta da Agulha（Bugio）(IlhasDesertas) 西侧一点	32° 24.15′	16° 27.97′
102	至 Ponta do Sol（马德拉）	32° 40.40′	17° 06.05′
	自 Moniz 浅滩（马德拉）	32° 52.58′	17° 10.75′
152	至 Ponta de Sao Jorge（马德拉）	32° 50.02′	16° 54.00′
	自 Ponta de Sao Jorge		
102	至 Ilhéu de Branca（马德拉）	32° 45.00′	16° 41.40′
	自 Ilhéu de Branca		
102	至 Ponta do Castelo（马德拉）	32° 44.85′	16° 41.15′
	自 Ponta do Castelo		
102	至 Ponta do Sao Lourenço（马德拉）	32° 43.67′	16° 39.10′
	自 Ponta do Sao Lourenço		
104	至 Ilhéu Caho（N.E.）(Ilhas Desertas)	32° 35.28′	16° 32.56′
103	自 Ilhéu do Ferro（N）(Porto Santo)	33° 02.30′	16° 24.33′
103	至 Ilhéu da Fonte da Areia（Porto Santo）	33° 06.02′	16° 22.00′
	自 Ilhéu da Fonte da Areia		
103	至 Ilhéu de Fora（Porto Santo）	33° 07.45′	16° 16.88′
	自 Ilhéu de Fora		
155	至 Ilhéu de Cima（Porto Santo）	33° 03.15′	16° 16.60′
155	自 Ilhéu de Cima（S.E.）	33° 03.05′	16° 16.62′
103	至 Ilhéu de Baixo（S.E.）(Porto Santo) 的顶端	32° 59.67′	16° 22.89′
103	自 Ilhéu de Baixo（W）(Porto Santo)	33° 00.10′	16° 23.35′
103	至 Ponta da Cabra（Porto Santo）	33° 01.82′	16° 24.30′

表格 III
作为中亚速尔自治群岛沿岸
正常基线的补充的封闭线和直线基线（西部岛群）

编 号	直线基线	端点的地理坐标	
		北 纬	西 经
169	自 Ilhéu da Vila（Santa Maria 岛）	36° 56.36′	25° 10.25′
	至 Ponta da Candelaria（Sao Miguel 岛）	37° 49.60′	25° 50.45′
111	自 Ponta da Bretanha（Sao Miguel 岛）	37° 54.38′	25° 47.50′
	至 Assornada 的边界（Sao Miguel 岛）	37° 51.45′	25° 10.50′
111	自 Ponta do Arnel（Sao Miguel 岛）	37° 49.40′	25° 08.15′
166	至 Bicuda 岩礁（N.）（Ilhéus Formigas）	37° 16.52′	24° 46.88′
166	Formigas（S.E.）（Ilhéus Formigas）	37° 16.16′	24° 46.83′
110	自 Sao Gonçalo 灯塔位置（E）（Santa Maria 岛）	35° 55.68′	25° 00.87′

表格 IV
作为中亚速尔自治群岛沿岸
正常基线的补充的封闭线和直线基线（中部岛群）

编 号	直线基线	端点的地理坐标	
		北 纬	西 经
114	自 Queimada（Pico 岛）	38° 22.90′	28° 14.40′
	至 Ponta de Sao Mateus（Pico 岛）	38° 23.28′	28° 26.80′
	自 Ponta de Sao Mateus		
114	至 Ponta de Castelo Branco（Faial 岛）	38° 31.32′	28° 45.23′
	自 Ponta de Castelo Branco		

续 表

编 号	直线基线	端点的地理坐标	
		北 纬	西 经
114	至 Ponta dos Capelinhos（Faial 岛）	38° 35.85′	28° 50.20′
	自 Ponta dos Capelinhos		
114	至 Ponta dos Cedros（FaialIsland）	38° 38.68′	28° 43.01′
	自 Ponta dos Cedros		
114	至 Ponta dos Rosais（Ilhéu）（Sao Jorge 岛）	38° 45.43′	28° 19.28′
	自 Ponta do Morro（N.）（Sao Jorge 岛）	38° 32.35′	27° 45.90′
114	至 Pico 岛顶端	38° 24.63′	28° 01.80′
	自 Calheta de Nesquím（Pico 岛）	38° 23.93′	28° 04.90′
114	至 Ponta da Queimada（Pico 岛）	38° 22.90′	28° 14.40′
	自位于 Baixa dos Buzios 的岩礁（Graciosa 岛）	39° 05.42′	27° 59.72′
113	至 Ilhéu da Praia 岩礁（N.E.）（Graciosa 岛）	39° 03.57′	27° 57.16′
	自 Ilhéu da Praia 岩礁（N.E.）		
113	至 Ilhéu de Baixo（Graciosa 岛）	39° 00.50′	27° 56.22′
174	自 Ponta do Enxudreiro（Graciosa 岛）	39° 00.73′	27° 59.77′
113	至 Furada（Graciosa 岛）	39° 01.37′	28° 02.15′
	自 Ilhéu de Mina（Terceira 岛）	38° 38.90′	27° 04.42′
112	至 Fradinhos 岩礁（Terceira 岛）	38° 6.70′	27° 06.70′
	自 Fradinhos 岩礁		
112	至 Ponta de Sao Mateus（Terceira 岛）	38° 39.15′	27° 16.70′

表格 V
作为中亚速尔自治群岛沿岸
正常基线的补充的封闭线和直线基线（西部岛群）

编　号	直线基线	端点的地理坐标	
		北　纬	西　经
115	自 Ilhéu de Monchique（Flores 岛）	39° 29.65′	31° 16.32′
115	至 Ponta dos Torrosis（Corvo 岛）	39° 43.43′	31° 07.03′
115	自沿岸最东端（Corvo 岛）		
116	至与 Santa Cruz 相对的岩礁（Flores 岛）	39° 27.08′	31° 07.15′

罗马尼亚
Romania

（英文文本截止于 2012 年 9 月 25 日）

第 142 号国家议会关于在黑海建立罗马尼亚专属经济区的法令
（1986 年 4 月 25 日）

为了保全和最适度地利用生物、非生物自然资源和其他资源，为了捍卫毗邻黑海的罗马尼亚社会主义共和国的专属经济区；

为在这一空间建立罗马尼亚社会主义共和国的主权和管辖权，并规范行使这些权力的条款；

顾及一般接受的国际法规范，特别是涉及 1982 年由联合国主持订立的海洋法公约的有关规定；

罗马尼亚社会主义共和国国务委员会谕知：

第一条

在黑海的罗马尼亚领海边界以外并邻接领海边界的海洋空间，应建立罗马尼亚社会主义共和国专属经济区，并对其海床上覆水域和海床及其底土的自然资源享有主权和管辖权，可对上述自然资源进行勘探、开发、养护和管理的不同活动。

第二条

专属经济区的外部区域延伸到距测算领海界限的基线外 200 海里的范

围。鉴于黑海区域狭窄，罗马尼亚社会主义共和国的专属经济区的范围应通过罗马尼亚及与罗马尼亚黑海海岸相向或相邻的国家的磋商框架划定。该界限的划定应充分尊重罗马尼亚社会主义共和国的法律，通过与上述国家签订协议，并根据划界的各个区域的特殊情况，应用划界的各项原则、国际法之普遍标准和各国实践来进行，以达成公平的解决方案。

第三条

在其专属经济区，罗马尼亚社会主义共和国享有如下权利：

1. 以勘探和开发、养护和管理海床上覆水域和海床及其底土的自然资源（不论为生物或非生物资源）为目的的主权权利。

2. 关于在该区内从事经济性开发和勘探，如利用海水、海流和风力生产能等其他活动的主权权利。

3. 关于管辖权：

人工岛屿、设施和结构的建造和使用；

海洋科学研究；

海洋环境的保护和保全。

4. 本法令或罗马尼亚社会主义共和国的其他法律以及国际法一般接受的准则规定的其他权利。

本法条规定的相关主权和管辖权应依照罗马尼亚社会主义共和国的规定行使。

第四条

罗马尼亚社会主义共和国可与其他黑海沿海国在其专属经济区进行合作，以便确保生物资源的保全和合理勘探、海洋环境的保护和保全，特别是毗邻上述区域的领域，考虑到黑海作为有限生物潜能的半闭海的特殊性质。

第五条

在罗马尼亚社会主义共和国专属经济区内，所有国家（不论沿海还是内陆）享有航行和飞越自由、敷设海底电缆和管道的自由，以及与这些自由有关的海洋其他国际合法用途，但应遵守本法令或罗马尼亚社会主义共和国的其他法律以及国际法一般接受的准则的规定。

第六条

罗马尼亚社会主义共和国对产自其水域的溯河产卵种群优先受益，并应因此对其享有权利。

罗马尼亚主管机关应采取适当措施确保溯河产卵种群的养护，并制定规则对包括授权捕获总数在内的捕捞行为进行管制。当上述种群向陆地方向迁移至罗马尼亚社会主义共和国专属经济区的界限，罗马尼亚主管机关应始终与其他利益国的相关机构保持合作。

第七条

罗马尼亚社会主义共和国须确保在其专属经济区内对鱼类和其他生物资源进行最合理利用，可通过采取养护和管理这些资源的必要措施，参照其可得到的最可靠的科学证据，必要时可与在该领域有能力的国际组织合作。

为了达到这一目的，罗马尼亚主管机关应每年确定鱼类和其他生物资源的每个种类的授权捕获总数，并规定措施以确保渔业经营的合理进行，生物资源的养护、繁殖和保护，包括在船舶上进行检查、登临和逮捕。

其他国家的渔船可以在罗马尼亚社会主义共和国的专属经济区作业，但须有互惠条款的协议方可。

第八条

罗马尼亚社会主义共和国在其专属经济区内，应有专属权利建造并授权和管理建造、操作和使用各种类型人工岛屿、设施或结构。上述人工岛屿、设施或结构是用于进行科学研究和勘探、开发自然资源的。

第九条

罗马尼亚社会主义共和国在其专属经济区对于人工岛屿、设施和结构的建造享有专属管辖权，包括为防止破坏以及防止其他违反关于海关、财政、卫生、移民的规章和违反安全法律规章的行为的管控权。

在罗马尼亚社会主义共和国专属经济区中的人工岛屿、设施或结构周围应建立安全地带，这种地带从人工岛屿、设施或结构的外缘各点量起，不应超过这些人工岛屿、设施或结构周围 500 米的距离，但为一般接受的国际标准所许可的不同宽度区域除外。

罗马尼亚主管机关应列举在该地带的必要措施，以确保航行和人工岛屿、设施、结构的安全。

有权建造、维持和操作上述人工岛屿、设施、结构的罗马尼亚的组织和外国的自然人、法人有义务确保提示其存在的永久性警告能够维持正常作用。

涉及人造岛屿的建造、设施和结构的设立,以及其周围安全地带的建立和全部或部分设施、结构拆除的通知,应在"航海通知"中公示。

第十条

在罗马尼亚社会主义共和国专属经济区的海洋科学研究应按照罗马尼亚社会主义共和国的法律进行管理,另外也须适当考虑到罗马尼亚社会主义共和国缔结的条约。

在罗马尼亚社会主义共和国专属经济区专为和平目的和为了增进关于海洋环境的科学知识以谋全人类利益的海洋科学研究,可以由外国政府或国际组织来执行,但须经罗马尼亚主管机关的预先同意方可。

在罗马尼亚社会主义共和国专属经济区有资格进行海洋科学研究且已获得罗马尼亚主管机关许可的外国政府和国际组织应遵守如下规定:

1. 确保罗马尼亚众议院在海洋科学研究中的参与,允许其在科考船舶或海洋科学研究设施上工作;

2. 按照罗马尼亚主管机关的要求,提供初步报告,并于研究完成后提供所得的最后成果和结论;

3. 按照罗马尼亚主管机关的要求,同意其使用通过海洋科学研究取得的所有数据;

4. 按照本法令的规定,不得以任何方式妨碍罗马尼亚社会主义共和国在其专属经济区行使主权和管辖权。

第十一条

防止、减少和控制因在罗马尼亚社会主义共和国专属经济区的活动而引起的或者与该活动有关的海洋环境受污染的措施,应遵守罗马尼亚的立法和罗马尼亚社会主义共和国作为缔约国的条约。

罗马尼亚主管机关应制定法规,特别是在罗马尼亚社会主义共和国专属经济区内,防止、减少和控制海洋环境污染,以及确保航行安全。关于这些法规的通知,应在"航行通知"中公示。

在有明显理由相信穿越罗马尼亚社会主义共和国专属经济区的船舶违反了罗马尼亚或可适用的国际上关于防止、减少和控制海洋环境污染的法律规定,则罗马尼亚主管机关有权要求该船舶作出针对其行为的解释。如果该船舶拒绝作出解释,或者所作出的解释与实际情况明显不一致,则相关主管机关有权针对其行为采取实物检查措施。

如果有明确的客观证据表明处于罗马尼亚社会主义共和国专属经济区的船舶违反本法第一段和第二段的规定,倾倒废物,对罗马尼亚海岸线或领海及专属经济区资源造成严重损害或有严重损害之虞,则罗马尼亚主管机关可依据罗马尼亚社会主义共和国法律对该船舶进行扣留,并对该违法行为提起诉讼。

若外国船舶处于罗马尼亚港口,罗马尼亚社会主义共和国主管机关可以对任何处于罗马尼亚社会主义共和国专属经济区的船舶的任何违法行为提起诉讼。

第十二条

如果在罗马尼亚专属经济区发生船舶碰撞、触礁或其他损坏船舶的事项,可能对其专属经济区或海岸线造成损害结果,则罗马尼亚主管机关可以依照国际法规定,采取一切与损害或危险相称的必要措施,防止损害结果或危险的发生。

第十三条

下列行为如果不构成犯罪,则应认定为违法,并应处以100万到200万列伊的罚款,该处罚的作出地为违法行为的记录地。

1. 非法开发利用罗马尼亚社会主义共和国专属经济区内自然资源的行为。

2. 从船舶、飞行器或建造在海中的人工岛屿、设施、结构,向罗马尼亚社会主义共和国专属经济区倾倒污染物或非法引进污染物的行为。上述污染物指任何危害人类健康及海洋生物资源的物质,以及任何其他可能对海洋合法利用造成损害或阻碍的废物、材料。

3. 未经罗马尼亚主管机关同意,在罗马尼亚社会主义共和国专属经济区内从事活动的行为。

4. 未遵守"航行通知"的规定以及人工岛屿、设施、结构发出的信号的行为。

5. 未经必要的许可,在罗马尼亚社会主义共和国专属经济区建造人工岛屿、设施、结构的行为。

6. 未保护罗马尼亚社会主义共和国专属经济区的设施或其他装备以提

示其存在的永久性警告的行为,未遵守关于维持其正常作用的标准,以及未遵守关于拆除已被永久禁止使用的设施和装备的标准的行为。

上述行为若造成主要损害或其他严重后果,或该行为反复实施,则处以100万到200万列伊的罚款。

在违法非常严重的情况下,罗马尼亚主管机关可对违法者处以没收其船舶、设施、捕鱼用具、仪器或其他物品的处罚,以作为附加处罚适用。同时,非法获取的物品须予以没收。

上述处罚适用于法人组织。

如果涉及本条第1~6款的行为是为了保障船舶的安全,拯救人的性命或者为避免船舶、货物遭受损害,则不认为是违法。

第十四条

对于违法行为的记录以及处罚的作出,应当由运输和电信部专门授权的航海监管及控制机构,食品工业部、农产品收购部及其他合法授权机构来行使。

任何关于违法行为的异议应在异议提交后的15日内,由康斯坦察镇法院中有关海洋与河流的部门进行归档。

第十五条

本法令规定应增补1986年第32号法令关于违法行为的确立和处罚的规定,除该法令第二十五、二十六和二十七条应不适用在此情况下的本法令所提及的违法行为外。

第十六条

向外国自然人或法人征收的罚款应为可自由兑换的货币,按照非商业交易汇率将罚款兑换成列伊。

第十七条

根据罗马尼亚法律,对违法者征收罚款,不能免除其由于对罗马尼亚专属经济区造成损害而应当承担的赔偿责任。

第十八条

如果由于行为触犯罗马尼亚法律,须将船长逮捕或须将外国船舶扣留,罗马尼亚主管机关应当立即通知相关措施所针对的船旗国。

在缴纳适当充足的保证金后,应立即释放受到扣押的船舶及其船体船员。

关于建立罗马尼亚内水、领海以及毗连区法律制度的法案
(1990年8月7日)

第一章 罗马尼亚领海与内水

第一条

罗马尼亚的领海宽度为距离基线12海里(22 224米)的范围,为与罗马尼亚海岸连接的海洋区域。如果有内水存在,则罗马尼亚的领海也包括内水。

基线为沿海岸的低潮线,或者连接海岸上最有利点之间的直线基线。海岸包括岛屿海岸,系泊地、水体作业设施以及永久性港口设施的海岸。

直线基线两端各点的地理坐标在附录中标明。

领海外部界限为距基线最近点为12海里的各点的连线。

第二条

罗马尼亚的领海范围受到与罗马尼亚订立相关条约的邻国之领海的限制,且不能与国际法的原则和标准相抵触。

第三条

罗马尼亚领海的外部界限和侧部界限,构成罗马尼亚的海上国界。外部界限与侧部界限的有关内容参照本法第一条和第二条之规定。

第四条

海岸与基线之间的水域为罗马尼亚的内水。基线的有关内容参照本法第一条之规定。

第五条

内水、领海及其海床和底土,以及它们的上空皆为罗马尼亚领土的一部分。

根据罗马尼亚国内法和罗马尼亚参加的国际条约,参照国际法的原则和标准,罗马尼亚对上述空间享有主权。

第二章 罗马尼亚的毗连区

第六条

罗马尼亚的毗连区为与领海连接的区域,其范围是从本法第一条所规定的基线量起,距离海岸 24 海里的海域。

第七条

在毗连区,罗马尼亚对违反本国海关、财政和卫生法律、法规,以及相关穿越国境的违法行为,享有阻止及处罚的控制权。

第三章 领海的无害通过

A 节 所有外国船舶适用的规则

第八条

外国船舶在罗马尼亚领海的无害通过权,须依照本法和其他生效法律规定,且应符合国际法的一般惯例。

"通过"是指为了下列目的,通过领海的航行:

1. 穿过领海但不进入内水或停靠内水以外的泊船处或港口设施;或

2. 驶往或驶出内水或停靠这种泊船处或港口设施。

通过应继续不停和迅速进行。船舶应遵守海上航线,航道和道次将在海图和航运文件中详细标明。

除船舶急需导航,或者由于不可抗力为救助遇险的人员,或为遇险或遭难的船舶或飞机提供帮助外,船舶的无害通过不包括停船或下锚。

第九条

外国船舶的通过只要不损害沿海国的和平、良好秩序或安全,就是无害的。

如果外国船舶在领海或内水内进行下列任何一种活动,其通过即应视为损害本国的和平、良好秩序或安全:

1. 对罗马尼亚的主权、领土完整或政治独立进行任何武力威胁或使用武力,或以任何其他违反国际法原则的方式进行武力威胁或使用武力;

2. 以任何种类的武器进行任何操练或演习;

3. 任何目的在于搜集情报使本国的防务或安全受损害的行为；

4. 任何目的在于影响本国防务或安全的宣传行为；

5. 在船上发射、降落或接载任何飞行装置；

6. 在船上发射、降落或接载任何军事装置、潜水员、潜水艇及其他水下运载工具，或者任何其他能够从事水下研究的装置；

7. 违反本国法律和法规，上下任何商品、货币或人员；

8. 任何故意和严重的污染水体或空气行为；

9. 任何捕鱼活动；

10. 任何科学或考古性研究或水文测量调查；

11. 任何违反有关无线电通信领域的国际法规，目的在于干扰本国任何通信系统或任何其他设施或设备的行为；

12. 与通过没有直接关系，或者违反本法之规定的任何其他活动。

第十条

任何装载核武器、化学武器或大规模杀伤性武器，运输核武器、化学武器或大规模杀伤性武器或弹药，以及装载、运输其他罗马尼亚法律所禁止的商品、物品的船舶，不得进入罗马尼亚的领海、内水和港口设施。

第十一条

外国核动力船舶在进入罗马尼亚泊船处或者港口设施前，须获得罗马尼亚相关职能部门的事先批准。该事先批准的申请应在距进入当天 30 天之前提出。

第十二条

外国核动力船舶和运载放射性物质或其他危险物质的外国船舶，在行使无害通过领海的权利时，应持有国际协定为这种船舶所规定的证书并遵守该国际协定所规定的特别预防措施。

第十三条

对核动力船舶和运载放射性物质或其他物质的船舶的安全证书检查、计量测定检查以及其他以保护环境为目的的检查，应当在专门地点由罗马尼亚职能部门进行。在上述船舶停入港口设施或泊船处时，罗马尼亚当局可能采取附加措施。

如果检查结果显示受检查的船舶会导致危险的后果，则罗马尼亚职能部门可命令相关船舶在规定的时间内驶离罗马尼亚的领海。

第十四条

行使无害通过本国领海的权利以及停入港口设施或泊船处的外国船舶可以使用无线电导航装置、水声设备和无线电通信设备。仅当外国船舶在安全航行及锚泊情况下,使用清晰通用的代码与港口设施当局通信及与罗马尼亚地面站台进行无线电交流时,才能使用电子和光学观测系统。电子和光学观测系统的使用应遵守附于《电信国际公约》中的有关无线电的规定所确立的规则和程序。

第十五条

罗马尼亚职能机构可以采取任何方法阻止任何违反涉及外国船舶准入本国内水的生效法规的行为,且应当采取包括强制措施在内的一切法律手段,阻止任何外国船舶进入本国内水,或者非无害通过本国领海。

第十六条

当为确保本国国家安全或者执行军事演习时,罗马尼亚职能机构可以在特定海域临时停止外国船舶的无害通过。

上款所称的停止无害通过的手段应当在罗马尼亚职权机构发布的《航海通告》内公布。

B节 用于商业目的的外国船舶的适用规定

第十七条

罗马尼亚的刑事管辖权适用于在罗马尼亚领土范围内,发生在用于商业目的的外国船舶上任何人的有关违法行为,也适用于外国船舶在罗马尼亚海港或内水时,发生在该船舶上的任何违法行为。

罗马尼亚的刑事管辖权不得适用于发生在通过本国领海的用于商业目的的船舶上的违法行为,但是下列情形除外:

1. 该违法行为由罗马尼亚国民或者定居在罗马尼亚的无国籍人所做出;

2. 该违法行为直接损害罗马尼亚国家利益或者损害罗马尼亚国民以及居住在罗马尼亚领土内的人的利益;

3. 该违法行为具有扰乱本国良好秩序及安宁,或者扰乱本国领海秩序的本质;

4. 罗马尼亚行使刑事管辖权是取缔违法贩运麻醉药品或精神调理物质所必要的;

5. 船长或船旗国外交代表或领事官员书面请求地方当局予以协助。

第十八条

罗马尼亚的刑事管辖权也适用于在用于商业目的的船舶上的自然人所实施的,违反有关罗马尼亚在黑海的专属经济区的生效法律,且触犯罗马尼亚刑法的情形。

第十九条

如果船舶的船旗国同为罗马尼亚加入的领事条约或其他类似协议的成员国,则罗马尼亚在行使刑事管辖权时,应充分考虑该条约或协议的规定。

第二十条

为确保正在或将要通过罗马尼亚领海的船舶能够履行其由于违约责任或其他责任应承担的,在该船舶或货物受损的海难中该船舶应承担的,以及由于登船、救援或打捞而形成的赔偿金、费用及其他费用,在行使刑事管辖权的过程中,在符合生效法律的情况下,罗马尼亚职能部门可以命令对用于商业目的的船舶上的人员进行拘留或逮捕,对位于罗马尼亚领海或内水的外国船舶进行扣押。

C节 军舰、潜水艇、其他潜水器以及其他用于非商业目的的政府船舶适用的规则

第二十一条

非经罗马尼亚政府的事先批准,外国军舰、潜水艇、其他潜水器以及其他用于非商业目的的政府船舶不得进入罗马尼亚领海、港口及泊船处,但其遭受损害或为了躲避风暴的情况除外。

除罗马尼亚与船旗国达成其他协议的情况外,上述事先批准的申请应在距通过领海或停靠港口及泊船处当天30天之前提出。

第二十二条

在通过领海时,潜水艇和其他潜水器须在海面上航行并展示其旗帜。在水下的潜水艇和其他潜水器须浮出海面。如果因为受到损害不能浮出海面,则该潜水艇和其他潜水器须以任何可能的方式,通过信号标明其所在的位置。

第二十三条

如果外国军舰在领海或内水不遵守本国相关法律和法规,而且不顾本国向其提出遵守法律和规章的任何要求,罗马尼亚可要求该军舰立即离开本国领海。

第二十四条

船旗国应当对其处于罗马尼亚港口、内水及领海的军舰,用于非商业目的的政府船舶以及属于该军舰或船舶工作人员的个人造成的任何损失及损害承担国际责任。

第二十五条

根据 A 节所规定的例外情况以及本法二十一条至二十四条所规定的内容,外国军舰、用于非商业目的的政府船舶在罗马尼亚港口、内水以及领海内享有主权豁免权。

第四章 领海外的紧追权

第二十六条

罗马尼亚方如果有充分理由认为处于罗马尼亚水域、内水、领海或毗连区的外国商船违反了罗马尼亚法律和法规,则可对该外国商船行使领海外的紧追权,以及为确定其责任而扣留该外国商船。

紧追权可适用于处于罗马尼亚内水、领海和毗连区的外国船舶及其备用艇。

紧追权适用于外国船舶不遵守停船的命令的情形。紧追可持续不间断地行使,直至被紧追的船舶进入其本国领海或第三国领海。

为了对根据本条规定扣留的船舶进行调查和处罚,罗马尼亚方可将该船舶押送至最近的罗马尼亚港口。

如果不能对在罗马尼亚领海外受到扣押的船舶证明紧追权的合法性,则应对该船舶因此行为遭受的损失和损害进行补偿。

第二十七条

前条所规定的紧追权适用于外国商船违反有关罗马尼亚在黑海的专属经济区的法律的情形。

前款规定的紧追权仅适用于有关外国船舶或其备用艇处于罗马尼亚内

水、领海以及专属经济区之内的情形。

第五章 罗马尼亚领海内的科学研究

第二十八条

在罗马尼亚领海内的科学研究行为、相关勘探行为和制定海上贸易法规的行为,根据既定方案和罗马尼亚职能部门的意见,应由罗马尼亚的专门机构行使。

第二十九条

在获得罗马尼亚职能部门的明示许可,符合该职能部门规定的条件后,外国个人或法人方可在罗马尼亚领海内进行科学研究活动。

第六章 海洋环境保护

第三十条

罗马尼亚职能部门应制定法规,防止、减少和控制对包括海岸在内的海洋环境的污染,确保该法规同样适用于罗马尼亚港口设施、内水及领海。

第三十一条

根据生效法律,禁止从船舶、其他漂流装置或固定装置、飞行装置、陆地源头处置,向内水及领海或其上的空间倾倒、释放任何有毒物质、有毒物质残余物、放射性物质、烃类物质或其他任何危害、威胁人类健康及海洋生物的物质,以及任何其他可能对罗马尼亚海岸线造成损害或阻碍罗马尼亚合法利用海洋资源的残余物、材料。

第三十二条

在有足够理由相信处于罗马尼亚内水或领海的商船违反了罗马尼亚或国际上关于防止、减少和控制对包括海岸在内的海洋环境的污染的法律规定,则罗马尼亚职权机构有权要求该船舶出示针对其行为的信息。如果该船舶拒绝出示信息,或者所出示的信息与实际情况明显不一致,则相关职权机构有权针对其行为采取实物检查措施。

第三十三条

如果有明确的客观证据表明处于罗马尼亚内水或领海的商船违反本法第三十条至三十一条的规定,释放放射性物质、烃类物质、其他物质及残余物,对罗马尼亚海岸线或任何内水及领海资源造成严重损害或有严重损害之虞,则罗马尼亚职权机构可依据罗马尼亚法律对该船舶进行扣留并对该违法行为提起诉讼。

第三十四条

如果在内水或领海发生船舶碰撞、触礁或其他损坏船舶的事项,可能对罗马尼亚内水、领海或海岸线造成损害结果,则罗马尼亚职权机构可以采取一切与损害或危险相称的必要措施,防止损害结果或危险的发生。

第七章 处罚措施

第三十五条

下列行为如果不构成犯罪,则应认定为违法:

1. 违反第十条中的禁止性规定。

2. 违反第三十一条的相关规定,从船舶、其他漂流装置或固定装置、飞行装置、潜水器处置,向内水及领海或其上的空间倾倒、释放任何有毒物质、有毒物质残余物、放射性物质、烃类物质或其他任何危害、威胁人类健康及海洋生物的物质,以及任何其他可能对罗马尼亚海岸线造成损害或阻碍罗马尼亚合法利用海洋资源的残余物、材料,或者非法引进上述危险物质。

3. 工业捕鱼或者任何其他涉嫌非法开发利用罗马尼亚内水、领海及其海床和底土自然资源的行为。

4. 在内水或领海是船沉没,或将船舶驶向海岸边。

5. 未经罗马尼亚职权机构许可,将核动力船舶驶入罗马尼亚港口。

6. 未能出示规定船舶运输放射性或有毒物质或其他危险物质的国际协议所要求的证书,未能采取上述协议要求的预防措施。

7. 未经罗马尼亚职权机构授权或违反相关授权所进行的科学研究行为,在罗马尼亚内水或领海进行勘探或其他行为。

8. 在港口或官方授权的地点外装载、卸载人员或货物。

9. 非经授权进入已经声明关闭的港口,或进入已经暂停给予无害通过权的领海区域。

10. 违反第十四条的限制性规定。

11. 违反第九条第5、6、11项的禁止性规定。

12. 未遵守罗马尼亚职权机构制定的关于在内水或领海安全航行、保护长途通信电缆和海底隧道的法律。

上述第1至7项的违法行为得处以10万到200万列伊的罚款。8至12项的违法行为得处以1万到500万列伊的罚款。处罚的执行地为违法行为的发生地。

第三十六条

如果第三十五条第1~7项的违法行为造成了严重后果或死亡后果,或该违法行为反复实施,则处以100万到200万列伊的罚款。

涉及第三十五条第2、3项的违法行为,根据其造成结果的严重程度以及损害的影响范围,处罚金额可达200万到1000万列伊。

在违法非常严重的情况下,罗马尼亚职权机构可对实施违法的人处以没收其船舶、设施、捕鱼用具、仪器或其他物品的处罚,以作为附加处罚适用。

非法获取的物品须予以没收。

第三十七条

涉及第三十五条第4、8、9、10项的行为,如果是为了保障船舶的安全,拯救人的性命或者为避免船舶、货物遭受损害,则不认为是违法。

第三十八条

根据生效法律,违法行为的查明以及处罚的做出,应当由公共工程、交通和领土管理部的航海监管及控制机构,国防部、环保部、内政部、农业和食物部、卫生部特殊授权的机构,以及其他拥有合法授权的机构来行使。

任何关于违法行为的异议应在异议提交后的15日内,由康斯坦察镇法院中有关海洋与河流的部门进行归档。

第三十九条

根据罗马尼亚法律,对违法人员征收罚款,不能免除其由于对罗马尼亚陆地、内水及领海造成损害而应当承担的赔偿责任。

第四十条

对外国自然人或法人做出的罚款,须按照违法行为发生当天官方公布的汇率将列伊转换成可兑换货币后进行交纳。

第四十一条

1986 年第 32 号法令规定的违法行为的确立和处罚,以及该法令第二十五、二十六和二十七条所规定的例外,都适用于本法令第三十五条有关违法行为的规定。

第四十二条

如果由于行为触犯罗马尼亚法律,须将船舶的船长逮捕或须将船舶扣留,罗马尼亚职能部门应当立即通知相关措施所针对的船旗国的外交代表或领事官员。

根据生效法律,在缴纳适当充足的保证金后,应立即释放受到扣押的船舶及其船体船员。保证金的金额按照列伊计算,并应以可兑换货币进行缴纳。列伊总金额的换算,应按照违法行为发生当天官方公布的汇率。

第四十三条

国防部应对本法第二十一条至二十三条以及第二十六条、第二十七条的规定予以保障,并应为其他国家职能部门按照本法对处于领海的外国船舶实施强制措施给予援助。

第八章 最终条款

第四十四条

应将先于本法之法律规定的"领水"替换为本法第一条所规定的"领海"。

第四十五条

本法案在其官方公报上公布 90 天后生效。

用于划定罗马尼亚水域的直线基线上各点的地理坐标

各点地理坐标			
分 段	点	纬 度	经 度
A	1	45° 10′ 51″	29° 45′ 56″
	2	45° 08′ 42″	29° 46′ 20″
B	2	与 A 段相同	
	3	44° 50′ 23″	29° 36′ 52″
C	3	低潮线	
	4		
D	4	44° 46′ 52″	29° 31′ 48″
	5	44° 43′ 38″	29° 03′ 10″
E	5	与 D 段相同	
	6	44° 31′ 26″	28° 52′ 20″
	6	与 E 段相同	
	7	44° 07′ 15″	28° 41′ 50″
G	7	与 F 段相同	
	8	43° 59′ 14″	28° 10′ 09″
H	8	与 G 段相同	
	9	43° 44′ 20″	28° 34′ 51″

俄罗斯
Russia

（英文文本截止于 2016 年 12 月 13 日[1]）

俄罗斯联邦边界法案
（1993 年 4 月 1 日）

第一部分　概述

第一条　俄罗斯联邦的国界

俄罗斯联邦的国界［以下简称"国界"，是一条直线及垂直于该直线的平面，用以定义国家领土的边界（陆地、水域、底土及领空）］，是俄罗斯联邦国家主权范围的界限。

第二条　确定和变更国境线的原则，确定和维持国境线上的法律关系

俄联邦的国境线是由国际条约和苏联的法律条文确定的俄罗斯苏维埃联邦社会主义共和国的国境线。俄罗斯与邻国的边界线未正式确立国际法律关系的应由条约确定。

在确立与更改俄罗斯的国境线、建立与维持俄罗斯同其他国家在国境线上的关系，以及调整在俄联邦边界地区（水域）和俄罗斯领土内的国际交通线

---

[1] 本书仅收录至 1999 年的修正案，不包括 2000、2002、2003 年修正案。

上的法律关系时,俄联邦应遵守以下原则:

保证俄联邦的安全和国际安全;

与他国开展全面互利的合作;

相互尊重主权和领土完整,国境不可侵犯;

和平解决边境问题。

第三条 保护和保卫国家边境

作为保障俄联邦安全和执行俄联邦国家边境政策体系的一部分,保护国家边境是由联邦主体的国家权力机关,俄联邦成员国的机关、地方政府机关在其权限内采取政治的、组织和法律的、外交的、经济的、国防的、边境的、情报的、反间谍的、作战调查的、海关的、环境保护的、卫生和流行病学的、生态学的及其他的措施。组织和公民应依被确定的原则参与上述行动。保护国境的措施要依据由俄联邦缔结的国际条约和俄联邦法律确定的国境状况采取。

俄联邦应在公认的国际法的条约和规则及俄联邦缔结的国际条约的基础上,与外国在保护国境方面进行合作。保护国境应确保个人、团体、国家在边境领土(确立边境制度的边界地带,属于俄罗斯的边界河流、湖泊、其他水体的水域,俄联邦的内海水域和领海,穿越国境的边检站和行政区的领土、城市、疗养区、自然保护区、靠近边境的其他地点和区域、边境区)。

保护国家边境应确保个人、团体和国家在边境领土范围(边境区域、界河中属于俄罗斯的水域部分、湖泊和其他水域、俄联邦的内海水域和领海、制定了边界制度的地方、穿越国境的边检站、行政区和城市的领土、疗养区、自然保护区、边境区、界河沿岸、湖泊和其他水域、其他海岸和边检站)内的重大利益。对边境的保护应由联邦行政机构在俄联邦法律的授权下进行。守卫国家边境是保护国家边境的重要组成部分,其应由边境地区的俄联邦边界部队所辖的政府部门和军队,俄联邦空中及水下武装力量及其他在俄联邦法律规定的条件下也可使用的保证俄联邦安全的力量来实现。保卫国境的目的是防止非法改变国境走向,确保自然人和法人遵守国境制度,边境区域制度和边检制度。保卫国境的措施在本法案中被视为边境措施。

边境措施是在维护国家安全的统一政策框架内所实施的安全措施的一部分,同时应对个人、团体和国家重要利益所受到的威胁。

第四条 国境法

国境法以俄联邦宪法和俄联邦缔结的国际条约为基础,由与其相符的本法案和联邦法案、法律和其他规范性法律文件,以及俄联邦成员国的法律和其他规范的法律文本组成。若俄联邦缔结的国际条约中的条款与本法案和其他俄联邦的关于边境的法律中的相关条款不一致,则应遵守国际条约中的条款。

第二部分 国境走向的确定和变更及国境的标识

第五条 国境走向的确定和变更

1. 国境走向的确立和变更须遵循俄联邦缔结的国际条约和联邦法律。

关于以俄联邦缔结的国际条约为基础的,为确认国境而进行改变或细化区域内国境走向的文件,要符合俄联邦的法律才能生效。

2. 国境的走向,除非俄联邦缔结的国际条约中另有规定,应如此确定:

(1)在陆地上,根据显著的点、突出的线或清晰可见的地标确定。

(2)在海上,沿俄联邦领海的外部界限。

(3)在通航河流上,沿主航道的中心线或河流的深泓线;在不通航的河流上和溪流上,沿其中心线或河流主要支流中心线;在湖泊和其他水体上,沿等距的、中间的、直线的或其他的连接国境通向湖泊或其他水体岸边的线。

沿河流、溪流、湖泊或其他水体的国境不随它们的岸的形状和水位的改变而改变,也不随河流或溪流的流向偏离方向而改变。

(4)在水利枢纽的水库或其他人造水体,沿其未被淹没前的国境线。

(5)在桥梁、水坝和其他跨越河流、溪流、湖泊和其他水体的建筑上,沿这些建筑物的中心线或其建筑轴心,而不沿水上的国境线走向。

3. 已删除。

4. 已删除。

第六条 国境线的划定

国境应由清晰可见的界标划定。界标的形状和尺寸以及界标放置的程序应由俄联邦缔结的国际条约和俄联邦政府的决议规定。

第三部分 国境制度

第七条 国境制度的维持和确立

国境制度应包括以下制度:国境的维护;人员和交通工具穿越国境;运输货物、商品和动物通过国境;放行人员、交通工具、货物、商品和动物穿过国境;在国境或靠近国境的俄联邦领土上从事经济、商业和其他活动;与他国解决违反上述规定的事件。

国境制度由本法案、其他联邦法律和俄联邦缔结的国际条约确定。鉴于俄联邦与邻国的共同利益,国境制度的个别规定可以不确立,且已被确立的规定可以简化。

第八条 国境的维护

关于国境维护的规章应规制边界记号的确立程序、保持、维持、管理检查、边界空地的设备和维护、与邻国共同进行国境联合检查。

关于共同检查边境走向但不对其进行改变的文件,由俄联邦政府确定。

为了维护国境利益,边界部队的机关和俄联邦联邦边界部队的边防军队(以下简称"俄联邦联邦边界部队的机关和军队")可以在俄联邦法律确定的原则基础上,无限期(永久地)使用沿着国境线的狭长领土,在必要且符合俄联邦政府规定的情况下,可以使用边界河流、湖泊或其他水域中俄罗斯一岸的领水。

第九条 人员和交通工具穿越国境

人员和交通工具必须在由俄联邦缔结的国际条约或俄联邦政府确定的国际铁路、公路交通线或其他地点通过国境。这些法律文件可决定通过国境的时间,确定通过国境时,从国境到边检站及相反方向的检查制度。在此过程中,人员、货物、商品和动物不得从交通工具走下或卸下。

通过国境的边检站指在为国际交通(国际航班)开放的火车站、汽车站、海港、河港、航空港、飞机场范围内的领土及其他一些为完成边界检查,在必要的情况下为其他检查项目而专门装备的地方及人员、交通工具、货物、商品和动物通过国境的边检站。

俄联邦联邦边界部队的机关和军队应被授权,与俄联邦相邻国家的当局协同,在其军事人员和其他人员执行保卫国境任务时,使用其他通道通过国境。

俄联邦和他国船舶、外国军舰和其他非商业目的的国家船舶,在遵守本法案及俄联邦缔结的国际条约的前提下,可在海洋、河流、湖泊及其他水体上通过国境。

第5、6、7款已被删除。

在界河、界湖及其他边境水域航行,包括在未通知俄联邦及邻国港口(泊船处)的情况下穿越国境,应遵守俄联邦与邻国缔结的条约。

外国船舶、外国军舰和其他非商业目的的国家船舶及俄国船舶,由国境出发行至穿越国境的边检站,或反向行驶,在属于俄罗斯部分的界河、湖泊和其他水体中,若不通知俄联邦港口(泊船处),应遵守俄联邦联邦边界部队的机关和军队的以下规定:

若因某种原因,旗帜未升起,则应展示旗帜;

若其正向禁止航行的区域行进或此区域暂时对航行有威胁或此区域是围绕人工岛屿、设施和结构设立的安全地带,改变航向;

报告进入俄联邦领土的目的;

俄联邦法律和其他规范性法律文件设置的其他规定。

由国境出发行至穿越国境的边检站,或反向行驶,本条第6款中提及的船舶应被禁止(除非俄联邦缔结的国际条约或俄联邦的法律及其他规范性法律文件另有规定):

1. 访问没有被俄联邦政府批准对外国船舶开放的俄联邦港口(停泊地);

2. 进入禁止进入或对于航行暂时危险的区域,及围绕人工岛屿、设施和结构设立的安全地带,若这些区域和地带的一般信息已被告知;

3. 停泊、登陆(登船)、卸载(装载)任何货物、商品、通货或动物;把漂行装置放入水中或从水中捞出;让飞行器升空、降落或接受它们;或在没有取得保卫俄联邦内水和领海及国家资源的联邦行政部门在其权限内颁发相应许可的情况下,或取得了相应许可但是违反了许可设置的条件的情况下,进行商业、研究、调查或其他活动;

4. 其他俄联邦法律或俄联邦缔结的国际条约禁止的行为。

航空器通过国境时要按特定划分出的用于飞行的空中航线并遵守俄联

邦政府确定的规则和在航空信息文件中公布的规则。在划分出的空中走廊以外穿过国境,除本条第12款另有规定的情形外,必须经俄联邦政府批准。

航空器在从国境到边检站通过国境或相反方向,及经过俄联邦领空做过境飞行,应被禁止(除非本法案另有规定):

1. 在未被俄联邦政府对国际飞行开放的航空港、飞机场降落;

2. 从未被俄联邦政府对国际飞行开放的航空港、飞机场起飞。在个别情况下执行特殊的国际飞行任务时航空器经俄联邦交通部或俄联邦国防部与俄联邦联邦安全局、俄联邦边防局、俄联邦国家关税委员会、俄联邦卫生部协调批准后可在未对国际飞行进行开放的航空港、飞机场起飞以离开俄联邦或在进入俄联邦领空后降落;

3. 飞入广泛知晓的禁飞区;

4. 其他的俄联邦法律和俄联邦缔结的国际条约中禁止的行为。

为了保证俄联邦的安全及经外国的请求,经过俄联邦政府决定并由有关国家的有关部门通知的情况下,在国境上的某一部分可以暂时限制或禁止穿过国境。

在发生因自然或人为原因引起的紧急情况时,紧急救援和空中重建部队(力量)为在俄联邦缔结的国际条约和俄联邦政府的法案上有权为控制和消除上述情况而穿越国境。

人员或交通工具在陆地上紧急越过国境,外国船舶、军舰或其他非商业目的的国家船舶进入俄联邦水域,或航空器紧急进入俄联邦领空,在以下紧急情况下不属于违反穿越俄联邦国境的规则的行为:

事故;

因船舶遇难或自然灾害,导致外国船舶(含航空器)、外国军舰或其他非商业目的的政府船舶的安全受到威胁;

严重风暴、冰流或冰冻情形,导致外国船舶、外国军舰或其他非商业目的的政府船舶的安全受到威胁;

牵引被损坏的外国船舶、外国军舰或其他非商业目的的政府船舶;

运送被救助者;

对机组成员或乘客及其他处于紧急情况中的人员提供医疗救助。

当紧急越过国境或因紧急情况违反此法案中其他规定从国境到边检站

通过国境或相反方向,或在属于俄罗斯部分的界河、湖泊或其他水域、内海、领海和俄联邦空域进行停留时,船长、军用船舶的长官、机长必须立即通知最近的俄罗斯海港(河港)的行政部门或相应的统一空中交通管理机关,包括通知俄联邦边界部队的机关、军队以及俄联邦空军其穿越国境,并在通知后按照他们的指示或按为其提供协助或测定发生何种情况的俄联邦军舰的长官、海船或河船船长的指示行事。

第十条 通过国境的货物、商品和动物的转移

通过国境的货物、商品和动物应在俄联邦缔结的国际条约、俄联邦法律及俄联邦政府的决议确定的地点上进行,并遵守其制定的规则。

第十一条 旅行人员、交通工具、货物、商品和动物通过国境

旅行人员、交通工具、货物、商品和动物通过国境要在确定的边检站进行,并遵守人员、交通工具穿越国境进入俄联邦领土的法规,货物、商品和动物进入俄联邦领土的法规,或遵守人员、交通工具穿越国境从俄联邦离开及货物、商品、动物运出俄联邦的法规。

旅行人员有权进入或离开俄联邦的有效文件,以及交通工具、货物、商品和动物的类似文件,是该人员、交通工具、货物、商品和动物通过国境的基础。

依俄联邦法律,禁止进入俄联邦的外国国民和无国籍人,以及在俄联邦法律规定下被裁决禁止离开俄联邦的人,不得穿越国境。

俄联邦可与邻国缔结条约,确立关于离开与进入俄联邦的权利的文件,以简化国民穿越俄联邦与邻国国境的程序。

旅行人员、交通工具、货物、商品和动物通过国境,应实行边境管制(核实该人员、交通工具、货物、商品和动物通过国境的理由,检查交通工具、货物、商品以检测和扣留违法穿越国境者以及俄联邦法律禁止俄联邦进出口的货物、商品和动物),并且,在必要的情况下,实行海关、移民、卫生检疫、动物检疫、植物检疫、交通和其他类型的管制。

管制的内容、手段、方法和实施管理的规则由相应的联邦行政机关在联邦法律的基础上会同俄联邦司法部制定规范性文件。此外,在保证人员、动植物的安全及健康方面,应会同俄联邦卫生部和其他有关联邦行政机关确定。

从未为国际航班开放的航空港和机场进行跨越俄罗斯边界的特殊国际航班飞行的航空器,以及在未经允许的地点紧急降落的外国及俄罗斯航空

器,应由俄联邦的联邦安全机构的机关会同空港和机场的行政部门或俄联邦空军指挥共同决定,并由俄联邦联邦边境部队的机关与军队和其他俄联邦有关机关进行后续通知。

第十一(一)条 过境手续费

1. 离开俄联邦属于边境管制,应征收过境手续费,在全俄联邦领土内均必须缴纳过境手续费。

缴纳过境手续费是进行离开联邦的边境检查的必要条件。

2. 过境手续费的缴纳者为:

穿越俄联邦国境的自然人(穿越俄联邦国境的交通工具的所有者除外)(以下简称"自然人");

拥有穿越俄联邦国境的交通工具的自然人或法人(以下简称"交通工具的所有者")。

任何有关人员有权替他人缴纳过境手续费,除非俄联邦法律另有规定。

3. 过境手续费应按照以下规定的金额收取:

(1)对于自然人,收取法定最低工资金额的80%;

(2)对于:

乘用轿车的所有者,收取其法定最低工资金额的2倍;

货车或巴士所有者,收取其法定最低工资金额;

载客50名以下的客机的所有者,收取其法定最低工资金额的5倍;

载客50至100名的客机的所有者,收取其法定最低工资金额的7倍;

载客100名及以上的客机的所有者,收取其法定最低工资金额的10倍;

货机的所有者,收取其法定最低工资金额的7倍;

载客100名以下的海上客船的所有者,收取其法定最低工资金额的7倍;

载客100名及以上的海上客轮的所有者,收取其法定最低工资金额的10倍;

河上客船的所有者,收取其法定最低工资金额的2倍;

载重100吨以下的海上货船的所有者,收取其法定最低工资金额的3倍;

载重100吨至1000吨的海上货船的所有者,收取其法定最低工资金额的5倍;

载重1000吨以上的海上货船的所有者,收取其法定最低工资金额的7倍;

河上货船的所有者,收取其法定最低工资金额;

铁路客车的所有者,收取其法定最低工资金额的10倍;

铁路客车的所有者,对于每节车厢收取其法定最低工资金额的20%;

铁路运输的集装箱的所有者,对于每个集装箱收取其法定最低工资金额的15%。

4. 下列人员可免除过境手续费的缴纳:

从俄联邦其他地方到加里宁格勒地区和从加里宁格勒地区到俄联邦其他地方的自然人;

从俄联邦其他地方到加里宁格勒地区和从加里宁格勒地区到俄联邦其他地方的交通工具的所有者;

不满14周岁的儿童;

一、二级残疾人和各级自幼残疾者;

拥有个人载客汽车的一、二级残疾人和各级自幼残疾者;

为排除由自然或人为原因引起的紧急情况提供帮助的团体的成员而过境的自然人,及此类团体的交通工具的所有者;

为参加维和行动、属于维护和平的多国武装或集体武装的俄罗斯军队编制中的武官或文官及上述武装组织中的交通工具的所有者;

用于执行公务的俄罗斯及外国交通工具的成员、团队及驾驶员;

俄联邦外交代表团和领事机构的工作人员及其家属,及外国驻俄联邦的外交代表团和领事机构的工作人员及其家属;

交通工具的所有者是俄联邦外交使团和领事机构,或是外国的外交使团和领事机构;

俄联邦外交使团和领事机构的个人汽车的所有者,包括代管人、雇员,以及外国在俄联邦的外交使团和领事机构的雇员;

自然人为联合国及其特别代表团的雇员、欧洲议会和其他俄联邦缔结国际条约的国际组织的雇员以及上述组织的官方代表团的成员穿越俄联邦边境去往其目的地;

自然人为俄联邦或外国的国家、政府或议会的代表团的成员,以及运送这些代表团的交通工具的所有者;

持有外交护照的自然人,以及运送这些人的交通工具的所有者;

独立国家联合体的国家的自然人,以及位于这些国家领土内的交通工具的所有者(不包括向俄联邦公民及在其领土内的交通工具的所有者收费的国家的公民),在独联体国家境内行驶时;

依照俄联邦与邻国签订的国际条约,穿越俄联邦国境的自然人;

依照俄联邦与邻国签订的国际条约,穿越俄联邦国境的交通工具的所有者;

在与边境相邻的区域提供固定路线运输服务的交通工具的所有者;

在俄联邦领海之外,且不使用外国港口进行海洋捕鱼、研究或其他活动的海洋船舶的所有者;

从俄联邦领土过境的自然人;

在二战期间为反希特勒联盟的国家一方战斗过的自然人,包括个人客运汽车的所有者;

自然人,包括个人客运汽车的所有者,若为在俄联邦领土内的俄联邦永久居民,或在苏联的部分领土内拥有不动产,来往位于俄联邦领土内的此种不动产。

5. 收取过境手续费的程序由俄联邦政府确定。

第十二条 开设边检站

边检站是由俄联邦政府与联邦行政机关,俄联邦主体与俄联邦联邦边境部队的机关和军队和其他有关联邦执行权力机关,并考虑到周边与其他国家的利益协商而确定的。

开设边检站,应在计划的基础上,与俄联邦边境部队的机关和海关以及其他机关协调,由联邦行政机关和相关俄联邦成员的机关管理,并修建、装备、实施相应的楼房、场地和建筑。在起草上述计划时,应对实行边界和其他项目检查必需的场所和建筑作出规定。建筑物建筑和装备的资金应该来自联邦预算、俄联邦成员实体的预算以及要求建造该建筑物的有关联邦行政机构的资金。

组织,无论其所有制形式,在必要地参与边境管理和其他类型的管理和内政机关进行监控和履行边检站规定时,边检站、服务场所、设施和装备应提供免费的使用。

第十三条 在边境从事经济、商业和其他活动

1. 俄罗斯或外国的法人或自然人的跨国境的经济、商业和其他关系到俄

联邦或外国的利益的活动,包括联合地、直接地在边境上或与边境邻近的俄联邦领土上进行的活动,不应:

危害人民的健康或生态,或俄联邦或其他相邻外国的安全,或造成产生上述危害的危险;

妨碍国境的维护或俄联邦边境部队的机关和军队的工作。

2. 进行本条第 1 款中所提到的活动,应遵守俄联邦缔结的国际条约,并依照穿越国境的法规,告知俄联邦边境部队的军队和机关其穿越的时间和地点,以及进行的活动、参与的人数和商业及其他船舶、交通工具和其他需要用到的设备和机械。

第十四条 违反国境制度的事件的解决

解决违反国境制度的事件的程序,将它们提交到俄联邦边境代表机构、俄联邦国防部,或俄联邦外交部时,应受俄联邦与外国缔结的关于国境及其制度的条约,俄联邦签订的其他国际条约,本法案以及俄联邦政府的决定的约束。人员、航空器、俄联邦和外国的海洋及河流船舶与军舰,及其他穿越国境的交通工具,违反此法案的规定,应被视为违反国境制度。

没有在俄联邦领土内居住和居留权的外国公民和无国籍人,从外国穿越国境时构成了犯罪或违反了行政法规,应依照俄联邦法律承担责任。

若违反了本条的边境法律,且无理由提起刑事诉讼或行政处罚,并且依据俄联邦宪法他们不能获得政治庇护,俄联邦边境部队的机关和军队应依照官方程序运送他们到其穿越国境的他国领土的当局。若运送违法者至其外国当局,不符合俄联邦与其当局订立的条约,俄联邦边境部队的军队和机关应将他们从军队和机关决定的地点驱逐出俄联邦。若俄联邦与相应国家订有条约,通过边检站从俄联邦驱逐外国公民和无国籍人,应报告给驱逐目的国的当局。违反国境法律并被处以行政处罚,应依相应的程序被处以驱逐出俄联邦的行政处罚。

到达边检站的俄联邦公民,若在其处于国外期间丢失了进入俄联邦领土需要的文件,应在必要的补办其证件期间停留在边检站,但不超过 30 天。其停留在边检站的条款和程序应由俄联邦政府决定。

第十五条 俄联邦的边境代表

为解决关于国境制度的遵守的问题和解决边境事件,俄联邦的边境代表

（边境专员、边境代理及其代理人）应被俄罗斯联邦边防局和俄联邦外交部相协调，依照俄联邦签订的国际条约，分派到国境的特定区域。

在其活动中，边境代表应依照由俄联邦政府批准的此法案及其他联邦法律、俄联邦签订的国际条约和关于俄联邦的边境代表的法规行事。

与俄罗斯或外国军事飞行器和军舰、其他军事设施或军事人员（当防止危险军事活动不受影响时，俄联邦边境部队的机关和军队的设施和军事人员除外）有关的边境事件的解决，应由俄联邦国防部的代表进行，当需要时，也要有俄联邦的边境代表参与。

俄联邦的边境代表或俄联邦国防部的代表未解决的问题和事件应通过外交渠道解决。

第四部分 边境制度

第十六条 边境制度的内容和确立

边境制度应专门为创造保卫国境的必要条件服务，包括下列规定：

（1）在边境区域：关于进入（通过），暂时停留，人员和交通工具的移动，经济、商业和其他活动，以及举办大型公共政治、文化和其他活动；

（2）在界河、湖和其他水域的俄罗斯一侧的水域内，在俄联邦的内海水域和领海：

关于登记和维护俄罗斯小型自行推进和非自行推进的（在水面和水下）船舶（设备），以及冰上运输工具以及冰上运输工具在冰上的航行和移动；

商业、研究、调查和其他活动。

……………

其他边境制度的建立不应被批准。任何对公民权利和自由的限制只能因法律规定的方式被批准。

沿陆上国境宽至5千米的区域、俄联邦海岸线、俄联邦界河的河岸和其他水域和岛屿应属于边境区域。居民点、疗养院、休养所等康复机构，文化机构（场所）的土地，及群众休息、积极利用水资源、举行宗教仪式的地方和其他传统上有大批公民前来的地方可以不包括在边境地带内。

基于俄联邦与邻国的自然的联系，边境区域可不在这些单独的边境区域被建立。

边境区域的边界以及其上标志的设立,应根据俄联邦成员的行政机关的高级官员的意见以及俄联邦成员领土内的俄联邦边境部队的意见确定。

规定有边境制度的俄联邦内水的部分(区域),也应由相同的方法确定。

具体内容,实施本法规定的边境制度的空间、时间界限,上述规章适用的对象由俄联邦成员行政机关根据其与在俄联邦成员范围内的俄联邦联邦边境部队的机关和军队的上级长官的协商决定,并将之公布。

第十七条 人员及交通工具进入(通过)边境区域及在边境区域暂时停留和移动

人员及交通工具进入(通过)边境区域须具备证明个人身份的文件,俄联邦联邦边境部队的机关和军队在公民个人申请或企业和它们的协会、组织、机构和社会团体的申请基础上颁发的个人或集体通行证。应设立进入(通过)边境地带的地点。确定人员和交通工具进入(通过)边境地带的时间、路线、在边境地带停留的期限和其他因素。

第十八条 在边境区域进行经济、商业和其他活动,或举办大型政治、文化和其他活动

在边境区域内进行与使用土地、森林、底土和水体有关的经济、商业和其他活动,以及举办大型政治、文化和其他活动,应受联邦法律和俄联邦成员的其他法律和规范性法律文件规制。特定的工作计划和活动应经俄联邦边境部队的机关和军队的许可后做出。

进行工作和举办活动的许可,除本法案第十七条列明的情况外,应包括举办活动的时间、地点、参加的人数以及负责人。进行经常性的工作和活动,可设立永久地点。

第十九条 在边境附近饲养和放牧牲畜

为防止传染病穿越国境,可以在沿陆上边境线的地带(隔离地带)禁止或限制饲养、放牧牲畜。

防疫地带的宽度、限制原则和兽医制度由俄联邦农业粮食部或受其委托的俄联邦成员的兽医监督机关决定。在边境区域饲养和放牧牲畜应遵守此法案的第十七条和第十八条。

第二十条 登记、维护和利用俄罗斯的小型船舶(设备)和用于冰上的

运输工具

在俄罗斯的界河、湖泊和其他水域,以及在俄罗斯内海水域和领海的,俄罗斯小型自行推进和非自行推进的(在水面和水下)船舶(设备)和冰上运输工具应强制登记,并且应停泊在码头、停泊地或其他驻地。

可以设立这些船舶和工具在俄联邦联邦边境部队的机关和军队的通知下从驻地出发和返回驻地的规章,限制其出发以及在水上(冰上)停留、离开驻地或岸边的时间。

第二十一条 在俄联邦领海和内水、界河、湖泊和其他水体的属于俄罗斯的部分上从事狩猎、研究、调查活动

1. 在俄联邦领海和内水、界河、湖泊和其他水体的属于俄罗斯的部分上进行商业、研究、调查和其他活动,应遵守俄联邦的法律。

2. 为保卫国境,在属于俄罗斯部分的界河、湖泊和其他水体内进行本条第 1 款提及的活动,应得到俄联邦边境部队的机关和军队的许可,在俄联邦的内水和领海内进行活动须通知俄联邦边境部队的机关和军队。进行商业、研究、调查或其他活动的时间和地点、参加的人数、涉及的商业和其他船舶及设备的信息应被提供。

3. 进行本条第 1 款的活动若不通知(得到许可)俄联邦边境部队的机关和军队,或虽通知(得到许可)但违反了通知(得到许可)所附的条件,则会依照俄联邦法律产生相应责任。

第五部分　边检站制度

第二十二条 边检站制度的内容和制定

边检站制度应包括人员和交通工具进入这些边检站和在其中停留和离开的制度,以及进口、存放和出口货物、物品和动物的制度。专门起草这些制度是为了给边境、海关和其他类型的控制穿越的必要条件。

边检站制度由联邦交通行政机关与俄联邦联邦边境部队的机关和军队及俄联邦国家海关委员会在本法案和俄联邦国际条约的规定和标准法律文本的基础上协商确定。

在联邦交通行政机关的规范性法律文件的基础上,航空港、飞机场、海港、河港、火车站、汽车站的负责人和其他交通企业的领导者,应结合本地条件协调俄联邦联邦边境部队的机关和军队、海关及其他进行边境检查的机关的相应负责人,颁布本边检站制度的命令(指示)。

本条第3段之外的关于配备有交通设施的边检站制度由俄联邦联邦边境部队的机关和军队,在符合本条第2段要求的基础上,与海关和其他机关协商确定。这些机关负责监控边检站过境的人员、交通工具、货物、商品和动物。

第二十三条　人员、交通工具进(出)边检站和货物、商品、动物运进(运出)边检站的制度

人员和交通工具进出边检站和货物、商品、动物运进或运出边检站要在专门指定的地点进行,并要有经俄联邦海关的机关和军队同意由航空港、飞机场、海港、河港、火车站、汽车站、其他交通企业的行政部门颁发的通行证。

第二十四条　人员和交通工具在边检站的停留

交通工具在边检站停留时,前往国外的地点和时间由航空港、飞机场、海港、河港、火车站、汽车站和其他交通企业的行政部门根据俄联邦联邦部队的机关和军队与海关的协议确定。

在进行边境检查和其他形式的管控时,可以限制,在必要情况下禁止人员靠近、登上前往国外的交通工具。

交通工具在离开俄联邦时上载乘客和在进入俄联邦时下载乘客以及装载(卸下)行李、邮件和货物,要取得俄联邦联邦部队的机关和军队及海关的授权。

在俄联邦联邦部队的机关和军队的代表的要求下,交通企业、组织的负责人、交通工具所有者必须打开打上封印(封上)的车厢、汽车、船舱和交通工具的其他场所及其运载的货物予以查看。

运输企业和组织的官员和交通工具的所有者,必须在俄联邦边境部队的机关和军队的要求下,开启打上封印的车厢、汽车、船舱和交通工具的其他场所及其运载的货物。

开往国外的交通工具离开俄联邦领土,以及向俄联邦领土纵深开进或改变停留地点,要获得俄联邦联邦部队的机关和军队及海关的批准。

没有有效的入境许可证的俄联邦公民在边检站的停留应遵照本法第十四条的相关规定。

第二十五条 已被删除。

第二十六条 边检站的附加制度

直接进行边境管控和其他类型管控的区域和建筑,应由边检站决定。依照法规和本法案第二十二、二十三、二十四和二十五条规定的附加制度限制应在此规定。

第六部分 与保护国家边境有关的国家权力机构

第二十七条 俄联邦的国家权力机构

俄联邦的国家权力机构应考虑到国家边境的保护,应行使俄联邦宪法和此法案中规定的权力。

与保护国家边境有关的牵头(统筹)的联邦行政机关是俄联邦边境部队。俄联邦边境部队应领导一个单独集权的系统组成边境检查机关;运行机关进行情报、反间谍和工作调查活动,以及为确保俄联邦边境部队自身系统安全而展开的活动;是边境警卫和其他边境服务机关;是俄联邦边境部队的军队;依照俄联邦法律由俄联邦边境部队领导的专业军事训练学院、企业、实体和其他组织。

第二十八条 联邦行政机关的权力

1. 俄联邦外交部应:

基于俄联邦成员主体的决定,主导关于国家边境的建立和获得,以及国家边境制度的建立和准备必要的文件和材料;

保证在外国政策和国际法领域下的国家边境的保护;

在权限范围内,起草有关俄联邦公民、外国公民和无国籍人进入和离开俄联邦的权利的文件;

解决有关于遵守国家边境制度和在国家边境上发生的未被俄联邦的边境代表或俄联邦国防部解决的冲突。

2. 俄联邦边境部队应:

协同联邦行政机关,在其权限内组织和保证路上、海上、河上、湖和其他水体中,以及国境上的边检站的国家边境的保护,以及进行情报、反间谍和工作调查活动,跨越国家边境的人员、交通工具、货物和动物的运输;

组织和保证俄联邦边境部队的军队和机关的领导;

协同联邦行政机关进行依照联邦边境制度、边境制度和国家边检站制度的、影响国家边境的所有类型的管控活动;

与俄联邦国防部协同,与国家边境保护有关的,保证俄联邦边境部队的军队和机关的防空国防机关和海军的协调,以及与其他有权联邦行政机关协调,俄联邦边境军队的执行机关所配合的俄联邦法律执行系统机关和特别服务系统在本地层面上采取的保护国境利益的步骤;

参与对国家主体的、关于自然人和法人的、牵涉到保护国境利益的、规范性和其他法律文件的准备;

参与国境的定界、划分和重划,并参与起草关于设立国境制度的规范性法律文件;

奉俄联邦政府指示,俄联邦的边境代表采取直接领导活动;

依照俄联邦法律和总统的规范性法律文件,保证对与国境保护有关的,对俄联邦安全有威胁的信息的获取和处理,并提交上述信息到俄联邦政府和总统,并通知有关的联邦行政机关;

为保护国境,与外国有关代表机构和国际组织合作和沟通;

保证俄联邦边境部队系统自身的安全;

与联邦国家保护机构协作,参与确保边境领土上国家保护设施的安全。

3. 俄联邦国防部应:

确保国境的空域、水下的安全;

确保俄罗斯联邦武装部队在陆上、海上、界河、湖和其他水体中,以及在事件中,依照本法案和其他联邦法律定义的程序,参与保护国家边界;

在其权限范围内,解决涉及违反国家边境制度的事件;

在俄联邦法律和部门间协议的基础上,为俄联邦边境部队的军队和机关以提供资源、情报和其他保证国境保护的方式提供协助。

4. 执行海关、移民、卫生和动植物检疫、运输以及其他类型的国境控制的联邦行政机关,应:

保护国境的经济、环境和其他个人、社会和国家利益的组织和实施措施;

在其权限内，颁布所有自然人和法人都必须在俄联邦领土内遵守的规范性法律文件；

监督企业、组织、事业单位、公共协会和公民在其义务范围内遵守俄联邦签订的国际条约和俄联邦法律的情况；

当需要时，在边检站设立检查机构（检查点），依照本法案第十一条第6款的规定，组织其工作并规定检查的方式和方法；

与其他机关协助，在保护国境时为俄联邦边境部队的军队和机关提供相应协助；

在保护国境时，协助外国的相关机构。

5. 俄联邦内政部应：

俄联邦边境部队的军队和机关在保护国境和组织非法穿越国境行为时，在寻找违反国境制度的个人时，在确定和验证因违反行政或刑事法律的情况下被拘留的公民犯下的罪行时，为其提供协助；

向俄联邦边境部队的军队和机关通知与在俄联邦边境地区内的法律和秩序有关的情况、发现的违法行为的情况、与俄联邦边境部队的军队和机关有关的犯罪组织和个人的犯罪意图的情况；

依照本法案规定的程序以及在保护国境的实践中，保证俄联邦内政部的内部部队的参与；

保障俄联邦内务机关监控边境制度和边检站制度的执行情况；

应俄联邦边境部队的军队和机关的申请，在进行国境搜索和操作时，或在抵御武装入侵俄联邦领土和防止大规模非法入境时，保障临时限制和禁止公民通行某一临近国境的区域或设施的独立区域的安全；

维持国境的公共秩序，以及当俄联邦边境区域举办大型联邦或国际性质的活动时，维护俄联邦国境和边境区域的公共秩序；

当发生紧急情况或实施紧急状态时，维护边界地区的法律与秩序；

参与对与边境相邻的俄联邦区域内的大众的法律教育，并且与俄联邦边境部队的机关和部队配合，防止边境上的犯罪及穿越边检站。

6. 俄联邦安全局应：略。

第二十九条　俄联邦成员国的权力

略。

第七部分

俄联邦边境部队的机关和军队的权力,国家防空部队、海军和其他部队以及与保护国家边境有关的俄联邦军事单位的权力

第三十条 俄联邦边境部队的机关和军队的权力

略。

第三十一条 国家防空部队的权力

略。

第三十二条 海军的权力

略。

第三十三条

在俄联邦武装力量、俄联邦内务部的内部部队以及其他俄联邦的武装和军事单位的参与下,由俄联邦边境部队的机关和军队来保护国家边境。

略。

第三十四条 保护国境的协作

略。

第三十五条 对武器和军事装备的使用

俄联邦边境部队的机关和军队、防空部队和海军在保护与他国领土相毗邻的国境时使用武器和军事装备,以便击退对俄联邦领土的武装入侵,以及防止劫持并将航空器、海运船舶、内河船和其他没有乘客的交通工具带离国境的行为。

在下列情形下,可以对违反本法并已经(或正在)穿越国境的个人、航空器、海运船舶、内河船和其他交通工具使用武器或军事装备:违法者使用了武力,或者违法行为不能制止或违法者不能通过其他方式逮捕的情况下;保护公民生命和健康免受威胁以及解救人质;当武装人员、正在执行公务的人员、具有保护国家边境责任的人员及其家属的生命和健康因受袭击处于紧迫危险时,击退该袭击;当俄联邦边境部队的机关和军队、俄联邦武装力量以及其他参与保护国境的俄联邦部队及军事单位的分支机构和设施受到袭击时,击

退该袭击,以保障对正在反击其受到的武装袭击的船舶(汽艇)、航空器和直升机的支援。使用武器前必须有清晰的使用它们的警告,并在射击之前警告。

在击退武装入侵时,武器和军事装备可以不经警告直接使用;在突然袭击或对军事人员或其他公民进行武装袭击,涉及使用军事装备、航空器、远洋轮船、河船和其他交通工具,武装反抗者和武装扣留者逃跑的情况下,以及释放人质的情况下,武器和军事装备可以不经警告直接使用。

为制止威胁到军事人员和其他公民生命和健康安全的动物,军事人员有权使用武器发出警告信号或呼救信号。

禁止对妇女和少数民族人民使用武器和军事装备,但他们进行武装侵犯或武装抵抗时,或进行危及生命的武装进攻时除外;禁止对航空器、海运船舶、内河船和其他载有乘客的交通工具使用武器和军事装备;明显由于偶然发生的事故或不可抗力导致人员试图非法穿越国境时,也不应使用武器和军事装备。

使用武器和军事装备的程序由俄联邦政府决定。

按照本条的要求,应征入伍保卫国境的俄联邦武装力量其他分支的军事人员、俄联邦其他武装和军事单位的军事人员,可以使用武器和军事装备。

第三十六条　使用特别设备

略。

第八部分　地方自治机构、企业及其协会、机构、组织、公共协会和公民对保护国家边境的参与

略。

第九部分　对参与保护国境的军事人员和其他公民的法律和社会保护

略。

第十部分 侵犯国家边境的责任

第四十三条 侵犯国家边境的责任

违反国境制度、边境制度和边检站制度,穿越国境而有罪的人,应接受联邦法律规定的刑事处罚,或接受联邦法律或俄联邦成员法律规定的行政处罚。

第十一部分 为保护国境提供资源

第四十四条 为保护国境提供财政资源

略。

第四十五条 为保护国境提供后勤支持

略。

叶利钦

俄联邦总统

莫斯科,苏维埃俄罗斯联邦众议院

1993 年 4 月 1 日

N4730-1

关于俄罗斯大陆架的联邦法

(1995 年 10 月 25 日由国家杜马通过)

此联邦法律定义了俄联邦大陆架的法律地位,俄联邦对于其大陆架的主权和管辖权与基于俄联邦宪法对上述权力的行使,以及国际法和俄联邦缔结国际条约上普遍认可的原则和规则。关于俄联邦大陆架的事务及在其上进行的活动,若在此联邦法中无规定,则应有其他适用于俄联邦大陆架的联邦法律规定。

第一章

总 则

第一条 俄联邦大陆架的界限的定义

俄联邦大陆架(以下称为"大陆架")包括俄联邦领海(以下称为"领海")以外依其陆地领土的全部自然延伸,扩展到大陆边外缘的海底区域的海床和底土。

大陆边包括俄联邦陆块没入水中的延伸部分,由陆架、陆坡和陆基的海床和底土构成。

对大陆架的定义适用于所有俄联邦岛屿。

大陆架的内部边缘是领海的外部边缘。

依照本联邦法第二条,若大陆边外缘没有扩展到200海里之外,则大陆架外缘扩展至从测算领海宽度的基线量起的200海里处。

若大陆边从上述基线延伸至200海里外,则依照国际法的规则,大陆架外缘与大陆边一致。

第二条 大陆架界限的划定

俄联邦和与俄联邦的海岸相向或相邻的国家间的大陆架的划界,应根据俄联邦缔结的国际条约或者国际法的规则进行。

第三条 海图的地理坐标表

俄联邦政府确定的俄联邦大陆架外部界限或边界线上的地理坐标点应被标识在规定比例尺的海图上或在"领航员通知"中公开,这些大地测量数据和边界线的划分由俄联邦政府参加的国际条约或者根据国际法规则确定。

关于大陆架外缘的数据库应由经俄联邦政府特别授权的联邦行政机关编写。

第四条 基本概念

为实现本联邦法的目的,下列基本概念将被使用。

大陆架的自然资源指海床或底土的矿物和其他非生物资源(下文称"矿

物资源"),以及属于"定居种"的生物,即在可捕捞阶段海床上或海床下不能移动或其躯体须与海床或底土保持接触才能移动的生物(下文称"生物资源")。

属于大陆架生物资源的生物物种的列表应由被特别授权的联邦渔业部门拟定。大陆架的矿产和生物资源在俄联邦的控制之下。有关勘探和开发(捕捞)上述资源的行为以及对它们的保护,在俄联邦政府的管辖之内。

捕捞大陆架的生物资源(下文称"捕捞")包括捕捉、卸下、处理、运输、保存产品和转运的全过程,也包括渔船的补给和燃料、食物和水、包裹以及其他物资的安置。

大陆架上的海洋科学研究(下文称"海洋科学研究")是指为获取关于海床上和底土中发生的所有方面的自然过程,而进行的基础或应用的研究,以及为进行上述研究而做的实验工作。

大陆架上的海洋资源研究(下文称"资源研究")是指以研究、勘探和开发矿物资源和捕捞生物资源为目的的应用科学研究。

有害物质是指若进入海中,可能对人类健康造成危险、对生物资源或海洋动物群或植物群造成伤害、对休闲设施造成损害或对其他形式的海洋法定使用造成干扰的物质,或在俄联邦的国际条约规定下应予管制的物质。

倾倒是指任何从船舶和其他漂浮设施、航空器或人工岛屿、设施和结构上故意释放废物或其他物质的行为;释放船舶、航空器、人工岛屿、设施和结构中固有的或产生的废物或其他物质的行为(但不包括由以排放此类物质或废物为目的而运行的船舶、航空器、人工岛屿、设施和结构运输的废物或其他物质,或被运送到这些船舶、航空器、人工岛屿、设施和结构的其他材料,也不包括在上述船舶、航空器、人工岛屿、设施和结构上处理废物或其他物质而产生的废物或其他物质,因为此种行为不违背联邦法律或俄联邦的国际条约的目的,所以应不被认为是倾倒,对物质的排放也不应被认为是出于简单丢弃外的其他目的)。

第五条 俄联邦在大陆架上的权利

俄联邦在大陆架上行使:

1.以勘探大陆架和其矿物和生物资源为目的的主权权利。若俄联邦不勘探或开发大陆架上的自然资源,在未获俄联邦同意的情况下,这些权利也不能被其他人行使。

2.许可和管理大陆架上为任何目的钻探的排他性权利。

3.建造及许可和管理人工岛屿、设施和结构的建造、运营和使用的排他性权利。这些权利包括海关、税收、卫生和移民法以及安全法律法规方面的管辖权。

4.以下方面的管辖权：

海洋科学研究；

保护和养护与勘探和开发矿物资源、捕捞生物资源和倾倒废物及其他物质有关的海洋环境；

敷设和使用俄联邦的海底电缆和管道。

在进行大陆架上关于经济、贸易、科学和其他方面的，由联邦法律和国际法规则规定的诉讼程序时，俄联邦行使主权和管辖权。

俄联邦在大陆架上的权利不影响上覆水域或水域上空的法律地位。

在行使大陆架上的主权和管辖权时，俄联邦不应干扰国际法上被广泛认可的原则和规则确定的其他国家所享有的通行权及其他权利和自由。

在大陆架上进行活动，应考虑航行、捕鱼、海洋科学研究和其他合法活动，以及保护和养护海洋环境、矿物和生物资源。

第六条 联邦机构行使的与大陆架有关的国家权力

与大陆架有关的、行使国家权力的联邦机构的职责包括：

1.起草和修订俄联邦关于大陆架及其上活动的法律。

2.协调在大陆架及其上活动方面行使国家权力的联邦机构的活动，保护俄联邦在大陆架上的法律权益以及矿物和生物资源。

3.基于联邦战略、程序和计划，并考虑国家环境评价，以及对俄联邦北部和远东的本土少数民族和土著社区、永久定居在沿海区域的俄联邦领土的居民给予特别关注，制定研究、寻找、勘探开发矿物资源和捕捞生物资源，保护和养护海洋环境、矿物和生物资源的策略。勘探开发矿物资源的联邦方案和计划应与俄联邦的执行机关配合，若此程序和计划涉及与俄联邦有关的海岸构造的使用。

4.制定管理矿物资源使用的程序，包括许可发放，以及制定相应标准（规章和条例）。

5. 制定取得大陆架区块使用权的竞标(拍卖)程序,并选定成功的竞标者。

6. 监视对矿物和生物资源的合理使用,以及对它们的保护和养护。

7. 矿藏的官方调查。

8. 与矿物资源的研究、勘探和开发有关的注册工作;联邦矿物资源储备账户的编制;用于研究、勘探和开发矿物资源的大陆架区块的联邦注册。

9. 缔结关于产品分配的协定。

10. 对在大陆架外缘部分与未来可能开发矿物资源和使用的海床和底土,以及在生物资源产卵地带使用海床和底土的行为,设置限制和特别条件。

11. 规制和指导资源和海洋科学研究。

12. 宣布终止下列主体在大陆架特定区域的行为,并在"航海通告"中发布终止区域的坐标。这些主体包括外国国家、俄联邦自然人和法人、外国自然人和法人、与实际或计划勘探开发上述区域中矿物资源和捕捞生物资源有关的海洋科学研究主管国际组织。

13. 决定各捕鱼区内允许的生物资源的可捕捞量以及可捕捞的生物资源种类。

14. 订立使用生物资源的程序,包括发放捕捞生物资源的许可,起草和引入合理使用、保养和繁殖生物资源的规则和标准。

15. 对使用生物资源施加禁止和限制,并订立繁殖生物资源的规则和标准。

16. 制定防止在进行经济或其他活动以及航行期间破坏生物资源的措施。

17. 制定支付系统,以保障为发现、勘探和开发矿物资源以及利用生物资源而使用大陆架区域的费用收取,并决定支付的数额、条件和程序。

18. 规制以寻找、勘探开发矿物资源和捕捞生物资源为目的、以其他目的和以进行资源和海洋科学研究为目的的人工岛屿、设施和结构的建造、运营和使用行为。

19. 规制和决定用于勘探开发矿物资源或运营人工岛屿、设施和结构的海底电缆和管道的敷设,包括延伸至俄联邦领土的海底电缆和管道。

20. 决定在大陆架上敷设海底电缆和管道的路线和条件。

21. 规制以任何目的在大陆架上进行钻探的行为。

22. 制作国家环境评估报告,用于国家环境控制以及对大陆架条件的国家监测。

23. 管理俄罗斯关于大陆架条件和矿物及生物资源状态的数据库。

24. 为特殊环境条件和生态灾难的区域建立法律规则,并采取紧急措施以消除油污或其他物质导致的污染事故的后果。

25. 订立处理污染物质、废物和其他倾倒在大陆架的物质的环境标准,编制有害物质、废物和其他禁止在大陆架倾倒的物质的列表,规制和管理废物和其他物质的倾倒。

26. 保护和养护属于列在俄联邦红皮书上的稀有和濒危物种,并防止破坏它们的栖息地、繁殖(产卵)条件和迁移;建立预留和封闭的区域,建立其他特别自然保护区,包括与修养地相邻的疗养地和海岸度假地周边的区域,这些区域应被公布在"海员通告"中。

27. 监督保护大陆架及其矿物和生物资源措施的履行,阻止违反联邦法律或俄联邦的国际条约的行为,追诉犯有违法行为的人员。

28. 解决有关大陆架及其上活动的争端。

29. 缔结和适用俄联邦有关大陆架及其上活动的国际条约。

第二章 研究、勘探和开发矿物资源

第七条 给大陆架使用者分配区块

大陆架的区块(以下简称"区块")应被分配给俄联邦的自然人和法人以及外国的自然人和法人(在此章中,以下简称"使用者")。

区块被分配用于:

以评估大陆架上大区域的矿物 — 矿石和石油 — 天然气为目的的大陆架的区域地质研究(区域地质学 — 地球物理学工作,地质调查、地质力学勘探、资源调查);

寻找矿物资源;

勘探和开发矿物资源;

同时寻找、勘探和开发矿物资源;

建造和运营与勘探开发矿物资源有关的海底设施;

搜集矿物学的、古生物学的及其他可供搜集的地质学材料。

区块是界限在大陆架区域及海床区域地质研究、寻找、勘探开发矿物资源许可上载明的集合区域,许可的内容还包括其界限的坐标和底土深度。

对于给使用者分配区块,应依据俄联邦的经济利益决定,以及,若其他因素相同,优先考虑分配给对俄联邦创造最大工业利用可能的使用者。

出于俄联邦的安全和工业与能源产品的发展的利益,基于有关联邦执行机关的表述,可以对参与为获取单独区块的寻找、勘探开发矿产资源权利的竞标(拍卖)的外国使用者施加限制,并且竞标(拍卖)也可以只允许俄罗斯使用者参与。

进行区块使用权竞标(拍卖)的程序和条件,拒绝参与竞标的理由,大陆架区域地质研究和寻找、勘探开发矿物资源的许可的内容,上述许可的发放周期,区块使用者的权利和义务,操作安全要求,终止或提前终止使用区块权利的理由,反垄断的要求和分配产出的条件,应由规制大陆架及其上活动的联邦法律规定。

第八条 大陆架区域地质研究和寻找、勘探开发矿物资源的管理

大陆架区域地质研究和寻找、勘探开发矿物资源的许可,包括基于关于分配产出的协定(下文称为"许可"),应由被特别授权的联邦机关出于地质学和使用底土的原因颁发,并得到被特别授权的联邦国防机关、联邦渔业机关、联邦环境保护和自然资源保护机关、联邦国防工业机关的同意,同时,应通知被特别授权的联邦边境管理机关,联邦科学和技术政策机关,联邦海关机关和联邦水文气象学和环境监测机关。

使用者的权利和义务开始于获得许可证之时。

下列信息须在许可中规定:

环境上合理使用区块的信息,包括环境监测的组织,以及相互承认的对生物资源造成损害的补偿协定;

有关防止和排除事故后果方式的信息;

工作完成后,设施和结构的保险、维护和拆除(移除)信息。

许可可以包含对于在许可涉及领域或相邻区块的,俄联邦成员国领土内的基础设施的使用附加条款,若这些条款不与此联邦法律或适用于大陆架及其上活动的其他联邦法律相冲突,并且这些条款要考虑到俄联邦沿岸成员的经济利益。

使用港口、土地、建筑物、设施、交通工具(包括管道)和其他基础设施的

费用应遵守俄联邦法律的规定。

关于发放许可的问题,在俄联邦成员沿海地区,其社会和生产结构发展下的与勘探和开发矿物资源直接相关的投资规模应当与区块的使用相适应,并且应当在许可证中规定投资规模,就如同联邦企业的订单配售应当符合俄联邦行政机构和俄联邦成员行政机构的要求。

预留、关闭和保留的区域以及其他对于保养、繁殖和迁移珍贵生物物种特别重要的大陆架特别保护区域,不应被包含在许可之内。

对于区块的使用权,不可依据俄联邦民法中规定的权利转让程序由区块使用者转移给第三方。

区块使用者应被要求:

进行技术、水利、卫生及其他措施,并遵守关于海洋环境和矿物、生物资源保护的可适用的国际规则和法律以及俄联邦的法律和规章;

与俄联邦海岸服务中心保持常规联系,并在国际主要天气时间,依照世界气象组织的标准程序,向最近的俄联邦无线电气象卫星中心传输观测到的气象和水文操作数据。

外国的区块使用者有如下义务:

仅当此联邦法第四十二条规定的负有保护大陆架职责机关(下文称"保护机关")的官员在场,且在其监督之下时,外国区块的使用者才能进行地质研究以及寻找、勘探开发矿物资源;

为保护机关的官员往返其工作地提供免费通行和无线电通信,并且按其自身管理人员的标准承担一切维持及食宿开销。

服从使用区块的条件,地质勘探和使用底土,应由对矿物进行国家监管的特别授权的联邦机关和保护机关,在其职权范围内监控。

应保护机关的要求,许可证的持有者应提供必要的文档,对相关问题提供符合这些机关权限之内的解释,以便这些机关能核实其许可证的条款遵守情况。

保护机关应通知许可证持有者和被特别授权的联邦地质和底土使用机关有关检查结果的事项,必要时,应停止工作并勒令终止许可。

第九条 大陆架上的钻探

俄联邦政府规制和管理以任何目的在大陆架上进行的钻探行为。

被特别授权的联邦地质和底土使用机关应审查钻探申请并在被特别授权的联邦国防机关、联邦环境和自然资源保护机关、联邦科学和技术政策机关、联邦渔业机关、联邦边境管理机关和其他有关联邦执行机关的同意下，发放钻探执照。进行钻探作业应遵守此联邦法律和其他俄联邦的国际条约。

第三章 生物资源的研究和利用

第十条 利用生物资源的形式和程序

利用生物资源的形式如下：

出于科学研究和检测目的捕捉生物资源，以评估资源储备并决定总许可的捕捉量；

为其繁殖和适应环境而进行的生物资源捕捉；

为学术和文化教育目的而进行的生物资源捕捉；

勘探和捕捞生物资源；

生物资源的商业化养殖；

人工繁殖生物资源；

为娱乐和运动目的捕捉生物资源。

对生物资源的利用形式应报被特别授权的联邦渔业机关注册。

被特别授权的联邦渔业机关，会同被特别授权的联邦环境和自然资源保护机关，应制定管理捕捞和以其他形式利用生物资源的规定，并规定总允许捕捉量。

被特别授权的联邦渔业机关，在得到被特别授权的联邦国防机关和联邦边境管理机关的同意后，应决定大陆架上外国船舶进行捕捞的区域和相应的时间段。

第十一条 使用生物资源权利的授予

使用生物资源权利可被授予：

俄联邦的自然人和法人（在此章中下文称"俄国申请者"）；

外国自然人和法人、外国和主管国际组织（在此章中下文称"外国申请者"）。

使用生物资源的权利应优先授予：

生活方式、职业和经济方面在传统上给予捕捞生物资源的俄联邦北部和远东的原住少数民族和少数族裔社区的代表；

永久占据俄联邦靠海岸领土的俄联邦北部和远东的居民；

进行人工繁殖生物资源措施的俄罗斯申请者；

根据联邦法律和俄联邦缔结的国际条约的要求，外国申请者只能将生物资源用于科学、工业和其他仅为俄联邦与该外国申请者国籍国或其注册国家签订的国际条约中规定的目的。

第十二条 递交捕捞许可申请的程序和条件

俄罗斯和外国申请者应向被特别授权的联邦渔业机关提交俄语和其本国语言的捕捞许可申请。

被特别授权的联邦渔业机关，在收到申请之日的一个月之内，应通知申请者其所获得的捕捞许可的地点、时间和程序，或告知申请者拒绝发放许可。

拒绝发放捕捞许可的理由包括：

捕捉生物资源的限度和额度的缺乏；

不符合本联邦法要求的捕捞许可申请；

申请者提交的信息不实；

申请者没有提交其拥有或将拥有进行捕捞所需的财政和技术实力的证明或保证；

前一季度违反了本联邦法律或俄联邦缔结的国际条约；

承兑票据、罚金或保护机关要求其对损坏进行的补偿被申请人拒付或迟付。

第十三条 发放捕捞生物资源许可证的程序和条件

捕捞生物资源许可证应由被特别授权的联邦渔业机关发放给俄罗斯和外国申请者，并通知被特别授权的联邦环境和自然资源保护机关、联邦边境管理机关、联邦海关机关和联邦国防机关。

捕捞生物资源许可证，在许可证中列明的捕捞特定种类生物资源的期间和区域的范围内，一日历年有效。每艘进行捕捞的船舶上都必须保有捕捞生物资源的许可证副本。

第十四条 俄罗斯和外国申请者进行捕捞时的权利和义务

进行捕捞的俄罗斯和外国申请者，仅在捕捞许可证列明的体积、期间、品种和区域的限定内,有权进行捕捞。

上述人员应被要求：

遵守规定的捕捞生物资源的规则和限制,并遵守捕捞许可证上的条件;

按时缴纳规定的费用;

不能对生物资源的自然栖息地造成任何破坏;

禁止对生物资源物种的非法驯化,并遵守检疫要求;

确保保护机关的官员无条件进入捕捞船舶;

自费为保护机关的官员提供尽可能好的工作条件;

应被特别授权的联邦渔业机关和联邦环境和自然资源保护机关的要求,向其提交对于特定捕捞物种和捕捞区域免于缴费的报告;

与俄联邦海岸服务中心保持常规联系,并在国际主要天气时间,依照世界气象组织的标准程序,向最近的俄联邦无线电气象卫星中心传输观测到的气象和水文操作数据;

保存捕捞记录;

拥有特别的识别标志;

在固定渔具的两端标明船名(对于外国船舶,还应标明注册地)、许可证号和此设备的编号。

持有许可证的外国船舶还应：

每日向被特别授权的联邦渔业机关提交历次进入和离开许可证规定的捕捞区域,或所有有效的通过或离开管理站的电传或电报;

保持向保护机关每日通知其进行捕捞的船舶位置;

尽量在保护机关的官员在船上时,并在其管理下进行捕捞;为保护机关的官员往返捕捞地提供免费通行和无线电通信,按其自身管理人员的标准,承担所有保护机关的官员从登船至离开的一切食宿开销。

每日、每 10 日、每月向被特别授权的渔业机关提交电传或电报,通知其捕捞结果。

第十五条 终止捕捞的理由

终止捕捞的理由如下：

申请者自愿放弃捕捞;

申请者占用了确定的配额;

捕捞许可证有效期届满;

在一个日历年中两次违反捕捞规定,或捕捞生物资源超出了规定限制;

违反本联邦法律或俄联邦缔结的国际条约;

未按时缴纳使用生物资源的费用或未缴纳损害的罚金或补偿;

不报告捕捞的生物资源物种、捕捞量和捕捞区域;

造成了生物资源的产量减少或质量下降,或因使用者的过错造成了大陆架水体的系统污染。

由使用者自愿宣布的放弃捕捞必须:

在捕捞开始之前——提前一个月书面通知被特别授权的联邦渔业机关;

在捕捞期间——立即终止捕捞。

若不服从本条规定,应电报通知申请者吊销其捕捞许可证或终止其捕捞。许可证的吊销应通知被特别授权的联邦边境管理机关、联邦海关机关、联邦环境和自然资源保护机关和联邦国防机关。

第四章　在大陆架上修建人工设施和敷设海底电缆和管道

第十六条　人工岛屿、设施和结构

在大陆架上修建人工岛屿、设施和结构的主体如下:

联邦执行机关和俄联邦成员的执行机关,俄联邦的自然人和法人(本章下文称"俄罗斯申请者");

外国及其自然人和法人,和主管国际组织(本章下文称"外国申请者")。

在大陆架上修建人工岛屿、设施和结构的申请的提交、审查和评估的程序,以及对其作出决定的程序,应由此联邦法律和俄联邦缔结的国际条约进行规定。

人工岛屿、设施和结构不具有岛屿的法律地位,也没有领海、专属经济区和大陆架。

设立在人工岛屿、设施和结构周围的安全地带从人工岛屿、设施和结构的外缘上任一点起算,延伸不得超过 500 米。

被特别授权的联邦国防机关,在得到被特别授权的边境服务机关的同意后,应决定在这些区域中采取必要的保障航行及人工岛屿、设施和结构安全的措施。对安全措施的通知应公布在"海员通告"中。

修建人工岛屿、设施和结构,并在其周围设置安全地带,以及全部或部分移除人工岛屿、设施和结构,应报告给被特别授权的联邦国防机关,以使其公布于"海员通告"中,并一同告知其未被全部移除的人工岛屿、设施和结构的深度、地理坐标和体积。

人工岛屿、设施和结构不应建设在公认的对于国际航行有实质重要性的航道上。

第十七条 在大陆架上修建人工岛屿、设施和结构的申请的内容与提交

在大陆架上修建人工岛屿、设施和结构的申请(本章下文称"申请")须包括:

1. 申请者及修建人工岛屿、设施和结构的负责人的信息;

2. 修建人工岛屿、设施和结构的目的;

3. 用于建筑作业和运营修建人工岛屿、设施和结构(本章下文称"作业")的船舶和其他漂浮设施的信息;

4. 计划在作业中被用到的技术手段和设备;

5. 将被修建的人工岛屿、设施和结构的地理坐标;

6. 将参与作业的各方自然人和法人的信息;

7. 作业的开始和完成日期;

8. 实际使用人工岛屿、设施和结构的开始和结束日期;

9. 对环境影响的描述,包括对海洋环境、矿物和自然资源的影响;

10. 防止或减轻对海洋环境、矿物和自然资源破坏的措施,包括提供封闭供水的技术系统、浮动和固定的清洁设备,以及收集油污水和其他有害物质的手段;

11. 防止和处理事故的措施的信息;

12. 进行作业的目的、方法和手段的其他信息。

申请应自被提及的开始作业日期起算不少于6个月之前,提交到联邦执行机关。

外国申请者应通过外交途径提交申请。

第十八条 审查申请和发放修建人工岛屿、设施和结构的许可的程序

联邦执行机关应：

从其收到申请之日起，10 日内通知申请者已收到了其申请。

从其收到申请之日起，4 个月内向申请者发放允许其修建人工岛屿、设施和结构的许可或拒绝通知。

向外国申请者发放已收到修建人工岛屿、设施和结构的申请的通知、许可和拒绝，应通过被特别授权的联邦机关。

收到的申请应由被特别授权的联邦地质和底土使用机关、联邦渔业机关、联邦科学和技术政策机关、联邦国防机关、联邦边境管理机关、联邦安全机关、联邦环境和自然资源保护机关、联邦工业保护机关、联邦海关机关和其他任何需要的有关联邦执行机关审查和决定。

允许俄罗斯和外国申请者修建、运营和使用人工岛屿、设施和结构的许可，应由下列主体发放：

在将人工岛屿、设施和结构用于大陆架区域地质研究和寻找、勘探开发矿物资源时，由经特别授权的联邦地质和底土使用机关发放许可；

在将人工岛屿、设施和结构用于捕捞、保养和保护生物资源时，由经特别授权的联邦渔业机关发放；

在将人工岛屿、设施和结构用于海洋科学研究时，由被特别授权的联邦科学和技术政策机关发放。

由被特别授权的联邦国防机关或联邦边境管理机关使用的人工岛屿、设施和结构应按照相关联邦执行机关的同意修建。

第十九条 拒绝批准修建人工岛屿、设施和结构的原因

若有下列情况，修建人工岛屿、设施和结构的批准将被拒绝：

1. 它们的修建对俄联邦的安全造成了威胁；

2. 人工岛屿、设施和结构的修建与保护矿物和生物资源的要求不符；

3. 修建的人工岛屿、设施和结构位于保留地、封闭地或预留地带，或其他对于珍贵生物资源物种的保养、繁殖和迁徙特别重要的大陆架自然特别保护区；

4. 人工岛屿、设施和结构对大陆架的区域地质研究，以及寻找、勘探开发矿物资源和捕捞生物资源有直接影响；

5. 申请中所含信息与修建人工岛屿、设施和结构的目的不符，或申请者

在之前的作业中对俄联邦负有未尽义务。

第二十条 修建人工岛屿、设施和结构的申请者的权利与义务

获得修建人工岛屿、设施和结构许可的申请者,应有资格占有人工岛屿、设施和结构,并按照发放的许可使用它们。违反许可,将人工岛屿、设施和结构转让他人的行为是被禁止的。

获得修建人工岛屿、设施和结构许可的申请者必须:

1. 遵守本联邦法律和俄联邦缔结的国际条约;

2. 确保人工岛屿、设施和结构存在的永久性设备保持良好的修缮状态。为保证航行安全,废弃和不用的人工岛屿、设施和结构须被建设者在修建许可中列明的时限内移除,并且将此种移除告知经特别授权的联邦国防机关;

3. 确保保护机关的官员,在此联邦法律第十八条第4款提及的联邦执行机关的许可下,不受阻碍地进入人工岛屿、设施和结构;

4. 与俄联邦海岸服务中心保持常规联系,并在国际主要天气时间,依照世界气象组织的标准程序,向最近的俄联邦无线电气象卫星中心传输观测到的气象和水文操作数据。

此外,外国申请者有义务在人工岛屿、设施和结构上为发放修建人工岛屿、设施和结构许可的联邦执行机关的被特别授权的俄联邦代表提供相关服务,包括按照申请者自身管理人员的水准为他们提供食宿,并保障这些代表能够进入所有人工岛屿、设施和结构的区域和单位。得到修建人工岛屿、设施和结构许可的外国申请者的修建和运营行为,仅当前述代表在场,并在前述代表的管理之下时,才能进行。

第二十一条 中断和终止在人工岛屿、设施和结构上的活动

在人工岛屿、设施和结构上的活动若违反了此联邦法律或俄联邦的国际条约,则活动可被发放许可证的联邦执行机关或保护机关的官员决定中断或终止,并且,只有当这些违反行为在规定期限内得到纠正后,这些活动才能重新开始。

第二十二条 在大陆架上敷设海底电缆和管道

俄罗斯和外国申请者可以在大陆架上敷设海底电缆和管道(下文称"敷设海底电缆和管道")。

在此行为不对大陆架区域地质研究,矿物资源的寻找、勘探和开发,或捕

捞生物资源,使用和维修之前敷设的海底电缆和管道造成任何妨碍,且采取了保护和保存矿物和生物资源措施的条件下,敷设海底电缆和管道应依照国际法规则进行。

被特别授权的联邦地质和底土使用机关应审查收到的敷设海底电缆和管道申请,并应与被特别授权的联邦国防机关、联邦环境和自然资源保护机关、联邦通信机关、联邦运输机关、联邦渔业机关、联邦科学和技术政策机关、联邦燃料和能源机关、联邦边境管理机关商议,决定敷设海底电缆和管道的预计方案,并向俄联邦政府提交其关于敷设海底电缆和管道预计方案的决定。

若海底电缆和管道被用于开发和勘探矿物资源,或用于运营人工岛屿、设施和结构,或,若它们延伸至了俄联邦领土,则被特别授权的联邦地质和底土使用机关应审查敷设海底电缆和管道的申请,并依据其敷设的条件和预计方案,会同本条第3款提及的有关联邦执行机关和俄联邦成员的执行机关,作出决定,并应将其关于发放敷设此海底电缆和管道的许可的可能性和条件,或不发放此许可的原因及结论提交俄联邦政府。

已敷设的海底电缆和管道的信息,应通知给经特别授权的联邦国防机关,用于发布在"海员通告"中。国际法规定的国际保护应被扩展至此种海底电缆和管道。

第五章 海洋科学研究

第二十三条 进行海洋科学研究的申请的内容与提交

海洋科学研究可由下列主体进行:

联邦执行机关和俄联邦成员的执行机关,俄联邦的自然人和法人(本章下文称"俄罗斯申请者");

外国及其自然人和法人,和主管国际组织(本章下文称"外国申请者")。

提交和审查进行海洋科学研究的申请(本章下文称"申请"),评估申请和对其作出决定,应依照本联邦法律和俄联邦的国际条约。

有意进行海洋科学研究的俄罗斯申请者,应在预计的海洋科学研究开始日期之前至少6个月,向被特别授权的科学和技术政策机关提交申请。

有意进行海洋科学研究的外国申请者,应在预计的海洋科学研究开始日期之前至少6个月,通过外交渠道,向被特别授权的科学和技术政策机关提交申请。

申请(若是外国申请,则应用俄语和申请者的语言起草)须包含:

有关海洋科学研究的性质和目的;

进行海洋科学研究将要用到的方法和手段,包括船舶的名字、吨位、种类和级别,以及对科学仪器的描述;

进行海洋科学研究的区域的地理坐标,以及往返上述区域遵循的路线;

研究船舶第一次到达和最终离开的计划日期,或,在适当时,安装和移除科学仪器的计划日期;

即将进行的海洋科学研究的监管机构的名称;

海洋科学研究行为负责的人的信息(探险队领导);

所计划的研究对海洋环境、矿物和生物资源造成的任何可能的影响。

俄罗斯申请者应提交关于计划参与其海洋科学研究的外国自然人和法人的信息。

外国申请者应提交关于计划参与其海洋科学研究的俄联邦自然人和法人的信息。

申请者可能会被要求补充与许可申请的内容有关的海洋科学研究的附加信息。此种情况下,审查申请的时限应从申请者提交附加信息的日期起算。

第二十四条 审查申请的程序

被特别授权的联邦科学和技术政策机关应:

从其收到申请之日起,10日内通知申请者已收到了其申请;

从其收到申请之日起,4个月内向申请者发放允许其进行海洋科学调查的许可或下列通知:

1. 拒绝同意其海洋科学研究的行为;

2. 关于其海洋科学研究的行为的性质、目的和方法的信息存在矛盾;

3. 需要提交关于所计划的海洋科学研究的附加信息。

许可进行海洋科学研究或拒绝的通知应由被特别授权的联邦科学和技术政策机关发出,并得到被特别授权的联邦地质和底土使用机关、联邦渔业机关、联邦环境和自然资源保护机关、联邦国防机关、联邦边境服务机关、联邦安全机关、联邦水文气象和环境监测机关的同意,以及,在需要时,获得其他有关联邦执行机关的同意。

被特别授权的联邦科学和技术政策机关若未按上述规定时限发出相关许可或通知,外国申请者可从申请中陈述的日期,但不早于从提交申请或附加信息之日起的6个月,开始进行海洋科学研究

第二十五条 拒绝许可进行海洋科学研究的理由

若从事如下海洋科学研究的行为,则应拒绝其许可:

1. 对俄联邦的安全造成或可能造成威胁;
2. 与大陆架的区域地质研究,寻找、勘探或开发矿物资源或捕捞生物资源直接相关;
3. 不符合保护海洋环境、矿物和自然资源的要求;
4. 包含在大陆架上进行钻探作业,使用爆炸物或气动装置,或将有害物质引入海洋环境;
5. 包含未在申请中提及的修建、运营或使用人工岛屿、设施和结构;
6. 妨碍俄联邦在大陆架上行使主权和管辖权的活动。

若俄罗斯或外国申请者提交的信息不准确,则其进行海洋科学研究的许可也会被拒绝,或者,若进行海洋科学研究的俄罗斯或外国申请者对俄联邦有因此前进行海洋科学研究产生的未尽义务。

不能拒绝对从测算领海宽度的基线量起200海里以外的大陆架上进行的与海洋资源研究有关的海洋科学研究的许可,但俄联邦政府已经宣布已经或正在进行大陆架区域地质研究以及发现、勘探或开发矿物资源、捕捞生物资源的区域除外。这些除外区域的信息应被公布在"航海通告"中。

第二十六条 发放主管国际组织进行海洋科学研究许可的特别条件

若俄联邦,作为主管国际组织的成员或与上述组织有双边条约,批准了进行海洋科学研究的草案或表示了参与研究的意愿,并且,若被特别授权的联邦科学和技术政策机关在收到此组织的申请之日起4个月内不表示任何反对,则主管国际组织,在申请中表明的终止期限前,可依此联邦法律和俄联邦的国际条约进行海洋科学研究。

第二十七条 进行海洋科学研究的俄罗斯和外国申请者的义务

得到了进行海洋科学研究许可的俄罗斯和外国申请者应:

遵守本联邦法律和俄联邦缔结的国际条约；

一旦实际可行，则向联邦科学和技术政策机关提交气象学和水文学的观测报告与数据副本，并在研究结束后提交最终结果和结论；

立即向联邦科学和技术政策机关通知海洋科学研究的任何变化；

避免对俄联邦在大陆架上行使主权和管辖权造成任何不合理干扰；

在完成海洋科学研究后立即移除设施、结构和设备，除非另有允许。

此外，外国申请者有义务让被联邦科学和技术政策机关特别授权的俄联邦代表参与海洋科学研究，并因其存在，在调查船舶、航空器、设施和结构上为其提供与申请者自身管理人员的水准相同的食宿，以确保这些代表能使用研究期间获得的一切信息和样本，以及为其提供可复制的数据和分割后无损科学价值的标本。

若调查船舶、航空器、设施和结构上的相应设备可用，进行海洋科学研究的调查船舶、航空器、设施和结构必须与俄联邦海岸服务中心保持常规通信，发射信号至最近的俄联邦无线电气象中心，依据世界气象组织的标准程序用于全球气候周期、气象学、水文学和航空气象学运算数据的观测。

第二十八条 海洋科学研究结果的传达和发布

下列作为海洋科学研究结果的数据的处理和分析，包括研究结束后的最终结果和结论，必须传达给被特别授权的科学和技术研究机关，以便转入国家数据库。

进行海洋科学研究并将所有获取的数据都传达给俄联邦的外国申请人，应保证国际社会通过国家或国际渠道得到研究结果，但本联邦法律第二十五条第1款第2项列出的行为除外。这些信息仅能在得到俄联邦政府同意的情况下发布。

第二十九条 海洋科学研究程序的变更

个别海洋科学研究程序需要被特别授权的联邦科学和技术政策机关同意后，才能变更。若被特别授权的联邦科学和技术政策机关确认已收到了计划改变的通知，并在收到通知后45日内未表示任何反对，则视为同意变更。

第三十条 海洋科学研究的中断或终止

违反本联邦法律或俄联邦缔结的国际条约而进行的海洋科学研究，应根据被特别授权的联邦科学和技术政策机关的或保护机关的决定而中断或终止。并且,只有当上述违反行为在规定期限内得到纠正,并提交到被特别授权的联邦科学和技术政策机关或作出中断海洋科学研究决定的保护机关,或保证类似违反不会再次发生,上述活动才能重新开始。

若进行了如下行为,则海洋科学研究应被立刻终止:

未得到被特别授权的联邦科学和技术研究机关的同意;

依照本联邦法律第二十三条,任何违背了所提交的申请中所包含信息,而改变海洋科学研究计划。

第四章 保护和养护矿物和生物资源,以及倾倒废物和其他物质

第三十一条 大陆架上的国家环境评估

大陆架上的国家环境评估(本章下文称"国家环境评估"):

包括本联邦法律第六条联邦战略、程序和计划的保护矿物和生物资源的强制措施;

由被特别授权的联邦环境和自然资源保护机关依俄联邦法律制定的程序进行。

在大陆架上的任何形式的经济活动都应服从国家环境评估,而不论它们的预估费用。将在大陆架上进行的任何形式的经济活动都须经国家环境评估许可。

制定与大陆架上区域地质研究,或寻找、勘探开发矿物资源和捕捞生物资源,修建和使用人工岛屿、设施和结构,敷设海底电缆和管道,以及倾倒垃圾有关的联邦方案和计划、预先计划、预先设计和设计文件,必须进行国家环境评估。

第三十二条 大陆架上的国家环境管理

大陆架上的国家环境管理(本章下文称"国家环境管理")包括预防、认定和纠正违反可适用的保护矿物和生物资源的国际规则和标准或俄联邦法律和法规行为的系统。

国家环境管理由被特别授权的联邦环境和自然资源保护机关依照俄联邦法律实施。

第三十三条 大陆架的国家监控

大陆架的国家监控（本章下文称"国家监控"）是俄联邦国家环境监测系统的一部分，并且包括常规海洋环境条件和海底沉淀物观测系统，包括化学和放射性物质污染的检测、微生物和水生物参数的检测及其任何有自然和人为因素造成的改变的检测。

国家监控由被特别授权的联邦水文气象和环境监测机构，在履行本联邦法律第六条规定的联邦战略、程序和计划的过程中，依照俄联邦法律确定的程序进行。

第三十四条 在大陆架上倾倒废物和其他物质

在大陆架上禁止倾倒的废物和其他物质的清单公布在"航海通告"中。

大陆架上倾倒废物和其他物质，仅能在依照本联邦法律并且提供了倾倒废物和其他物质的可靠限制许可的情况下进行。

倾倒废物和其他物质应依照被特别授权的联邦环境和自然资源保护机关发放的许可进行，并且联邦环境和自然资源保护机关在发放许可时应得到被特别授权的联邦国防机关、联邦渔业机关、国家矿物检查的联邦地质和地图使用机关的同意，并且应通知被特别授权的联邦边境服务机关、水文气象和环境监测机关和与倾倒地所在大陆架区块相邻的俄联邦成员的执行机关。

发放在大陆架上倾倒废物和其他物质的许可前应作出国家环境评估。

第三十五条 申请在大陆架上倾倒废物和其他物质的许可的提交与同意

意图在大陆架上倾倒废物和其他物质的联邦执行机关、俄联邦成员的执行机关和俄联邦的自然人和法人（本章下文称"俄罗斯申请者"），应于倾倒废物和其他物质当年年初起算，提前3个月向被特别授权的联邦环境和自然资源保护机关提交许可在大陆架上倾倒废物和其他物质的申请（本章下文称"申请"）。

外国及其自然人和法人（本章下文称"外国申请者"）仅在俄联邦与此国缔结了国际条约的情况下，才可申请在大陆架上倾倒废物和其他物质。外国申请者应于倾倒废物和其他物质当年年初起算，提前6个月通过外交途径向经特别授权的联邦环境和自然资源保护机关提交其申请。

经特别授权的环境和自然资源保护机关应在收到申请之日起10日内，通知申请者其已收到了申请，并同意审查俄罗斯和外国申请者。

申请应包括：

1. 申请者的名称和正式地址。

2. 倾倒废物和其他物质负责人的信息。

3. 废物和其他物质的名称。

4. 废物和其他物质的性质与内容：

将要倾倒的废物和其他物质的吨数（或其他测量单位）以及已倾倒的废物和其他物质的平均数量的表示（如一年当中倾倒的数量）；

它们的形态（固态、液态、气态或固液混合态的）；

它们的属性（物理学的、化学的、生物学的和生物化学的）；

它们的毒性；

它们的稳定性（物理学、化学的和生物学的）；

它们在生物的材料和沉积物中的积累和生物转化；

它们的物理学、化学和生物学变化的妨碍，和它们与其分解出的其他有机和无机物质在海洋环境中的相互作用；

对海产品（贝类、鱼类和植物）造成染色或其他可能影响销路的变化的可能性。

5. 对倾倒的地点与方法的描述：

倾倒地点的地理坐标，距离海岸的深度和距离，与度假地、捕鱼地和其他生物资源的繁衍和捕捞地有关的位置信息，以及与发现、勘探和开发矿物资源地有关的位置信息；

每日、每5日、每月倾倒的废物和其他物质的体积；

包装和货柜运输的方法；

用计划的倾倒方法导致的初始浓度；

疏散详情（海流、潮汐和大风的水平运动和垂直运动混合下的影响）；

水体详情（温度、密度、盐度；污染的分层和含氧指标；有机和无机氮含量，包括氨、悬浮和其他营养物；生产能力）；

海床详情（地形及地质学属性沉积物物理、化学属性，生物生产能力）；

其他在新的倾倒操作地进行的倾倒操作的存在和影响（重金属和有机碳含量的信息）。

6. 一般条件：

对度假区的可能影响（出现漂浮物或水流携带物,产生混浊、恶心气味、污浊、起泡等现象）；

对动植物群、鱼的种群和渔业、捕捞水生植物的可能影响；

对其他的利用海洋的形式造成的可能影响（工业用途的水质恶化,盐水对装置的侵蚀,漂浮物或水流携带物干扰航行,废物或其他物质在海床上的堆积干扰航行或渔业,对科学或养护目的特别重要的保护区块造成的问题）。

7. 证明在陆地上利用或处置废物和其他物质不可能或不可行的证据。

8. 申请者意愿倾倒废物和其他物质的时间。

9. 用于向倾倒场所转移废物和物质的交通工具的形式（类型）,以及倾倒废物和其他物质的方式。

俄罗斯和外国申请者可应要求提供关于其申请倾倒许可的废物或其他物质的附加信息。在这种情况下,申请机构的决定期间应从申请者提交附加信息之日起计算。

被特别授权的联邦环境和自然资源保护机构在收到申请的 6 个月内应向俄罗斯和外国申请人寄送在大陆架倾倒申请书指出的废物和其他物质的许可证,或者寄送拒发倾倒许可证的通知。倾倒废物和其他物质的许可证或拒发倾倒许可证的通知应通过被特别授权的外事机构向外国申请者寄发。

第三十六条 拒绝发放在大陆架上倾倒废物和其他物质的许可的理由

在大陆架上倾倒废物和其他物质的许可在下列情况下可拒绝发放：

倾倒造成或可能造成对俄联邦安全的威胁；

倾倒未遵守保护海洋环境和矿产或生物资源的要求；

倾倒废物和其他物质许可的申请不符合本联邦法案的要求或包含不真实的信息；

俄罗斯和外国申请者没有提交或不能提交其拥有或将拥有的合格专家和必要财政手段的证据和保证,以应付废物和其他物质倾倒导致的环境安全问题；

俄罗斯或外国申请者之前有违反本联邦法案或俄联邦缔结的国际条约的行为；

俄罗斯或外国申请者未向俄联邦履行之前有关倾倒废物和其他物质的责任。

可以因其他适用于大陆架的联邦法律规定的其他原因拒绝倾倒废物和其他物质的许可。

第三十七条 被授予在大陆架倾倒废物和其他物质许可的俄罗斯和外国申请者的权利和义务

被授予在大陆架倾倒废物和其他物质许可的俄罗斯和外国申请者在严格遵守该许可且只有在有监督废物和其他物质倾倒的联邦环境和资源保护机构的官方授权时,应有权利倾倒废物和其他物质。

俄罗斯和外国申请者必须:

遵守在大陆架上倾倒废物和其他物质的许可条款;

接受由监督废物和其他物质倾倒的联邦环境和资源保护机构授权的官员登临其船舶、飞机、人工岛屿、设施和机构,并提供食宿,在倾倒废物和其他物质期间所有这些官员的待遇与其自身管理人员为同一水平;

确保保护机构的官员能进入船舶、飞机、人工岛屿、设施和机构,并让其检查文件、登临的区域和单位以及即将倾倒的废物和其他物质;

与俄联邦海岸服务中心保持常规联系,并在国际主要天气时间,依照世界气象组织的标准程序,向最近的俄联邦无线电气象卫星中心传输观测到的气象和水文操作数据。

第三十八条 暂停和终止向大陆架倾倒废物和其他物质的理由

违反本联邦法案或俄联邦缔结的国际条约在大陆架上倾倒废物和其他物质的,可以由被特别授权的联邦环境和自然资源保护机构或保护机关决定暂停或终止。

只有违法行为在规定时间内更正,并且作出将来不会再有类似违法行为的保证后,才可批准恢复废物和其他物质的倾倒。如果违法行为不可更正,必须立即终止该废物和其他物质的倾倒。

被特别授权的联邦环境和自然资源保护机构应尽可能快地通知俄联邦和外国申请者暂停或终止其倾倒废物和其他物质(外国申请者:通过特别授权的外事机构),说明暂停或终止倾倒废物和物质的理由。

第三十九条 海上事故

如果船舶碰撞、搁浅,或者在勘探或开发矿产或生物资源或者传输在大陆架获得的矿产或生物资源期间发生的海上事故,或者在大陆架上覆水域发生的其他事故,或者用以消除该事故不利后果的行动,已经造成或可能造成严重损害结果,依据国际法规则,俄联邦政府有权采取与实际损害或潜在性危害相称的必要措施,以保护俄联邦的海岸或有关利益(包括渔业)免受污染或受污染威胁。

第七章　利用大陆架的经济关系

第四十条　利用大陆架的费用制度

利用矿产和生物资源经济关系的基本原则是对利用付费,对违反经济活动条款的行为负责,建立基金以研究、繁殖和保护矿产和生物资源。

利用大陆架的费用应依据本联邦法案和俄联邦税法确定。

利用矿产和生物资源应缴付费用。

俄联邦和外国的自然人和法人,无论法人的所有权形式如何,在大陆架,利用矿产资源和生物资源都应缴付费用。

在大陆架利用矿产和生物资源以及倾倒废物和其他物质的费用制度包括:

参与竞标的费用和颁发矿产资源利用执照的费用;

颁发生物资源利用执照的费用;

矿产资源地理信息费;

矿产资源使用费;

生物资源使用费;

过度和不合理利用生物资源的罚款;

矿产和原料基地再生产的扣减额;

消费税;

颁发倾倒废物和其他物质许可证的费用。

另外,使用者应该缴付俄联邦税法规定的其他税款和费用。

与国家检测和海洋科学研究有关的费用无需征收。

征收费用、扣减额、消费税、罚款和本条规定的其他费用的程序、数额和条件应由俄联邦法律规定。

利用矿产资源和生物资源的费用、过度和不合理使用生物资源的罚款、矿产和原料基地再生产扣除额以及消费税应缴入联邦预算。

参与竞标以及颁发使用矿产资源执照的费用，颁发利用生物资源执照的费用，应缴付于颁发执照的联邦机构。

对于有关开发位于 200 海里以外的矿产资源对俄联邦财产责任的问题，应该由俄联邦政府根据俄联邦缔结的国际条约管理。

俄联邦售卖其在大陆架根据产出分工协议获得的并属于俄联邦的矿产资源的现金收益，或矿产资源相同部分相称的价值，应缴存于联邦预算。

第四十一条 颁发倾倒废物和其他物质许可证的费用

颁发倾倒废物和其他物质许可证的费用数额应在准备和实施国家环境评价的直接开支和准备、制作和登记待颁发许可证的开支的基础上确定。

颁发倾倒废物和其他物质许可证的费用应该缴存于颁发许可证的联邦机构。

第八章　本联邦法案的执行

第四十二条 保护机构

为保全、保留和最优利用的目的而保护大陆架及其矿产和生物资源，以及保护俄联邦的经济和其他合法利益，应由下列机构在其权限范围内进行：

联邦边境服务机构；

联邦地质和底土利用机构；

联邦国家矿产检查机构；

联邦渔业机构；

联邦环境和自然资源保护机构。

本条授予保护机构的权力使用应由联邦边境服务机构协调。

保护机构人员应根据本联邦法案和俄联邦缔结的国际条约以及俄联邦的其他法律和规章的规定履行职责。

保护机构人员在履行职责时应携带正式身份证明。保护机构人员在其权限范围内发布的指导对在大陆架活动的俄联邦和外国自然人和法人以及外国国家和主管国际组织的代表具有约束力。

俄联邦的军舰、军用飞机和其他国有船舶和飞机根据分配给它们的国旗、队旗和识别标志确保对大陆架的保护。

第四十三条　保护机构人员的权力

保护机构人员在履行其职责时有权：

1. 终止和检查从事下列活动的俄罗斯和外国的船舶、其他浮动设施（以下简称"船舶"）、人工岛屿、设施和结构：

对大陆架区域进行地质研究，发现、勘探和开发矿物资源；

捕捞生物资源；

资源和海洋科学研究；

倾倒废物和其他物质；

在大陆架的其他活动。

2. 查核授权船舶、人工岛屿、设施和结构进行本条第 1 款第 1 项所涉活动的文书。

3. 出现本联邦法案和俄联邦缔结的国际条约规定的情形时：

本条第 1 款第 1 项所涉活动违反本联邦法案或俄联邦缔结的国际条约时暂停或终止该活动；

逮捕本联邦法案或俄联邦缔结的国际条约的违法者并没收其渔具和其他设备、工具、仪器和其他物品以及其非法取得的文件和任何其他物品；

终止和扣留从事本条第 1 款第 1 项所涉活动的违法船舶并将其护送至最近的俄联邦港口（外国船舶：引入任一俄联邦对外国船舶开放的港口）；

依照俄联邦法律，对犯法者施以罚款或向俄联邦法院递交有关违法行为的材料。

4. 停止船舶，如果有充分理由相信其向大陆架非法排放废物或其他物质。被停止船舶的船长可以要求提供确定其行为违法以及检查船舶的必要信息和船舶检查报告；如果有充分证据，可以随后进行逮捕。

5. 起草有关违反本联邦法案和俄联邦缔结的国际条约，暂停终止本条第 1 款第 1 项所涉活动，扣留违法者和违法船舶，没收渔具和其他设备、工具、仪器和其他物品以及非法获得的文件和一切物品的报告。紧追、停止、检查和扣留船舶以及检查人工岛屿、设施和结构的程序，起草报告的程序和将被扣留的违法船舶引入俄联邦港口的程序，应根据俄联邦法律和国际法规则决定。

6. 在保护机构官员的生命有紧急危险时，对本联邦法案和俄联邦缔结的国际条约的违法者使用武器以击退其攻击,停止其抵抗。使用武器之前必须清楚表达使用武器的意图并向空中开枪以示警告。

联邦边境服务机构的军舰和军用飞机可以对违反本联邦法案和俄联邦缔结的国际条约的船舶使用武器,以回应对方暴力的使用,武器的使用同样适用于紧追时的其他特殊情况下,当该种情况下所需的所有其他方式已经用尽且有必要停止违法行为和扣留违法者时。使用武器之前必须清楚表达使用武器的意图并向空中开枪以示警告。使用武器的程序应由俄联邦政府决定。

保护机构的官员应享有本联邦法案规定的俄联邦领海内或内水中在船舶方面的权利,如果有充分的理由相信该船舶在大陆架有违反本联邦法案或俄联邦缔结的国际条约的行为。

第四十四条 对保护机构的援助

被特别授权的联邦国防机构、联邦交通机构和联邦水文与环境监测机构,在履行其基本任务的同时,应在大陆架内使用军舰、其他船舶和浮动设施、岸边驻地、飞机和其他方式进行观测活动以协助保护机构履行职能。

俄联邦军舰(其他船舶和浮动设施)和军用飞机的指挥官,人工岛屿、设施、机构、岸边驻地和其他设施的负责人应通知保护机构该军舰、其他船舶和浮动设施、设施和机构发现的但没有向航海通告报告的信息。该信息应该通过恰当的服务控制中心免费播送。

在大陆架内活动的俄联邦自然人和法人应保护机构的要求,应免费向其通知他们船舶和浮动设施、人工岛屿、设施和结构的位置和活动。

第四十五条 保护机构员工的经济奖励

对保护机构员工的经济奖励包括:

税收优惠;

贷款优惠条件;

保护大陆架及其内矿产和生物资源的服务和其他特殊条件的增值服务;

奖励对违反本联邦法案和俄联邦缔结的国际条约行为的发现。

以上经济奖励由俄联邦联邦法律确定。

第四十六条 违反本联邦法案的责任

联邦行政机构官员、俄联邦成员的行政机构和地方政府机构犯有下列罪行:

超出其权限范围,颁发在大陆架从事矿产资源的探矿、勘探和开发或捕捞生物资源,人工岛屿、设施和机构的搭设,进行资源和海洋科学研究,倾倒废物和其他物质的许可证;或者

擅自改变已颁发的许可证的条款,依照俄联邦法律,并根据违法行为的性质、危害结果的严重性和所引起的损害规模,将被提起行政诉讼。

自然人和法人犯有下列罪行:

无照从事大陆架地质研究或资源和海洋科学研究,或者违反已制定的研究规章;

非法从事大陆架区域地质研究,矿产资源的探矿、勘探和开发或捕捞生物资源;或者

违反本联邦法案或俄联邦缔结的国际条约关于前述活动的规定,向外国国家、外国自然人或法人转移矿产或生物资源,除非有许可证准许;

违反矿产资源安全探矿、勘探和开发以及捕捞生物资源的现行规章,或者违反保护矿产和生物资源的要求;

导致大陆架生物资源繁殖条件恶化的违法行为;

妨碍保护机构人员进行合法活动的违法行为;

非法倾倒废物和其他物质;

导致污染的钻探;

在大陆架非法安装人工岛屿、设施和机构;

非法敷设用于勘探和开发矿产资源的海底电缆和管道,或者违反海底电缆和管道向俄联邦领土延伸的规则和条件;

没有在大陆架的人工岛屿、设施和结构上安装用于警告其存在的永久设备,或者违反有关维持该设备妥善维修的规则或移除已终止开发的设施和结构的规则,或者违反本联邦法案或俄联邦缔结的国际条约的其他规定;或者

阻碍大陆架内的合法活动,依照俄联邦法律,并根据违法行为的性质、危害结果的严重性和所引起的损害规模,应被提起行政诉讼或刑事诉讼。

被起诉违反本联邦法案或俄联邦缔结的国际条约的自然人和法人,不得减轻其损害赔偿责任。

第四十七条 争端的解决

自然人之间、法人之间以及自然人与法人之间有关其在大陆架内行使权

利和履行义务的争端应通过行政手段或由俄联邦法院通过司法途径解决。

俄联邦和外国国家有关其在大陆架行使权利和履行义务的争端应按照俄联邦缔结的国际条约和国际法规则通过和平方式解决。

第四十八条 监测和监督本联邦法案的适用

本联邦法案的适用以及保护机构及其人员的活动,应由恰当的联邦行政机构官员监测。

俄联邦检察长及其下属检察官监督本联邦法案的忠实遵守。

第四十九条 本联邦法案生效的时间和程序

本联邦法案应于公布之日生效。

为本联邦法案的实施,俄联邦政府应制定必要的法律规章。

本法令同样规定:彭斯卡亚湾北部连接波吾洛尼角和达尼角南部岛屿一线以内的水域作为历史性海湾,构成内水的一部分。

关于内水、领海和毗连区问题的俄罗斯联邦法案

1998 年 7 月 16 日由下议院采纳。

1998 年 7 月 17 日由联邦议会批准通过。

本法案明确了内水、领海和毗连区的法律地位与法律范围,包括俄罗斯在其内水、领海和邻近区域的权利,确保了俄罗斯对此项权利的行使符合俄罗斯宪法、国际法规则与普遍承认的原则、俄罗斯参与签订的国际条约和联邦法律。

第一章 一般规定

第一条 俄罗斯内水的定义与限制

1. 俄罗斯的内水(以下统称"内水")是指从俄罗斯领海基线向陆一侧的水域。

内水属于俄罗斯领土不可分割的一部分。

2. 内水包括以下水域:

——位于靠海一侧的水上或其他永久港口建筑连接线以内的俄罗斯港口；

——海岸完整属于俄罗斯的海湾、入海河口、三角湾和河口湾，直到在一条或数条河流入海口的低潮点之间连成的直线，上述海湾自身宽度超过24海里的除外；

——入海口超过24海里和历史上属于俄罗斯的海湾、入海河口、三角湾、河口湾和海峡，已由俄罗斯政府列出，并出版收录于海员通告中。

第二条 俄罗斯领海的定义与限制

1. 俄罗斯的领海（以下统称"领海"）是指邻近于陆地或者内水的带状海域，其宽度为本法案第四条规定的领海基线量起的12海里。

依据本法案第三条计算的领海宽度可以不同于12海里。

2. 领海的定义同样适用于俄罗斯的所有岛屿。

3. 领海的外围限制是俄罗斯的国界。领海的内部限制是领海宽度计算的基线。

4. 俄罗斯的主权延伸至领海，包括领海上空和其下海床与底土，外国船舶在俄罗斯领海上有无害通过权。

第三条 领海的划定

俄罗斯与和俄罗斯海岸相反或相邻的国家之间划定领海应当遵循共同承认的国际法规则和原则，以及俄罗斯参与签订的国际条约。

第四条 领海基线的确定

1. 以下是确定领海宽度的领海基线：

——沿海岸的低潮线，以俄罗斯印制的官方图表所示为准；

——连接距海洋中心最近的岛屿、礁石和海岸线深切入海的峭崖，或者海岸线边缘十分接近的岛屿群，所形成的直线基线；

——越过入海河口的直线，不超过其河堤最靠近海的低潮线；

——此直线不超过24海里，连接至海湾或海岛间与海岛和俄罗斯大陆间的海峡天然入海口的低潮点；

——连接至海湾或海岛间与海岛和俄罗斯大陆间的海峡天然入海口超过24海里的直线基线需在历史上属于俄罗斯。

2. 领海基线的确定影响领海的宽度测量，一系列决定俄罗斯领海基线的毗连区中的地理坐标应通过俄罗斯政府的批准并发布于海员通告中。

3. 领海的限制和领海基线应绘制于比例为 1∶200 000-1∶300 000 的表上，但没有此种图表时，比例可以为 1∶100 000 或 1∶500 000。

第二章　俄罗斯海港、内水与领海的法律制度特性

第五条　俄罗斯海港的法律制度

俄罗斯贸易、捕鱼海港与专用海港（以下统称"海港"）的法律制度应与俄罗斯境内设立的所有港口是一致的，无论是何种所有权形式和分支结构形式。

1. 综合气候、水文和气象特征，海港的法律制度应建立在本法案、其他联邦法律、其他俄罗斯适用于海港的规范法案和从属于俄罗斯的法律体系下。

2. 基于俄罗斯政府的决定，海港应对外开放并满足外国船舶的需要。可向外国船舶开放的海港应列入海员通告中。

3. 若捕鱼港的某些活动影响了贸易港的正常管理，则贸易港的管理者应与捕鱼港的管理者协调管理制度。贸易港的管理者作为管理贸易港船舶（从贸易港出发）停靠的行政官员，并对港内船舶的航行安全负责。

4. 若贸易港的某些活动影响了捕鱼港的正常管理，则捕鱼港的管理者应与贸易港的管理者协调管理制度。捕鱼港的管理者作为管理捕鱼港船舶（从捕鱼港出发）停靠的行政官员，并对港内船舶的航行安全负责。

5. 贸易港、捕鱼港和专用港管理者的职责和权力，受本法案、其他联邦法律、其他俄罗斯适用于海港的规范法案和从属于俄罗斯的法律体系约束。

6. 工作于海港的联邦行政机构和俄罗斯联邦下属的行政机构的官员，仅当这些官员的职务行为与海港管理者的权限相冲突时，才与海港管理者共同协调职务活动。

7. 所有俄罗斯与外国船舶都必须遵守海港的法律规定。

第六条　海港内外国船舶的停靠

1. 所有外国船舶，除了军舰和其他外国非商用船舶，无论其为何种使用目的和所有权形式（以下统称"外国船舶"），可以在向外国船舶开放的海港中停靠。

2. 因美国对俄罗斯的类似船舶在美国港口停泊有特殊限制,俄罗斯联邦政府也会设立相应的反制约。

3. 俄罗斯联邦的刑法、民法和管理规章也适用于在海港内的外国船舶、船上乘客和海员。

4. 外国船舶在进入、停靠和驶离海港时,都应遵守以下规定:

——俄罗斯联邦关于保障航行安全、管理船舶运行、提供帮助和营救;使用无线电通信;航行救援、装备和设备,海底电缆和海底管道的保护;海洋科学研究的进行;水下物体、底土、水中生物资源和领海中其他国家所有资源的研究、使用和保护;环境保护和保护环境安全;保护历史和文化遗迹的法律。

——俄罗斯联邦关于边界、海关、税收(财政)、卫生、移民、动物检疫、植物检疫、航行和其他事务的法律规章和其他规范法案。

——海港的专门规章。

——在俄罗斯联邦境内有效的法律法规(对外国或无国籍人进入、停留和离开海港期间有效)。

——其他依俄罗斯联邦法律形成的规章、国际法规则和俄罗斯联邦参与签订的国际条约确立的标准。

5. 外国船舶要驶离海港必须具备海港管理者与经特别授权的联邦边界管理行政机构的官员和海关共同批准的许可证。

第七条 海军基地和军舰驻扎的区域

1. 高级海军指挥官是海军基地和军舰驻扎区域的官员,负责管理所有船舶和俄罗斯军舰、外国船舶、外国军舰和其他国家的非商用船舶在海军基地和军舰驻扎区的停靠和驶离,并对航行安全负责。海港管理者、就职于海军基地和军舰驻扎区的联邦行政机构官员和俄罗斯联邦下属的行政机构官员,必须与高级海军指挥官保持一致行动。

如果不同联邦行政机构的军舰,包括联邦行政机构用于国防的军舰,同时停靠于海军基地或军舰驻扎区,负责国防的联邦行政机构的高级海军指挥官应作为管理海军基地和军舰驻扎区域的官员。

2. 如果海军基地或军舰驻扎区有邻近于海港的水域,俄罗斯联邦所有船舶、外国船舶、外国军舰和其他国家非商用的船舶进入或驶离海港,必须取得该高级海军指挥官、海港管理者、边界管理官员和海关部门的共同批准。

3. 管理海军基地与军舰驻扎区的航行和船舶停留的法规由经特别授权的负责国防事务的联邦行政机构起草，由俄罗斯联邦政府批准通过并公布于海员通告中。

4. 海军基地和军舰驻扎区的列表由俄罗斯联邦政府批准通过。

第八条 外国军舰和其他政府非商用船舶的停靠

1. 外国军舰和其他政府非商用船舶（以下统称"外国军舰"）可以依通过前30天以内的外交途径经允许后进行有计划的停靠，除非此种行为违反了俄罗斯联邦参与签订的国际条约。

2. 外国军舰在海港内停靠的程序应遵守俄罗斯联邦政府制定的法规，并公布于海员通告中。

3. 美国对俄罗斯的军舰和政府非商用船舶在美国港口停泊有特殊限制，俄罗斯联邦政府也会设立相应的反制约。

第九条 外国船舶、外国军舰和其他政府船舶在领海、内水和港口的紧急停靠

1. 紧急停靠是指外国船舶、外国军舰或其他政府船舶因如下紧急情况停靠在领海、内水和海港内：

—— 威胁到外国船舶、外国军舰和其他政府船舶安全的突发状况、自然灾害或强烈风暴；

—— 威胁到外国船舶、外国军舰和其他政府船舶安全的浮冰或冰雪状况；

—— 牵引另一受损的外国船舶、外国军舰和其他政府船舶；

—— 运送被救援的人员；

—— 需要向船员或乘客提供紧急医疗帮助，和其他紧急情况。

2. 在国际法规则下，所有外国船舶、外国军舰和其他政府船舶无歧视地享有领海、内水和港口的紧急停靠权。

3. 当领海、内水或港口发生紧急停靠时，外国船舶、军舰或其他政府船舶的船长必须立即告知最近港口的管理者相关情况，并根据俄罗斯联邦的港口管理者、军舰指挥官、远洋航行船或河内航行船船长、飞机司令官的指示获得帮助或排除紧急情况。

4. 下列信息必须包含在紧急停靠的申请书中：

—— 外国船舶、外国军舰或其他政府船舶的名称；

—— 船旗国；

—— 外国船舶船长、外国军舰指挥官或其他政府船舶船长的完整姓名；

—— 引擎类型（核能或常规能源）；

—— 紧急停靠的原因；

—— 船上原子能、其他固有危险、有毒物品或材料的情况；

—— 需要何种帮助；

—— 预计紧急停靠的时间和其他信息。

5. 联邦行政机构的边界管理部门官员必须独立地或与根据本法案第五条和第七条选出的来自海港、海军基地或军舰驻扎区的专家共同配合，对紧急停靠的原因和外国船舶、外国军舰或其他政府船舶的技术状况（必要时）作出评估（不侵犯外国军舰、其他政府船舶主权的情况下）。

6. 在导致紧急停靠的原因被排除后，外国军舰或其他政府船舶必须在得到本法案第五条和第七条提及的官员、联邦边界管理部门和海关共同允许后驶离海港、内水和领海。

7. 紧急停靠权可能因受损的外国船舶、外国军舰和其他政府船舶的核动力发动机损坏或外国船舶运输核燃料或其他固有危险或有毒的物质材料而拒绝行使，因考虑到此可能给俄罗斯联邦的人民、自然资源与环境带来的危险大于对外国船舶本身造成的危险。

8. 拒绝行使紧急停靠权的决定只能由联邦行政机构边界管理部门的官员独立作出，或与海港、军事基地或军舰驻扎地的负责官员共同作出。

第十条 通过领海的含义

1. 领海上的通过是指为以下目的的领海上航行：

—— 行驶经过领海，但不进入内水或停靠于内水外的近水泊地、港口设施；

—— 驶出或驶入内水，或内水中的锚地、港口设施。

2. 领海的通过必须是连续和迅速的。然而，这也包括短暂停留和抛锚，但只能在航行中遇有突发状况或因不可抗力帮助或向其他遇难船舶或个人提供帮助时才可以短暂停留。

第十一条 领海上的无害通过

1. 只要不损害俄罗斯联邦的和平、良好秩序和安全的领海上的通过就是无害通过。

2. 外国船舶、外国军舰或其他政府船舶在领海上的通过若有下列情况，视为有损于俄罗斯联邦的和平、良好秩序和安全：

—— 任何威胁到俄罗斯联邦主权、领土完整和独立的武力威胁，或使用武力，或其他违反联合国宪章中国际法原则的行为；

—— 演练或使用任何武器；

—— 任何旨在收集俄罗斯联邦国防或国家安全情报的行为；

—— 任何旨在影响俄罗斯联邦国防或国家安全的鼓吹宣传活动；

—— 发射、着陆或装载任何飞行器；

—— 发射、着陆或装载任何军用设备；

—— 装卸违反俄罗斯联邦法律或其他俄罗斯联邦规范法案关于边界、海关、税收（财政）、卫生、移民、动物检疫、植物检疫、航海和其他规定的任何商品、货币或人员；

—— 任何违反俄罗斯联邦或国际法规则、要求，故意严重地污染环境的行为；

—— 捕鱼活动；

—— 进行科研或水体调查活动；

—— 任何旨在干涉俄罗斯联邦的信息系统或军事设施；

—— 其他在领海上没有直接方向的航行，除非其符合俄罗斯联邦参与签订的国际条约。

第十二条 外国船舶、外国军舰和其他政府船舶在领海上的无害通过权

1. 根据本法案、普遍承认的国际法规则和俄罗斯联邦参与签订的国际条约，外国船舶、外国军舰和其他政府船舶也享有领海上的无害通过权。

2. 为了保障俄罗斯联邦的国防安全和进行武器的演练，被特别授权的联邦国防管理机构或联邦边界管理机构可能会暂时禁止外国船舶、外国军舰和其他政府船舶在部分领海内的无害通过。此种禁令在实施前会在海员通告中提前公布。

第十三条 与外国船舶、外国军舰和其他政府船舶在领海无害通过的相关法规

1. 在领海上行使无害通过权的外国船舶、外国军舰和其他政府船舶，应遵守俄罗斯联邦的法律规定，并遵守以下通过原则：

——航行安全和海上交通规则，包括使用航道和航道区分安排；
——保护航行救援物资、救援设施和其他设施；
——保护海底电缆和海底管道；
——保护海底生物；
——避免触犯捕鱼法和其他俄罗斯联邦法律；
——保护环境，防止、减少、控制污染；
——海上科研和水体调查；
——避免违反俄罗斯联邦法律或其他俄罗斯联邦规范法案关于边界、海关、税收（财政）、卫生、移民、动物检疫、植物检疫、航海和其他的规定。

这些法律和其他规范法案不适用于外国船舶的设计、构造、人员配备或设施，除非这些法律影响到普遍承认的国际法规则或标准。

2. 禁止3艘以上外国军舰或来自同一国家的外国政府船舶在同一时间通过领海并停靠于俄罗斯联邦港口，除非此种行为符合俄罗斯联邦参与签订的国际条约或俄罗斯联邦政府在节日或重要会晤时作出的特别决定。

3. 在外国潜水艇和其他水下设备通过领海时，必须浮出水面航行并露出船旗。

4. 外国核动力船舶、军舰、其他政府船舶和运载核能或其他危险有毒物质或材料的船舶，在通过领海期间必须持有必备文书，并遵守俄罗斯联邦参与签订的关于此类船舶特殊警戒措施的国际条约，在领海中要在其特定航道行驶，服从为其特别制定的航道区分安排。

5. 领海中的航道和航道分区安排须由被特别授权的、负责国防事务的联邦行政机构制定，在俄罗斯联邦政府批准后公布于海员通告中。

6. 外国船舶、外国军舰或其他政府船舶通过领海无须缴费。

若向通过领海的外国船舶、外国军舰或其他政府船舶提供特殊服务时，可向其收取费用。

此费用应无差别、无歧视地收取。

第十四条 沿北部海域航道航行

北部海域航道是俄罗斯联邦在北极圈具有悠久历史的国家统一交通连接路线，途经 Vilkitsky、Shokalshy、Dmitry Laptev 和 Sannikov 海峡。沿该航道的航行必须遵守本联邦法案、其他联邦法律、俄罗斯联邦参与签订的其他国际条约、俄罗斯联邦政府批准通过的关于北部海域航道航行的规章和航海通告中的规定。

第十五条 禁止航行和暂时危险的航行区域

1. 为保证航行自由、俄罗斯联邦的国家利益和内水与领海的生态环境，部分海域不允许航行或被确定为航行危险区。在此种区域内，完全禁止或短时限制航行、抛锚、捕捞海洋生物、海下捕鱼、水下打捞作业、采集底土样本、水下爆炸、携腐蚀锚链航行、飞行器飞越、盘旋、着陆（或入水）和其他行为。

2. 在航行完全禁止区域，禁止所有船舶、军舰、其他政府船舶和所有其他漂浮设备的航行。确立禁止航行区域或开放航行区域，以及与此有关的规定由相关的联邦行政机构提交俄罗斯联邦政府作出。这些规定在海员通告中列出后即告生效。

3. 暂时危险的航行区域只是在特定时间设立。确立暂时危险的航行区域及与此有关的规定由被特别授权负责国防事务的联邦行政机构作出。这些规定在海员通告中列出后即告生效。

4. 禁止航行区域的边界必须在被特别授权负责国防事务的联邦行政机构发布的海航表中明确标明。

此种区域的变动应提前在海员通告中公布，并通过广播进行公告。

5. 俄罗斯联邦的所有船舶和军舰、外国船舶、外国军舰、其他政府船舶和其他漂浮设施必须遵守为禁止航行区域和暂时危险的航行区域制定的法规。对禁止航行区域和暂时危险的航行区域的法规和边界不知情，不能成为进入此种区域或逃避追究的理由。

第十六条 在内水和领海中搜寻、营救和沉船打捞作业，建造人工建筑，敷设海底电缆和管道

1. 在内水和领海中搜寻、营救和沉船打捞作业必须由俄罗斯联邦的海上营救船和设备进行。

2. 外国的海上营救船和设备只有在获得允许后才能进入内水和领海进行搜寻、营救人员、牵引受损船和沉船打捞工作，并应遵守俄罗斯联邦的法律法规和俄罗斯联邦参与签订的国际条约。

3. 本条提到的设备不适用于为本法案第十条第 2 款提到的通过领海的个人、船舶和航空器提供帮助。

4. 在内水和领海中为任何目的建造、开发和使用人工岛屿、建筑和设施，敷设海底电缆和管道的行为必须在俄罗斯联邦政府的规定下进行。

第十七条 俄罗斯联邦刑事法律对外国船舶的适用

1. 俄联邦的刑事法律不能对通过领海的外国船舶适用以逮捕任何人，或对发生在船舶上的刑事案件进行调查，除非具有以下情节：

—— 若犯罪结果涉及俄联邦；

—— 若此种犯罪干扰了俄联邦的和平和领海的良好秩序；

—— 若外国船舶船长、船旗国的外交机关、临时机关向联邦行政机构官员或俄罗斯联邦的下属行政机构官员寻求帮助；

—— 若有必要采取行动阻止非法运送麻醉药物或精神刺激物品，或其他属于俄罗斯联邦参与签订的国际条约规定的违法行为。

2. 本条第 1 款所述情形不适用于俄罗斯联邦根据本国法律对驶出内海在领海上通过的外国船舶进行逮捕或调查的情况。

3. 在本条第 1 款、第 2 款所属的情况中，若外国船舶船长提出要求，俄罗斯联邦必须在采取任何行动前通知船旗国的外交机构或领事官员，并为外交机构或领事官员与船上船员之间沟通提供方便。在紧急情况下，通知可以与对船舶采取措施同时进行。

4. 俄罗斯联邦不能采取任何措施登临仅从外国港口出发通过领海而不进入内水的外国船舶去逮捕任何人，或进行与船舶驶入领海前发生的任何犯罪有关的调查，除非此调查牵涉到保护海洋环境或船舶有违背俄罗斯联邦制定的有关专属经济区和大陆架的法规。

第十八条 与外国船舶有关的俄罗斯联邦民事法律

1. 联邦行政机构官员不能以执行俄罗斯联邦民事法律调查或逮捕外国船舶上的个人为理由，停止或改变通过领海的外国船舶的方向。

2. 联邦行政机构官员不能以执行民事法律规定为理由对本条第 1 款提到的船进行扣押或执行，除非此船在通过领海的航程中承担了责任、债务或航行目的违背民事法律规定。

3. 本条第 1、2 款的规定应不损害联邦执行机关的官员的权利，即依照俄联邦法律，为任何民事诉讼，扣押或逮捕处于领海内的外国船舶，或从内海水域离开穿越领海的外国船舶。

第十九条 被特别授权的联邦行政机构关于违反俄联邦在领海、内水或海港法律的外国军舰的行动

1. 如果任何外国军舰不遵守俄联邦关于通过领海或出现在内水和海港的法律,而且不顾俄联邦向其提出遵守法律的任何要求,被特别授权的联邦边境服务行政部门、联邦国防行政部门、联邦内政行政机构和联邦环境保护行政机构可要求该外国军舰立即离开领海、内水或海港。

2. 所有本条第1款涉及的联邦行政机构官员与外国军舰指挥官之间在和平时期不当场解决的争端只能通过外交途径解决。

3. 如果外国军舰对俄联邦使用了武力,俄联邦的船舶、飞机或公民击退攻击的反措施应按照有关俄联邦国界的俄联邦法案和联合国宪章进行。

第二十条 对内水和领海内海洋生物资源、其他自然资源和环境的研究、开发(开采)和保护

1. 对内水和领海内海洋生物资源、其他自然资源和环境的研究、开发(开采)和保护,以及对环境安全的维持,在被特别保护的自然区域的活动以及对历史和文化古迹的保护应按照俄联邦法律进行。

2. 外国公民和无国籍人、外国法人和不具备法人资格的外国组织以及国际组织应在本联邦法案、其他联邦法律和俄联邦批准的国际条约规定的方式下,研究、勘探和开发(开采)内水和领海内海洋生物资源和其他自然资源以及在内水和领海内从事其他活动,包括在飞机上进行该活动。

3. 领土邻接内水和领海的俄联邦成员行政机构根据俄联邦法律行使有关研究、勘探、开发(开采)和保护内水和领海内海洋生物资源和其他自然资源,环境保护和确保环境安全,在特殊自然保护区域的活动以及保护历史、文化和自然遗产的权力的方式和形式,应该经俄联邦行政机构和领土邻接内水和领海的俄联邦成员的相关行政机构协商后确定。

4. 在内水和领海的海洋科学研究应按照本联邦法案第四章的规定进行。

第二十一条 内水和领海内利用自然资源的经济关系基本原则

1. 在内水和领海内利用自然资源的经济关系基本原则如下:

—— 付费使用;

—— 破坏性经济活动需承担责任;

—— 对内水和领海及其内自然资源、环境和历史文化古迹的损害进行赔偿;

—— 对内水和领海及其内自然资源、环境和历史文化古迹修复和保护措施的财务担保。

2. 在内水和领海内利用生物资源支付的费用、利用非生物资源支付的规费、费用和规费的数额，以及收取并向联邦预算和领土临近内水和领海的俄联邦成员预算机构移交该费用的程序，应该由俄联邦的法律确定。

费用的计算和申请利用生物资源费用标准数额的程序，以及费用的计算和申请利用非生物资源规费标准数额的程序，应该由俄联邦政府确定。

另外，使用者应根据俄联邦税法的相关规定缴付税款和其他费用。

3. 俄联邦北部和远东地区的当地少数人群、民族社区以及临海地区的常驻居民，他们的生活、生存和经济方式依赖于生物资源的商业开发和传统经济活动，为确保维持和支持生命的必要条件而使用内水和领海内自然资源的方式和方法，应根据俄联邦法律确定和建立。

第三章　俄联邦毗连区

第二十二条　俄联邦毗连区的定义、界限和界限的划定

1. 俄联邦的毗连区（以下简称"毗连区"）是位于领海界限以外且与领海邻接的一带海域，其外部界限为从测算领海宽度的基线量起的24海里的距离。

2. 俄联邦和与其海岸相向或相邻国家之间毗连区外部界限的划定应根据一般接受的国际法原则和规则以及俄联邦缔结的国际条约确定。

第二十三条　俄联邦在毗连区内的权利

1. 在毗连区内，俄联邦应行使为下列事项所必要的管制：

—— 防止在其领土或领海内违反其海关、财政、移民或卫生的俄罗斯法律和俄联邦制定的其他管制法律文书；

—— 惩治在其领土或领海内违反上述法律和规章的行为。

2. 在毗连区内，俄联邦应根据俄联邦的法律和国际法的规则采取必要的措施，包括紧追、停止、检查和逮捕所有有违法行为的外国船舶（军舰和其他用于非商业目的的政府船舶除外），以阻止其违反本条第1款所涉行为并逮捕违法者。

3. 本条前两款的规定不影响俄联邦根据有关俄联邦专属经济区和大陆架的联邦法案确定的权利。

第四章 在内水和领海内进行海洋科学研究

第二十四条 海洋科学研究的定义

为本联邦法案的目的,在内水和领海内进行的海洋科学研究(以下简称"海洋科学研究")是指目的在于获取有关发生在海床及其底土的自然过程各个方面的知识,在水体内或空气中进行的基础和应用研究以及为该研究的目的而做的实验工作。

本定义不适用于本法案第二十条规定的内水和领海内海洋生物资源和其他生物资源的研究。

第二十五条 在内水和领海进行海洋科学研究申请的提交和内容

1. 在内水和领海内进行海洋科学研究可以由联邦行政机构、俄联邦成员行政机构、俄联邦公民和俄联邦法人(为本章之目的,以下简称"俄罗斯申请者")根据被特别授权的科学与技术行政部门起草的进行海洋科学研究的年度计划进行。

2. 对海洋科学研究感兴趣的俄罗斯申请者应该在进行海洋科学研究第1年的6个月前,向被特别授权的联邦科学与技术行政机构提交申请书。

3. 外国公民和无国籍人、外国法人和俄联邦未加入的国际组织根据本联邦法案、其他联邦法律或俄联邦批准的国际条约的规定,可以在内水和领海进行海洋科学研究,包括从飞机和空中探测器所进行的研究。

4. 外国公民和无国籍人、俄联邦缔结的国际条约缔约国授权的外国法人、俄联邦加入或缔结国际条约的国际组织(以下简称"外国申请者")对在内水和领海内进行海洋科学研究有兴趣的,应通过外交途径向被特别授权的联邦科学和技术行政机构提交申请书,为获得进行该研究的许可,应在进行海洋科学研究预定开始日期6个月前提交申请。

5. 进行海洋科学研究的申请应包括(外国申请者同时使用俄罗斯语和申请者本国语言):

—— 有关海洋科学研究性质和目标的信息;

——海洋科学研究的方案,海洋科学研究会使用的方式和方法的信息,包括船舶、载人和无人潜艇和飞机的名称、吨位、类型和级别,以及科学装备的说明;

——进行海洋科学研究区域的地理坐标,驶进和驶离该区域的航道,以及岸边着陆的时间和地点;

——最初到达和离开进行海洋科学研究区域的预定日期;

——在通过岸边勘探方式进行海洋科学研究的情况下,到达和离开的日期;

——海洋科学研究管理机构的名称;

——海洋科学研究负责人(勘探队领导人)的信息;

——现存的进行海洋科学研究方案中规定的所有类型的活动的执照信息;

——计划的海洋科学研究对海洋环境、自然资源,对岸边工业和交通设施的运作,对确保海洋航行和飞机飞行安全可能造成影响的信息。

6. 在申请中,外国申请者应同样提供关于俄联邦公民和俄罗斯法人参与的海洋科学研究的所有类型和范围的信息,同时应说明俄联邦计划进行海洋科学研究的国际条约的范围。

7. 在申请中,俄罗斯申请者同样应提供外国公民、无国籍人、外国法人和国际组织参与海洋科学研究的所有类型和范围的信息。

8. 申请者在请求批准时可根据要求提供有关海洋科学研究的附加信息。在这种情况下,申请审议的期间应从申请者提供附加信息之日起计算。

9. 进行海洋科学研究的区域位于内水和领海内时,根据本联邦法案,海洋科学研究应在整个区域进行,包括超出领海界限的部分。

第二十六条 申请审议程序

1. 被特别授权的联邦科学与技术行政部门应:

——不迟于收到申请之日起 10 日内,通知申请者已接受申请。

——不迟于收到申请之日起 4 个月内,向申请者发出批准以进行海洋科学研究,或者通知申请者:

(1)拒绝批准进行既定的研究;

(2)申请者提供的信息与海洋科学研究的性质、目标和方法存在不一致的地方；

（3）根据本联邦法案第二十五条需要提供有关既定海洋科学研究的附加信息。

2. 进行海洋科学研究的批准或本条第 1 款规定的通知应由被特别授权的联邦外事行政机构向外国申请者发出。

3. 进行海洋科学研究的许可应由被特别授权的联邦科学与技术行政机构在与被特别授权的联邦自然资源行政机构、联邦渔业行政机构、联邦环境保护行政机构、联邦国防行政机构、联邦边境服务行政机构、联邦海关和联邦安全行政机构协商后颁发。在部分海洋科学在岸边进行或使用岸边设施的情况下，被特别授权的联邦科学与技术行政机构还应与领土邻接进行海洋科学研究的内水和领海的俄联邦成员相关行政部门协商。

第二十七条 拒绝批准进行海洋科学研究的理由

有下列情形时，进行海洋科学研究的批准可能受到拒绝：

—— 构成或可能构成对俄联邦安全的威胁；

—— 专门对水生生物资源的调查、繁殖和驯化，或者是对水生生物资源和其他生物资源的钻探、勘探和开发（开采）；

—— 不符合保护环境和生物资源的要求；

—— 涉及钻探内水和领海的海床，使用爆炸物或气动装置，或者将有害物质引入海洋环境；

—— 涉及阻止或妨碍航行的人工岛屿、平台、设施和结构的建造、操作或使用；

—— 涉及使用申请中未提及的人工岛屿、平台、设施和机构；

—— 妨碍俄联邦在内水和领海内的活动。

申请者对俄联邦负有先行海洋科学研究引起的未履行的责任时，进行海洋科学研究的批准可能被拒绝。

第二十八条 进行海洋科学研究申请者的义务

1. 获得进行海洋科学研究许可的俄罗斯和外国申请者被要求：

—— 遵守本联邦法案、其他联邦法律和俄联邦缔结的国际条约。

—— 尽可能快地向被特别授权的联邦科学与技术行政机构提交其所进行的海洋科学研究初步报告，并在不迟于完成海洋科学研究后的 3 个月内提交最终报告。外国申请者提交的文本应同时使用俄罗斯语和申请者本国语言。

——尽可能快地向俄联邦国家数据库和进行海洋科学研究批准地提交海洋科学研究项目观测到的气象、水文、水化学和水生生物数据的副本。

——不得妨碍俄联邦在内水和领海内进行的活动。

——完成海洋科学研究后拆除设施、结构和设备,除非另有约定。

2. 俄联邦申请者——如果外国公民、外国法人或无国籍人参加了海洋科学研究——和外国申请者必须确保参与海洋科学研究的被俄联邦特别授权的联邦科学与技术行政部门的代表(在研究船、飞机、设施和机构以及在岸上探险的位置对在场代表的食宿安排和全面保护)按照他们职员相应的水平,同时确保这些俄罗斯代表获得研究过程中得到的所有数据和样本,并可能制作副本向他们传输该数据,以及分解不损害其科学价值时传输样本。

3. 俄罗斯和外国船舶、飞机、设施、结构和岸上探险进行海洋科学研究,必须:

——与俄联邦海岸服务中心保持定期联系;

——在国际主要天气时间,如果有关设备在研究船、飞机、设施或结构上可以使用,则根据世界气象组织的标准程序,向最近的俄联邦无线电气象卫星中心传输观测到的气象、水文和高空气象操作数据(如果该数据在进行海洋科学研究的许可中作了规定),同时报告海洋环境被石油、有毒液体、垃圾和废水污染的情况。

第二十九条 海洋科学研究结果的播送和发表

1. 经过处理和分析后,所有获得的海洋科学研究结果,包括完成研究后的最终结果和结论,必须向俄联邦国家数据库和海洋科学研究许可批准地传输。

2. 所有获得的海洋科学研究结果样本(之前没有向被特别授权的联邦科学与技术行政部门传输,因为它们不能在不损害科学价值的情况下分解),在经过处理和分析后,包括研究完成后的最后结果和结论,必须向俄联邦国家数据库和海洋科学研究批准地传输。

3. 外国申请者传输本条第 1 款和第 2 款所涉材料应同时使用俄罗斯语和申请者本国语。

4. 进行海洋科学研究并向俄联邦履行本条规定义务的俄罗斯和外国申请者经请求并在被特别授权的联邦科学与技术行政机构的同意下,可以通过外交途径向第三方提供研究成果。

第三十条 海洋科学研究方案的变更

俄罗斯和外国申请者可以改变海洋科学研究的方案,在特别情况下,被特别授权的联邦科学与技术行政机构在收到书面授权,且与本联邦法案第二十六条第3款规定的其他被特别授权的联邦行政机构和俄联邦成员的行政机构协商后,同意该改变。

第三十一条 海洋科学研究的暂停和终止

1. 海洋科学研究的进行违反本联邦法案、其他联邦法案或俄联邦缔结的国际条约时,被特别授权的联邦科学与技术行政机构、本法第二十六条第3款规定的其他被特别授权的联邦行政机构和俄联邦成员的行政机构,在发现该违法行为时,可在其权限范围内作出暂停或终止决定。

2. 只有在违法行为在规定的时间内消除后,或向发现该违法行为并作出海洋科学研究暂停决定的本法第二十六条第3款规定的被特别授权的联邦机构或俄联邦成员的行政机构以及被特别授权的联邦科学与技术行政部门作出将来不会再有类似违法行为的保证后,才可以批准恢复海洋科学研究。

3. 海洋科学研究有下列情形时,应立即终止:

—— 未经被特别授权的联邦科学与技术行政部门批准;

—— 行为与按照本法第二十五条提交的申请信息不一致,从而改变了海洋科学研究计划;

—— 俄罗斯或外国申请者未遵守对俄联邦的相应义务。

第五章　海洋环境以及内水和领海内自然资源的保护和保全

第三十二条 海洋环境以及内水和领海内自然资源的保护和保全

被特别授权的联邦行政机构和俄联邦成员相关行政机构在其权限范围内,按照俄联邦的法律和俄联邦缔结的国际条约,确保对海洋环境以及内水和领海内自然资源的保护和保全。

第三十三条 内水和领海海洋环境质量的管制

1. 为建立对海洋环境以及内水和领海内自然资源影响最大的允许规范的目的,确保和保证人口的环境安全、基因库的保全、海洋环境和自然资源的保护和保全,同时确保内水和领海内自然资源的合理利用和再生产,应对内水和领海海洋环境质量进行管制。

2. 维持内水和领海内海洋环境满足环境要求的条件应确保,通过建立和观察对有害物质最高许可浓度的管制和对海洋环境以及内水和领海内自然资源最高许可损害影响的管制,同时确保使用根据俄联邦有关环境保护的法律和俄联邦水法确定的其他要求和方式。

3. 制定和批准对有害物质最高许可浓度的管制和对海洋环境以及内水和领海内自然资源最高许可损害影响的管制的程序应由俄联邦政府确定。

4. 对有害物质最高许可浓度的管制和对海洋环境以及内水和领海内自然资源最高许可损害影响的管制应公布在航海通告上。

第三十四条 内水和领海内经济和其他活动国家环境评价

1. 内水和领海内经济和其他活动的国家环境评价(以下简称"国家环境评价"):

—— 是保护海洋环境以及内水和领海内自然资源的必要手段;

—— 应由被特别授权的联邦环境保护行政部门在俄联邦成员相关行政机构的参与下,按照俄联邦的法律组织和实施。

2. 所有类型的经济和其他活动均应受制于国家环境评价,而不论其估计成本、部门隶属关系和所有制形式。

内水和领海内所有类型的经济和其他活动只有在内水和领海自然资源使用者自费进行的国家环境评价结论有利时才可以进行。

3. 国家环境评价必须为起草国家方案和计划而作出,或者为有关内水和领海内自然资源的研究、勘探和开发(商业利用),人工岛屿、设施和结构的建造和使用,以及海底电缆和管道的敷设的前期计划、前期项目和项目文件。

第三十五条 内水和领海的国家环境控制

1. 内水和领海的国家环境控制(以下简称"国家环境控制")包括防止、发现和消除违反俄联邦法律或适用于保护海洋环境以及内水和领海内自然资源的国际规则和标准的一系列措施。

2. 国家环境控制应根据俄联邦法律,由被特别授权的联邦环境保护行政部门在其他被特别授权的联邦行政机构和俄联邦成员相关行政机构的参与下进行。

第三十六条 对内水和领海状况的国家环境监测

1. 对内水和领海状况的国家环境监测(以下简称"国家监测")时俄联邦统一国家环境监测制度分割的一部分,包括根据物理、化学、水生生物和微生物指标对海洋环境和海底沉积物状况进行常规观测,同时也观测在自然和人为因素影响下它们的变化。

2. 国家监测应按照俄联邦的法律,由被特别授权的联邦环境保护行政机构在被特别授权的联邦自然资源行政机构、联邦渔业行政机构和俄联邦成员相关行政机构的参与下进行。

第三十七条 向内水和领海倾倒废物和其他物质或排放有害物质

1. 为本联邦法案的目的:

—— 倾倒废物和其他物质(以下简称"倾倒")是指从船舶、飞机、人工岛屿、设施和结构故意处置废物或其他物质的行为,故意处置船舶和其他浮动设施、飞机、人工岛屿、设施和结构的行为。倾倒不包括船舶、飞机、人工岛屿、结构和设施的正常操作所附带发生或产生的废物或其他物质的处置。该处置不超过有害物质最高许可浓度以及对海洋环境和自然资源最高许可损害影响的管制,但为了处置这种物质而操作的船舶、飞机、人工岛屿、设施和结构所运载或向其输送的废物或其他物质,或在这种船舶、飞机、人工岛屿、设施和结构上处理这种废物或其他物质所产生的废物或其他物质除外;或并非为了单纯处置这些废物或其他物质而放置该废物或其他物质,但以这种放置不违反本联邦法案和俄联邦缔结的国际条约的目的为限。

—— 有害物质是一种通过进入海洋环境,足以危害人类健康、损害生物资源和海洋动植物、减损环境优美或妨碍海洋的其他正当用途的物质,同时也是根据俄联邦缔结的国际条约应受监测的物质。

—— 排放有害物质或含有有害物质的废水(以下简称"排放有害物质")指为任何目的从船舶和其他浮动设施(以下简称"船舶")、飞机、人工岛屿、设施和结构的排放,包括泄漏、处置、溢出、渗漏、抽水、排放或排水。排放有害物质不包括为加工内水和领海内矿产资源进行的勘探、开发和加工直接导致的有害物质排放,或者为战斗或监测污染而进行的合法海洋科学研究而排放有害物质。

2. 禁止在内水和领海内倾倒废物和其他物质以及排放有害物质。

第三十八条　海难

如果船舶碰撞、搁浅，或者在内水或领海发生其他海难，或为消除该海难而采取的行动，造成或可能造成严重损害结果，根据本联邦法案、其他联邦法案和俄联邦缔结的国际条约，俄联邦政府有权采取与实际损害或受损害威胁相称的必要措施，包括对海难中受损船舶和有罪一方的措施，以保护俄联邦的海岸或有关利益（包括渔业）免受污染或受污染威胁。

第六章　本联邦法案的执行

第三十九条　内水、领海及其自然资源的保护

1. 应根据俄联邦宪法、本联邦法案和其他联邦法案确保对内水、领海及其自然资源的保护。

2. 被特别授权的联邦边境服务中心与被特别授权的联邦国防行政机构、联邦环境保护行政机构、联邦自然资源行政机构、其他被特别授权的联邦行政机构以及俄联邦成员相关行政机构在其权限范围内确保对内水、领海及其自然资源的保护。

第四十条　违反本法案的责任

1. 根据俄联邦法律，对违反本联邦法案的联邦行政机构、俄联邦成员行政机构和当地政府机构的官员提起诉讼。

2. 根据俄联邦法律，对违反本联邦法案的俄联邦国民、外国公民和无国籍人、俄罗斯和外国法人提起诉讼。

3. 被起诉违反本法案的联邦行政机构、俄联邦成员行政机构和当地政府机构的官员以及俄联邦国民、外国公民和无国籍人、俄联邦和外国法人，不能享有对其造成的损害赔偿的豁免。

4. 损害的补偿应按照俄联邦法律对应的程序进行。

第七章　最后规定

第四十一条　争端的解决

1. 俄联邦国民、外国公民、无国籍人之间或俄罗斯、外国法人之间有关其在内水、领海和毗连区内行使权利和履行义务的争端应根据俄联邦法律进行解决。

2. 俄联邦和外国国家之间有关其在内水、领海和毗连区内行使权利和履行义务的争端应根据普遍接受的国际法原则和规则以及俄联邦缔结的国际条约通过和平方式解决。

第四十二条 本联邦法案的生效程序

本联邦法案自公布之日生效。

第四十三条 管理法律文书与本联邦法案的协调

请求俄联邦总统并指示俄联邦政府,负责去管理法律文书与本联邦法案的协调。

叶利钦
俄联邦总统

尾 注

原始文本由俄联邦常驻代表团于 2001 年 2 月向联合国交存。

关于俄罗斯联邦专属经济区的联邦法案

国家杜马于 1998 年 11 月通过。

联邦议会于 1998 年 12 月 2 日批准。

本联邦法案规定了俄联邦专属经济区的法律地位,俄联邦在该专属经济区的主权和管辖权,以及根据俄联邦宪法、普遍认可的国际法原则和规范以及俄联邦加入的国际条约行使这些权利。有关俄联邦专属经济区及其内活动的问题若没有在本联邦法案中规定的,则由其他适用于俄联邦专属经济区及其内活动的联邦法律调整。

第一章　一般规定

第一条　俄联邦专属经济区的定义和界限

1. 俄罗斯联邦专属经济区（以下简称"专属经济区"）是俄罗斯联邦领海（以下简称"领海"）以外并邻接领海的一个海洋区域，包括本联邦法案、俄联邦参加的国际条约和国际法规范规定的特定法律制度。

专属经济区的定义同样适用于除不适合维持人的生命或者进行独立经济活动的岩礁以外的所有俄联邦岛屿。

2. 领海的外部界限构成了专属经济区的内部界限。

3. 专属经济区的外部界限为从测算领海宽度的基线量起的 200 海里，除非俄联邦加入的国际条约有相反规定。

第二条　专属经济区界限的划定

俄联邦与海岸相向或相邻国家间专属经济区的界限应根据俄联邦加入的国际条约或普遍认可的国家法原则和规范划定。

第三条　海图和地理坐标表

1. 专属经济区的外部界限或者代替这种界限的各点的地理坐标，由俄联邦政府核准并标出原始测量数据。俄联邦加入的国际条约定义的或根据普遍认可的国际法原则和规范绘制的分界线，应在有确定比例尺的海图上标示并公布在航海通告上。

2. 专属经济区外部界限数据库应由俄联邦政府为此目的而特别授权的联邦执行机构建立。

第四条　基本概念

1. 为本联邦法案的目的，定义下列基本术语。

专属经济区的自然资源：海床上覆水域和海床及其底土的生物或非生物资源。

专属经济区的生物资源（以下简称"生物资源"）：所有的鱼类资源、海洋哺乳动物资源、软体动物资源、甲壳动物资源和其他水生生物资源，但不包括属于海床和底土定居种的生物，其利用由关于俄联邦大陆架的联邦法案规定。

专属经济区的非生物资源(以下简称"非生物资源"):海床上覆水域的矿物资源,包括包含在海水里的化学元素和化合物、潮汐能、水能、风能和其他可能类型的非生物资源。

溯河产卵鱼群:源自俄联邦的河流、湖泊和其他水库的鱼群迁移到海洋生活后返回到来源地产卵。

降河产卵鱼群:在俄联邦水域(包括内水和领海)内度过大部分生命周期的鱼群。

跨界鱼群:鱼类、软体动物和甲壳动物,但不包括属于定居种的生物和其他在专属经济区和专属经济区以外及其相邻区域内同时发现的生物资源,这些区域构成了这些生物种群的共同栖息地。

跨区鱼群:专属经济区内和相邻外国专属经济区内发现的鱼群,该区域构成了这些生物种群的共同栖息地。

高度洄游鱼种:可以长距离迁移并发现在专属经济区及其以外商业集聚区域内的鱼种和鲸目动物。

生物资源的商业开采:包括搜寻和捕获(捕捞)水生生物资源,接收、加工、运送、存储和重装产品,以及供应商用船舶和设施的燃料、水、食物、包装材料和其他材料在内的综合程序。

专属经济区内的海洋科学研究(以下简称"海洋科学研究"):目的在于获取在海床上、底土里、海洋深处和大气里发生的自然程序的所有信息的基础或应用研究以及为此目的而进行的实验计划。

专属经济区内的海洋资源研究(以下简称"资源研究"):旨在对生物和非生物资源进行研究、勘探和商业开发的应用科学研究计划。

有害物质:一种当其被引入海洋环境可能危害人类健康、损害生物资源、减损环境优美、妨碍海洋的其他正当用途的物质,同时这种物质受到俄联邦加入的国家条约的控制。

有害物质的排放或含有此种物质的排放(以下简称"有害物质的排放"):为任何目的而从船舶和其他浮动艇筏(以下简称"船舶")、飞机、人工岛屿、设施、结构进行的任何排放,包括任何泄漏、处置、溢出、渗漏、倾倒、散发或排水;有害物质的排放不包括排放有害物质是对俄联邦大陆架海洋矿物资源勘探、开发和相关处置的直接结果,或有害物质的排放是为了防止或检测污染而进行正当科学研究。

海洋环境污染：人类直接或间接把物质或能量引入海洋环境，以致造成或可能造成损害生物资源和海洋生物、危害人类健康、妨碍包括捕鱼和海洋的其他正当用途在内的各种海洋活动、损坏海水使用质量和减损环境优美等有害影响。

倾倒：从船舶、飞机、人工岛屿、设施和结构故意处置废物或其他物质的行为，故意处置船舶、飞机、人工岛屿、设施和结构的行为。倾倒不包括船舶、飞机、人工岛屿、设施和结构及其装备的正常操作所附带发生或产生的废物或其他物质的处置，但为了处置这种物质而操作的船舶、飞机、人工岛屿、设施和结构所运载或向其输送的废物或其他物质，或在这种船舶、飞机、人工岛屿、设施和结构上处理这种废物或其他物质所产生的废物或其他物质均除外；并非为了单纯处置物质而放置物质，但以这种放置不违反本联邦法案和俄联邦加入的国际条约的目的为限。

2. 个别海洋的商业生物物种资源名单，包括溯河产卵种群、降河产卵种群、跨界鱼群、跨区鱼群和高度洄游鱼种，属于定居种的生物和海洋哺乳动物应由被特别授权的联邦渔业执行机构在与被特别授权的环境行政机构协商后准备。

第五条 俄联邦在专属经济区内的权利

1. 俄联邦在专属经济区内行使：

（1）以勘探和开发、商业化、养护和管理海洋生物或非生物资源为目的的主权权利，以及关于在该区内从事经济性开发和勘探的其他活动的主权权利；

（2）以勘探海床及其底土、开发矿产和其他非生物资源，以及有关海床及其底土的属于定居种的生物的商业开发为目的的主权权利。地理研究、保护、勘探和开发海床及其底土的矿产和其他非生物资源以及属于定居种的生物的商业开发，应根据关于俄联邦底土的法案、关于俄联邦大陆架的联邦法案以及其他适用于专属经济区及其内活动的联邦法律进行。

（3）授权和管理为任何目的而在海床及其底土钻探的专属权利。为任何目的的钻探应根据关于俄联邦大陆架的联邦法案进行。

（4）建造并授权和管理建造、操作和使用人工岛屿、设施和结构的专属权利。俄联邦对这种人工岛屿、设施和结构应行使管辖权,包括有关海关、财政、卫生、安全和移民的法律和规章方面的管辖权。专属经济区内的人工岛屿、设施和结构的建造、操作和使用应按照关于俄联邦大陆架的联邦法案进行。

（5）有关下列事项的管辖权:

—— 海洋科学研究;

—— 防止所有污染来源的海洋环境的保护和保全;

—— 俄联邦海底电缆和管道的敷设和操作。专属经济区内俄联邦海底电缆和管道的敷设以及外国海底电缆和管道的敷设应按照关于俄联邦大陆架的联邦法案进行。

（6）俄联邦缔结的国际条约规定的其他权利和义务。

2. 俄联邦在专属经济区内的主权权利和管辖权应遵循经济、商业、科学和其他利益,并按照本联邦法案和俄联邦缔结的国际条约规定的程序行使。

3. 俄联邦在专属经济区内行使主权权利和管辖区时,不得妨碍由普遍认可的国际法原则和准则所承认的其他国家的航行、飞越或其他权利和自由的行使。

4. 专属经济区内的生物和非生物资源属于俄联邦的管辖事项,有关勘探和开发（商业化）这些资源的管理活动以及对它们的保护应由俄联邦主管政府进行。

第六条 其他国家在专属经济区内的权利和义务

1. 在专属经济区内,所有国家都享有航行和飞越自由,敷设海底电缆和管道的自由,以及与这些自由有关的海洋其他国际合法用途,诸如同船舶和飞机的操作及海底电缆和管道的使用有关的用途。

2. 行使上述自由的条件是符合本联邦法案以及俄罗斯缔结的国际条约,并确保专属经济区内海洋环境和生物与非生物资源的保护和保全。

第七条 专属经济区内联邦政府机构的权利能力

专属经济区内联邦政府机构的权利能力包括:

1. 起草和完成俄联邦关于专属经济区及其内活动的立法。

2. 协调政府机构有关专属经济区及其内活动的活动,保护俄联邦在专属经济区内的权利和合法利益,以及保护专属经济区内的海洋环境和生物与非生物资源。

3. 制定策略研究和商业开发生物资源,探矿、勘探和开发非生物资源,以及以联邦政策、方案和计划为基础来保护和保全海洋环境及其生物与非生物资源,这些应考虑政府环境专家的评估,尤其应考虑俄联邦北部和远东地区的当地少数人群、民族社区以及临海地区的常驻居民,他们的生活、生存和经济方式传统地依赖生物资源的商业开发。联邦方案和计划的起草应有领土临海的俄联邦成员行政部门的参与,如果该方案和计划规定了上述俄联邦成员海岸基础设施的使用。

4. 决定被捕地区生物资源的可捕总量和种类,参照可得到的最可靠的科学数据、俄联邦缔结的国际条约的规定以及俄联邦参加的主管国际组织的决定。

5. 确定有关俄罗斯和外国船舶在专属经济区捕获的生物资源的种类和数量的声明发布程序,以及有关由这些资源制成的产品的声明发布程序。

6. 确定生物资源利用的程序,考虑到领土临海的俄联邦成员行政部门的提案,包括生物资源的商业开发执照(许可证)的发行以及有关生物资源高效利用、养护和繁殖的规章和规范的制定和建立。

7. 确定生物资源利用的禁止和限制,考虑领土临海的俄联邦成员行政部门的提案,并建立生物资源繁殖的规章和规范。

8. 制定并实行观察和监测专属经济区内商业捕鱼活动的制度,包括使用空间通信设备和无线电导航的方式。

9. 和领土临海的俄联邦成员行政部门一同制定措施以防止由经济和其他活动以及航行导致的生物资源的损失。

10. 当生物资源(包括海洋哺乳动物)的生命在遭受自然灾害或其他因素导致的危险时,向它们提供援助。

11. 建立非生物资源的利用程序,考虑领土临海的俄联邦成员行政部门的提案,包括执照(许可证)的发行程序以及制定合适的标准(规范和规章)。

12. 非生物资源研究、勘探和开发的登记以及起草非生物储备的联邦评估草案。

13. 在领土临海的俄联邦成员政府机构的参与下,监测生物和非生物资源的高效利用和养护以及保护海洋环境及其生物和非生物资源。

14. 管理资源和海洋科学研究。

15. 建立俄罗斯和外国船舶参与生物资源商业开发以及为监测和核查的目的进入、通过并驶出专属经济区的控制点和程序。

16. 宣布在专属经济区内的个别区域俄联邦国民和俄罗斯法人,外国和主管国际组织,外国国民和外国法人,不被允许在上述区域为非生物资源的勘探和开发以及生物资源的商业化而进行与实施或计划实施该方案有关的海洋科学研究,并将该区域的地理坐标刊登在航海通告上。

17. 建立支付系统并确定生物和非生物资源使用费以及收集该资源的条件和程序。

18. 为研究、探矿、勘探和开发非生物资源以及商业化生物资源,资源和海洋科学的研究和其他目的,管理人工岛屿、设施和结构的建立、操作和利用。

19. 确定并规定敷设用于勘探和开发非生物资源的海底电缆和管道的条件以及人工岛屿、设施和结构的操作,包括把它们进口到俄联邦。

20. 决定在专属经济区内敷设海底电缆和管道的路线和条件,考虑到现有海底电缆和管道以及与勘探和开发(商业化)专属经济区内自然资源的活动。

21. 在领土临海的俄联邦成员行政部门的参与下,对专属经济区的状况进行政府环境评估、政府环境监测以及政府监管。

22. 管理俄罗斯国家数据库有关专属经济区的状况及其内生物和非生物资源的部分。

23. 建立应对环境突发事件和灾难的法律制度,确保立即采取行动,以消除事故后果,包括石油或其他物质的污染。

24. 建立专属经济区内有关排放的有害物质、废物和其他拟处置物质等污染物排放量的环境规范(标准),列明专属经济区内有害物质、废物和其他禁止排放和倾倒物质的清单,管理有害物质的排放以及废物和其他物质的倾倒,并监测前述排放和倾倒。

25. 保护俄罗斯联邦红皮书中记载的稀有和濒危生物资源物种,防止它们的栖息地、繁殖条件和迁移被破坏,建立储备区、保护区、限制区和其他特别保护的自然领土区域,包括毗邻海边度假村、治疗中心和休闲区的区域,并标注在航海通告上。

26. 与俄联邦成员政府机构一起，采取措施保护专属经济区及其内海洋环境、生物和非生物资源，阻止违反本联邦法案和俄联邦缔结的国际条约的行为并将实施违法行为的人定罪。

27. 解决有关专属经济区及其内活动的争端。

28. 达成并执行俄联邦有关专属经济区及其内活动的国际条约。

第二章　生物资源的有效利用和养护

第八条　生物资源的利用及其程序

1. 生物资源的利用是指：

—— 为科学研究和监测的目的捕捞生物资源，以评估生物种群的状况并决定允许的渔获总量；

—— 为繁殖和驯化而捕捞生物资源；

—— 为学术、文化和教育的目的而捕捞生物资源；

—— 生物资源的勘探和商业开发；

—— 生物资源的商业化养殖；

—— 生物资源的人工繁殖；

—— 作为业余运动的生物资源捕捞。

2. 生物资源的个人使用执照（许可证）应由被特别授权的联邦渔业行政部门颁发。

3. 被特别授权的联邦渔业行政部门应与被特别授权的联邦环境保护部门一起，并考虑到领土临海的俄联邦成员行政部门的提案，制定生物资源商业开发和其他用途的规章。前述规章和允许的渔获总量应由俄联邦政府批准。

4. 被特别授权的联邦渔业行政部门与被特别授权的联邦国防行政部门协商后，应决定俄联邦船舶在专属经济区内进行商业捕捞的区域和时间，并通知联邦边境服务行政部门。

5. 被特别授权的联邦渔业行政部门与被特别授权的联邦国防行政部门、联邦边境服务行政部门和联邦环境保护行政部门协商后，应决定外国船舶在专属经济区内进行商业捕捞的区域和时间，并通知被特别授权的联邦海关行政部门。

6. 被特别授权的联邦渔业行政部门,考虑到领土临海的俄联邦成员行政部门的提案,应在本联邦法案第七条第4项特别规定的生物资源渔获总量的参数内,决定生物资源渔获量的限额和配额。生物资源渔获量的限额和配额应由俄联邦政府批准。

7. 被特别授权的联邦边境服务行政部门和联邦渔业行政部门应通知被特别授权的联邦海关行政部门和联邦税务行政部门每季度生物资源商业开发的结果。

第九条 生物资源的授权利用

1. 利用生物资源的权利应授予:

—— 俄联邦国民和俄罗斯法人(以下简称"俄罗斯申请者");

—— 外国国民和外国法人,外国政府和专管的国际组织(以下简称"外国申请者")。

2. 下列人员拥有利用生物资源的优先权:

—— 俄联邦北部和远东地区的当地少数人群、民族社区的代表,他们的生活、生存和经济方式传统地依赖生物资源的商业开发;

—— 俄联邦北部和远东地区的人们以及临海地区的永久居民,他们的生活、生存和经济方式传统地依赖生物资源的商业开发;

—— 进行海洋生物科学研究和(或)生物资源人工繁殖的俄罗斯申请者;

—— 为满足联邦和地区供应需要而对生物资源进行商业开发的俄罗斯申请者。

3. 在考虑过俄罗斯申请者的所有申请后,外国申请者可为科学、商业和其他的目的利用生物资源,前提是俄罗斯申请者没有能力在所涉及的特定商业捕捞区域达到生物资源的渔获总量,并且符合俄联邦与外国申请者国籍国或注册国签订的国际条约以及遵照本联邦法案和俄联邦缔结的国际条约。

第十条 生物资源商业开发执照(许可证)递交申请的程序和条件

1. 俄罗斯和外国申请者应向被特别授权的联邦渔业行政机构提交生物资源商业开发执照(许可证)的申请。为外国申请者时,该申请中的语言应为外国申请者本国语言。

2. 生物资源商业开发执照(许可证)的申请应包括以下信息:

—— 申请者的信息和材料及财力证明,包括捕捞船舶的编号、法定地址

和保险安排,以及负责生物资源商业开发的人员的信息;

——申请者船舶上能自动传送从事生物资源商业开发时船舶位置的通信设备的信息;

——执照(许可证)发布理由(分配配额 — 俄罗斯申请者;国际条约和分配配额 — 外国申请者);

——生物资源商业开发的特定类型和开发手段的说明,包括船舶的名称、吨位、类型和等级的信息,以及生物资源商业开发会使用的无线电设备和捕捞装备的信息;

——生物资源商业开发的区域和时间,生物资源的种类和单船渔获量吨位配额;

——其他有关生物资源商业开发的资料。法人应在提交上述申请资料的同时提交一份注册证明资料的副本。

3. 生活、生存和经济方式传统地依赖生物资源的商业开发的俄联邦北部和远东地区的当地少数人群、民族社区的代表们,并非必须在生物资源商业开发执照(许可证)的申请中提及这些人群和社区为家庭生计所必需的生物资源的部分。

4. 俄罗斯申请者同样应在申请中表明是否有外国国民或外国法人参与生物资源的商业开发,以及外国申请者,不论是俄联邦的国民或俄罗斯法人,都将参与生物资源的商业开发。

俄罗斯申请者应与他们的申请一起提交由恰当的税务部门向他们发布的文件。这些文件是关于他们的注册和上一年度由他们分摊或实际促成的联邦预算或预算外基金的税务、欠款和其他费用。

5. 被特别授权的联邦渔业行政部门在收到上述申请的 1 个月内,应通知申请者获得生物资源商业开发执照(许可证)的地点、时间和程序或者发出拒绝通知。

6. 下列为拒绝颁发生物资源商业开发执照(许可证)的事由:

——缺少生物资源渔获量的分配限额和配额;

——违反本联邦法案关于生物资源商业开发执照(许可证)申请的内容;

——申请者提交错误的信息;

——申请者未成功提交其持有的为生物资源商业开发所必需的财务和

技术手段的证明或保证；

——申请者在前一个商业捕鱼季度违反了本联邦法案或俄联邦缔结的国际条约；

——申请者对先前被宣告或施加的债务、罚款和损害赔偿没有支付或逾期支付；

——恰当的税务部门提供的申请者拖欠上一年度联邦预算或预算外基金的分摊税务、欠款和其他费用的信息；

——申请者的船舶缺少在进行生物资源商业开发时在船舶的位置传送数据的无线电设备。

7. 为了保护俄联邦的经济和其他合法利益，俄联邦政府可以对生物资源商业开发执照（许可证）的颁发施加限制。

第十一条 生物资源商业开发执照（许可证）颁发的程序和条件

1. 生物资源商业开发执照（许可证）应该在被特别授权的联邦渔业行政部门发布的分配限额和配额的参数内向俄罗斯和外国申请者颁发，并通知被特别授权的联邦环境保护行政部门、联邦边境服务行政部门、联邦海关行政部门和联邦国防行政部门。

2. 生物资源商业开发执照（许可证）应在俄联邦政府建立的程序下进行注册。

3. 生物资源商业开发执照（许可证）应根据本联邦法案第九条的规定向外国申请者发布。

4. 生物资源商业开发执照（许可证）在一年内有效，持证者在该期间内和具体的区域内可从事生物资源的商业开发。生物资源商业开发执照（许可证）的原件必须在从事该商业开发的船舶上。

5. 在生物资源商业开发执照（许可证）下获得的利用生物资源的权利不得转让给第三方。

第十二条 俄罗斯和外国执照持有者从事生物资源商业开发的权利和义务

1. 获得了生物资源商业开发执照（许可证）的俄罗斯和外国申请者（以下简称"执照持有者"）应有权利仅在生物资源商业开发执照（许可证）规定的具体数量、时间、类型和区域的参数内从事商业开发。

2. 执照持有者有义务：

—— 遵守为生物资源渔获量建立的规则和渔获量的限制，并符合生物资源商业开发执照（许可证）的条件；

—— 及时支付；

—— 防止生物资源栖息地自然条件的退化；

—— 防止非法驯化生物资源物种，并遵守检疫制度的要求；

—— 确保保护机构的官员不受阻碍地登临商业渔船；

—— 自己承担费用以确保保护机构官员最佳的工作条件；

—— 向被特别授权的联邦边境服务行政部门、联邦渔业行政部门、联邦环境保护行政部门、联邦海关行政部门、联邦货币和出口管制行政部门和联邦税务部门提交方便且无偿的报告，报告的内容包含渔获量的数量以及生物资源商业开发的时间、类型和区域，包括来自或输送到其他船舶的生物资源和生物资源产品的数量、质量和种类，以及在外国港口装载和卸载的生物资源和生物资源产品的数量、质量和种类；

—— 与俄联邦海岸服务中心保持定期的联系，同时在国际主要天气时间，如果有关设备可以使用，则根据世界气象组织的标准程序，向最近的俄联邦无线电气象卫星中心传输观测到的气象和水文操作数据，同时报告观测到的对海洋环境污染的紧急信息；

—— 按照被特别授权的联邦渔业行政部门规定的格式写商业捕捞日志；

—— 有特殊的可识别的标志；

—— 在固定渔具的两端注明船舶的名称（外国船舶注明船旗国的名称），生物资源商业开发执照（许可证）编号和渔具的索引号。

3. 外国船舶在生物资源商业开发执照（许可证）下从事生物资源商业开发或进入专属经济区获取其他船舶捕捞的生物资源同样有下列义务：

—— 通过传真或电报向被特别授权的联邦渔业行政部门和联邦边境服务行政部门进行日常报告，包括每次为从事被许可的生物资源商业开或获取其他船舶捕捞的生物资源而进入该区域、每次离开该区域以及强制通过检查站的进入或离开；

—— 向被特别授权的边境服务行政部门进行日常通知，报告船舶在从事生物资源商业开发或获取从其他船舶捕获的生物资源时的位置；

——在被特别授权的联邦边境行政部门官员的见证和监督下从事生物资源的商业开发；

——免费为保护机构的官员提供往来生物资源商业开发地的交通工具以及无线电通信设备，并且承担上述官员上船后到下船前生活、住宿等一切开支，官员的待遇应与他们个人身份相称；

——每 10 天和每月通过传真或电报向被特别授权的渔业行政部门对生物资源商业开发的结果进行日常报告。

4. 在专属经济区内或区外，俄罗斯和外国船舶都不得装载、卸载或传送在专属经济区内捕捞的任何种类的生物资源，除非生物资源商业开发执照（许可证）有如此规定。

生物资源商业开发执照（许可证）规定的生物资源的装载、卸载和传送必须在被特别授权的联邦边境服务行政部门的见证下进行。

第十三条 生物资源商业开发的终止

1. 下列事项构成终止生物资源商业开发的理由：

——执照持有者自愿决定停止生物资源的商业开发；

——分配配额的执照持有者的选择；

——生物资源商业开发执照（许可证）期限届满；

——同一年度内重复违反管理生物资源商业开发的规则或超出生物资源渔获量的分配限额；

——违反本联邦法案或俄联邦缔结的国际条约；

——执照持有者的船舶缺少通信设备而无法传输从事生物资源商业开发时船舶位置的数据；

——从事生物资源商业开发的外国船舶违反本联邦法案第十二条第 3 款规定的通过检查站的程序；

——在规定的时间内为支付生物资源的使用费、罚款或损害赔偿；

——未支付适当的税务机构提供的税款、欠款和其他联邦预算和预算外基金的费用；

——未提交有关生物资源的种类、渔获量和生物资源商业开发区域的报告；

——减少生产率和恶化生物资源种类的组成质量以及因使用者的过错

导致专属经济区海水的系统污染。

2. 自愿终止生物资源商业开发的决定必须由使用者告知：

—— 至少在生物资源商业开发开始前 1 个月向特别授权的联邦渔业行政部门作出书面通知；

—— 在生物资源商业开发期间，立刻停止生物资源的商业开发。

3. 被特别授权的联邦渔业行政部门应通过电报和随后的书面文件通知执照持有者撤销其生物资源商业开发执照（许可证）并停止该商业开发活动。生物资源商业开发执照（许可证）的撤销应记录在执照（许可证）颁发的登记上，并通知被特别授权的联邦边境服务行政部门、联邦海关行政部门和联邦环境保护行政部门。

第十四条 跨区鱼种和跨界鱼种高效利用和养护的特征

1. 如果跨区鱼种的同一种群出现在俄联邦的专属经济区和其他沿海国专属经济区内，为了养护和开发该种群的目的，俄联邦应该直接或通过主管国际组织与这些国家合作。

2. 如果跨界鱼种的同一种群出现在俄联邦专属经济区内和专属经济区外的邻接区域内，俄联邦应直接或通过主管国际组织，与在俄联邦专属经济区相邻海域从事该跨界鱼种商业开发的国家进行合作，以保护前述区域的该类种群。此外，与相关国家就上述事项缔结国际条约。

第十五条 溯河产卵鱼群、降河产卵鱼群、高度洄游鱼种和海洋哺乳动物高效利用和养护的原则

1. 对源自其河流、湖泊和其他水域的溯河产卵种群有主要利益的俄罗斯联邦，应对其栖息地的这些种群承担主要责任，并应通过管理商业开发确保其养护。该商业开发只能在俄联邦专属经济区外部界限向陆一面水域中进行。

2. 为了养护专属经济区外的溯河产卵种群，俄联邦应与相关国家合作并达成国际条约，同时应该确保遵守条约的规定。

3. 俄联邦应承担管理降河产卵鱼种的责任，并应确保洄游鱼类在专属经济区内的出入。捕捞降河产卵鱼种应按照本联邦法案只在专属经济区外部界限向陆一面的水域中进行。

4. 为了合理管理降河产卵鱼种（包括捕捞），俄联邦应与该鱼群迁徙国

合作并达成国际条约,同时应确保遵守该国际条约的规定。

5. 为了确保高度洄游鱼种在其栖息地(包括专属经济区外)的高效利用和养护,俄联邦应与相关国家合作并达成国际条约。

6. 为了养护、研究和管理专属经济区内的海洋哺乳动物,俄联邦应直接或通过适当的国际组织与相关国家进行合作。为了养护和恢复海洋哺乳动物数量,以及在其他必要的情形下,同时考虑到俄联邦缔结的国际条约,俄联邦政府应对专属经济区内海洋哺乳动物的商业开发建立更严格的限制和管制制度,包括禁止对个别海洋哺乳动物的商业开发。

7. 如果俄罗斯或外国申请者不遵守俄联邦根据本条第 2 款缔结的国际条约,以及如果溯河产卵鱼群在栖息地受到严重的威胁,俄联邦与有关国家协商后,有权利宣布暂停在溯河产卵鱼群栖息地捕获该鱼群。该暂停的相关实施信息应向有关国家和主管国际组织传达。

第三章 勘探和开发非生物资源

第十六条 勘探和开发非生物资源

1. 非生物资源的勘探和开发应该由俄联邦的国民和俄罗斯法人、外国国民和外国法人、外国国家和主管国际组织依照被特别授权的联邦地质与矿产资源开发利用行政部门颁发的非生物资源勘探和开发执照进行。

2. 颁发前述执照的条件和程序、执照的内容和持续时间、执照持有者的权利和义务、安全进行活动的要求、吊销执照的理由、反垄断的要求和生产分工的条件应由有关俄联邦大陆架的联邦法案、俄联邦有关矿产资源的法案、有关生产分工协议的联邦法案和俄联邦缔结的国际条约管理。

3. 授权外国国民、外国法人、外国国家和主管国际组织的条件不应该优于对俄联邦国民和俄罗斯法人的授权条件。

第十七条 利用潮汐、海流和风力生产能

1. 利用潮汐、海流和风力生产能应该由俄联邦的国民和俄罗斯法人、外国国民和外国法人、外国国家和主管国际组织依照被特别授权的环境保护行政部门在与被特别授权的联邦渔业行政部门、联邦地质与矿产资源利用行政部门和联邦国防行政部门协商并由国家环保专家批准后颁发的利用潮汐、海

流和风力生产能的执照进行。

2. 颁发前述执照的条件和程序以及生产该能量的方法应由被特别授权的联邦环境保护行政部门与其他本条第 1 款提及的被特别授权的联邦行政部门协商后,根据本联邦法案、其他适用于专属经济区及其内活动的联邦法律和俄联邦缔结的国际条约确定。

第四章　资源研究和海洋科学研究

第十八条　自然资源研究和海洋科学研究计划

1. 自然资源研究年度计划的制订应该由被特别授权的联邦渔业行政部门与被特别授权的联邦环境保护行政部门、联邦国防行政部门和联邦边境服务行政部门以及,如果有必要,其他相关的联邦行政部门协商,并考虑领土临海的俄联邦成员行政部门的提案,以联邦战略、规划和计划为基础进行。

2. 海洋科学研究年度计划的制订应该由被特别授权的联邦科学与技术行政部门同被特别授权的联邦渔业行政部门、联邦国防行政部门、联邦安全行政部门、联邦边境服务行政部门、联邦环境保护行政部门、联邦地质与矿产资源利用行政部门、联邦水文气象和环境监测行政部门以及,如果有必要,其他相关联邦行政部门协商,并考虑领土临海的俄联邦成员行政部门的提案,以联邦战略、规划和计划为基础制定。

3. 自然资源研究和海洋科学研究年度计划应指出是否有外国国民、外国法人以及主管国际组织参加,且应包括在俄联邦缔结的国际条约下或国际研究计划框架内。

第十九条　自然资源研究和海洋科学研究申请的提交和内容

1. 自然资源研究和海洋科学研究可以由以下主体进行:

—— 联邦行政部门和俄联邦成员的行政部门、俄联邦国民和俄罗斯法人(以下简称"俄罗斯申请者");

—— 外国国家、外国国家授权的外国国民和外国法人以及主管国际组织(以下简称"外国申请者")。

2. 自然资源研究和海洋科学研究申请(以下简称"申请")提交和审议的程序、申请的评估及决议的达成应由俄联邦政府根据联邦法案和俄联邦缔结的国际条约确定。

3. 俄罗斯申请者应在不迟于进行自然资源研究和海洋科学研究第 1 年的 6 个月前,向被特别授权的联邦渔业行政部门或被特别授权的联邦科学与技术行政部门提交恰当的申请,以保证计划的研究项目可以包括在相关的年度计划里。

4. 外国申请者应在不迟于自然资源研究和海洋科学研究预定开始日期 6 个月前,通过外交途径向被特别授权的联邦渔业行政部门或被特别授权的科学与技术行政部门提交恰当的申请。

5. 开展自然资源研究和海洋科学研究的申请应包括(外国申请者同时使用俄罗斯语和申请者本国语):

—— 计划的自然资源研究和海洋科学研究的方案;

—— 有关自然资源研究和海洋科学研究性质和目标的信息;

—— 有关进行自然资源研究和海洋科学研究会使用的方式和工具的信息,包括船舶、载人或无人潜艇、飞机和其他技术装备、无线电工程设备和捕捞(提取)装备的名称、吨位、类型和级别,以及科学装备的说明;

—— 作为研究对象的生物或非生物资源形式的鉴定书;

—— 进行计划的自然资源研究或海洋科学研究区域的地理坐标,以及驶进和驶出该区域的航道;

—— 最初到达进行自然资源研究或海洋科学研究区域的预定日期、最后离开该区域的预定日期,以及科学装备部署和拆除的预定日期;

—— 自然资源研究或海洋科学研究管理机构的名称;

—— 自然资源研究或海洋科学研究负责人(勘探队领导人)的信息;

—— 有关预定研究对海洋环境和生物与非生物资源可能的影响的信息。

6. 俄罗斯申请者应提供有关外国国民和外国法人参与自然资源研究或海洋科学研究的所有类型和范围的信息。

7. 外国申请者应提供关于外国申请者进行的有俄联邦国民和俄罗斯法人参与的自然资源研究或海洋科学研究的所有类型和范围的信息。

8. 申请者在请求批准时可根据要求提供有关自然资源研究或海洋科学研究的附加信息。在这种情况下,申请审议的期间应从申请者提供附加信息之日起计算。

第二十条

申请审议程序

1. 被特别授权的联邦渔业行政部门或被特别授权的联邦科学与技术行政部门应：

—— 不迟于收到申请之日起 10 日内，通知申请者已接受申请。

—— 不迟于收到申请之日起 4 个月内，向申请者发出批准以进行自然资源研究或海洋科学研究，或者通知申请者：

—— 拒绝批准其进行既定的研究；

—— 任何申请者提供的信息与自然资源研究或海洋科学研究的性质、目标和方法不一致的地方；

—— 需要提供有关既定研究的附加信息。

2. 进行自然资源研究或海洋科学研究的批准或该批准的拒绝应由被特别授权的联邦外事行政部门向外国申请者发出。

3. 自然资源研究或海洋科学研究年度计划涉及的研究应作为向俄罗斯申请者颁发进行自然资源研究或海洋科学研究许可的基础，此为一项规则。

4. 进行自然资源研究的许可应由被特别授权的联邦渔业行政部门在与被特别授权的联邦环境保护行政部门、联邦国防行政部门和联邦边境服务行政部门协商后颁发，如果有必要还应与其他有关的联邦行政部门协商。

5. 进行海洋科学研究的许可应由被特别授权的联邦科学与技术行政部门在与被特别授权的联邦渔业行政部门、联邦国防行政部门、联邦安全行政部门、联邦边境服务行政部门、联邦环境保护行政部门、联邦地质与矿产资源利用行政部门以及联邦水文和环境监测行政部门协商后颁发，如果有必要还应与其他相关的联邦行政部门协商。

第二十一条 拒绝批准进行自然资源研究或海洋科学研究的理由

1. 准许进行自然资源研究或海洋科学研究的申请可能在研究有下列情形下遭到拒绝：

（1）构成或可能构成对俄联邦安全的威胁；

（2）不符合保护海洋环境和生物或非生物资源的要求；

（3）涉及钻探海床、使用爆炸物或气动装置，或者将有害物质引入海洋环境；

（4）涉及申请中未提及的人工岛屿、设施或结构的建造、操作和使用；

（5）妨碍俄联邦在专属经济区进行的行使主权和管辖权的活动。

2. 进行自然资源研究或海洋科学研究的批准在俄罗斯或外国申请者提供的有关研究性质和目标的信息不准确的情况下同样也可能被拒绝。

3. 下列情况下可能拒绝批准海洋科学研究的申请：该研究是直接对生物资源的研究或商业开发以及对海床和底土区域地质的研究，或对非生物资源的勘察、勘探或开发，或进行海洋科学研究的俄罗斯或外国申请者未向俄联邦报告其在申请前已经进行的海洋科学研究。

第二十二条　主管国际组织批准海洋科学研究的特别规定

如果俄联邦，作为主管国际组织的一员或根据与该组织的双边条约，批准了提交该组织的既定海洋科学研究计划，或者表达了愿意参加这样的研究并且被特别授权的联邦科学与技术行政部门没有在该组织收到申请的 4 个月内对进行该研究时间框架和区域作出任何反对，该主管国际组织，在申请规定的期限届满之日，可以根据本联邦法案和俄联邦缔结的国际条约，开始进行海洋科学研究。

第二十三条　俄罗斯和外国申请者进行自然资源研究或海洋科学研究的义务

1. 被批准进行自然资源研究或海洋科学研究的俄罗斯和外国申请者有义务：

——尽可能快地向颁布许可的被特别授权的联邦渔业行政部门或被特别授权的联邦科学与技术行政部门提交研究的初步报告，并根据研究的完成情况提交最终报告；

——尽可能快地向俄联邦国家数据库和进行自然资源研究或海洋科学研究的批准地提交自然资源研究或海洋科学研究项目观察到的气象和水文数据的副本；

——在自然资源研究有任何变化时立即通知被特别授权的联邦渔业行政部门，或在海洋科学研究有任何变化时立即通知被特别授权的联邦科学与技术行政部门；

——拆除为完成自然资源研究或海洋科学研究的设施、结构和仪器，除非另有约定。

2. 此外，如果俄罗斯申请者和外国国民或外国法与人参与了其进行的自然资源研究或海洋科学研究，外国申请者有责任确保与自然资源研究有关的被特别授权的俄联邦渔业行政部门的代表或参与海洋科学研究被特别授权的联邦科学与技术行政部门代表以及被特别授权的联邦国防行政部门协商，确保在场的前述代表在研究船舶、飞机、设施和结构上的食宿和待遇与他们身份完全相称，允许前述代表获得该研究过程中得到的所有数据和样本，并可能制作副本向他们传输该数据，以及分发不损害其科学价值时的传输样本。

3. 在处理和分析后，申请者有义务向俄联邦国家数据库和进行自然资源研究或海洋科学研究的批准地传输所有从自然资源研究或海洋科学研究获得的数据(包括研究完成的最后结果和结论)，同时通知被特别授权的联邦渔业行政部门或被特别授权的联邦科学与技术行政部门。

4. 进行自然资源研究或海洋科学研究的俄罗斯和外国研究船、飞机、设施和结构有义务：

—— 与俄联邦海岸服务中心保持定期联系；

—— 在国际主要天气时间，如果有关设备在研究船、飞机、设施或结构上可以使用，则应根据世界气象组织的标准程序，向最近的俄联邦无线电气象卫星中心传输观测到的气象、水文和高空气象操作数据，如果该数据在进行自然资源研究或海洋科学研究的许可中作了规定。

第二十四条 播送并公布自然资源研究或海洋科学研究的结果

1. 进行自然资源研究的外国申请者只有在俄联邦政府的同意下才能公布研究结果，除非俄联邦缔结的国际条约另有规定。

2. 进行海洋科学研究并且向俄联邦传输了所获数据的外国申请者，应允许国际社会通过国家或国际途径获取研究结果。

第二十五条 改变自然资源研究或海洋科学研究方案

1. 根据申请者的提案，被特别授权的联邦渔业行政部门在与被特别授权的联邦环境保护行政部门、联邦国防行政部门和联邦边境服务行政部门协商后，可以改变自然资源研究方案，有必要时还应与其他相关联邦行政部门协商。

2. 根据申请者的提案，被特别授权的联邦科学与技术行政部门在与被特别授权的联邦渔业行政部门、联邦国防行政部门和联邦边境服务行政部门、联邦地质与矿产资源利用行政部门、联邦水文和环境监测行政部门协商后，可以改变海洋科学研究方案，有必要时还应与其他相关联邦行政部门协商。

3. 确定收到改变提案通知的联邦部门如果在收到通知的 60 日内没有提出异议，应视为批准该改变。

第二十六条 自然资源研究或海洋科学研究的暂停和终止

1. 自然资源研究的进行违反本联邦法案和俄联邦缔结的国际条约时，可以由被特别授权的联邦渔业行政部门作出终止决定，或由被特别授权的联邦渔业行政部门、联邦边境服务行政部门或联邦环境保护行政部门作出暂停决定。

2. 海洋科学研究的进行违反本联邦法案和俄联邦缔结的国际条约时，可以由被特别授权的联邦科学与技术行政部门作出终止决定，或由被特别授权的联邦科学与技术行政部门、联邦边境服务行政部门、联邦国防行政部门或联邦环境保护行政部门作出暂停决定。

3. 只有在违法行为在规定的时间内消除后，或向作出自然资源研究或海洋科学研究暂停决定的联邦部门作出将来不会再有类似违法行为的保证后，才可以被批准恢复自然资源研究或海洋科学研究。

4. 自然资源研究或海洋科学研究有下列情形时，应立即终止：

——未经相关联邦行政部门批准；

——行为违反按照本联邦法案第十九条提交的申请信息，从而改变了自然资源研究计划或海洋科学研究计划；

——俄罗斯或外国申请者未遵守对俄联邦的相应义务。

第五章 海洋环境的保护和保全

第二十七条 专属经济区内经济和其他活动的国家环境评价

1. 专属经济区内经济和其他活动的国家环境评价（以下简称"国家环境评价"）：

——是保护海洋环境和生物与非生物资源的必要手段，是实施本联邦法案第七条所规定的联邦战略、方案和计划的前提条件；

——应由被特别授权的联邦环境保护行政部门在被特别授权的联邦渔业行政部门的参与下，根据俄联邦的法律管理和实施。

2. 专属经济区内所有类型的经济和其他活动,无论估计成本多少,均应受制于国家环境评价。专属经济区内所有类型的经济和其他活动只有在国家环境评价为有利结论时才可以进行。

3. 国家环境评价必须以国家方案和计划草案的形式作出,或者为有关生物资源的研究和商业开发,非生物资源的勘探和开发,人工岛屿、设施、结构、海底电缆和管道的建造和使用的前期计划、前期项目和项目文件。

第二十八条 专属经济区内的国家环境控制

1. 专属经济区内的国家环境控制(以下简称"国家环境控制")包括防止、发现和消除违反现行国际规则和标准或俄联邦保护海洋环境和生物与非生物资源的法律、标准和规章的一系列措施。

2. 国家环境控制应根据俄联邦法律规定的程序,由被特别授权的联邦环境保护部门在其他被特别授权的联邦行政部门的参与下进行。

3. 为确保对海洋环境和生物资源引起的损害的补偿,环境违法行为的调查由被特别授权的联邦环境保护行政部门、联邦渔业行政部门、联邦边境服务行政部门在其权限范围内进行。

第二十九条 对专属经济区状况的国家监测

1. 对专属经济区状况的国家监测(以下简称"国家监测"),是俄联邦统一国家环境监测制度不可分割的一部分,由常规观测、评估和预测海洋环境和海底沉积物的状况的制度组成,包括观测化学污染和放射性污染指标以及微生物和水文生物参数,以及在自然和人为因素影响下它们的变化。

2. 国家环境监测应根据俄联邦法律决定的程序,在实施本联邦法案第七条规定的联邦战略、方案和计划的范围内,由被特别授权的水文和环境监测行政部门在被特别授权的联邦环境保护行政部门、联邦地质与矿产资源利用行政部门和联邦渔业行政部门的参与下进行。

第三十条 有害物质的排放

1. 防止、减少和控制来自船舶、飞机、人工岛屿、设施和结构的污染的规范、规章和方法,在俄联邦领海和内水范围内的效力,根据本联邦法案并考虑国际规则和标准以及俄联邦缔结的国际条约,应扩展至专属经济区。

2. 飞机、人工岛屿、设施和结构排放的有害物质清单,从船舶、其他浮动艇筏、飞机、人工岛屿、设施和结构的正常操作排放的有害物质许可浓度的限制,以及排放有害物质的条件,都应由俄联邦政府在考虑了俄联邦缔结的国际条约后制定,并发表在航海通告上。

第三十一条　海难

如果船舶碰撞、搁浅,或者在勘探或商业开发生物资源、勘探或开发非生物资源、传输在专属经济区内获得的生物与非生物资源期间发生的海难,或者在专属经济区内发生的其他海难,或者用以消除海难不利后果的行动,已经造成或可能造成严重损害结果,依据国际法规则,俄联邦政府有权采取与实际损害或受损害威胁相称的必要措施,以保护俄联邦的海岸或有关利益(包括渔业)免受污染或受污染威胁。

第三十二条　保护和保全冰封区域

对于专属经济区范围内的、特别严寒气候和一年中大部分时候冰封的情形对航行造成障碍或危险的、海洋环境污染可能对生态平衡造成重大的损害或无可挽救的扰乱的有关区域,俄联邦可以制定和执行联邦法律和其他规章,以防止、减少和控制海洋污染。这种联邦法律和其他规章应适当顾及航行和以现有最可靠的科学证据为基础对专属经济区内海洋环境和自然资源的保护和保全。该区域的界限应公布在航海通告上。

第三十三条　保护和保全特别区域

对于专属经济区内的个别区域,为确知的与该区域海洋学和生态有关的技术原因以及该区域交通的特殊性,有必要制定特别强制性措施,以防止来自船舶的油、有毒液体和垃圾的污染,可以制定联邦法律和其他措施,以防止、减少和控制海洋环境污染,同时应遵守必要的国际程序和俄联邦缔结的国际条约。该区域的界限应公布在航海通告上。

第六章　利用专属经济区内生物资源与非生物资源的经济关系特征

第三十四条　利用专属经济区内生物与非生物资源的费用制度

1.利用生物与非生物资源经济关系的基本原则是:对利用的费用支付,对研究、再生产和保护海洋环境及其内生物资源和非生物资源的财政支持,对破坏性的经济活动承担责任。

2. 利用专属经济区内生物与非生物资源的费用应依据本联邦法案和俄联邦法律确定。

3. 生物资源与非生物资源的利用应支付费用。

在专属经济区内，俄联邦国民和俄罗斯法人、外国国民和外国法人，无论法人的法律组织的类型和所有权形式如何，利用生物资源都应支付费用，利用非生物资源都应交纳规费。

4. 利用生物资源的费用制度应包括：

—— 颁发利用生物资源执照（许可证）的收费；

—— 利用生物资源的费用交付；以及

—— 过度和低效利用生物资源的罚款。

利用非生物资源的规费制度应包括：

—— 非生物资源的信息费；

—— 颁发利用非生物资源执照的收费；以及

—— 利用非生物资源的规费。

同时，使用者应该支付俄联邦法律规定的其他税款和费用。

5. 为了国家监测、进行资源和海洋科学研究或为了繁殖驯化的目的捕获生物资源而进行的观察无需交付费用。为前述目的而进行的生物资源渔获量应该依据俄联邦政府制定的程序而决定。

6. 利用生物资源的费用，利用非生物资源的规费，本条第 4 款规定的费用、规费、罚款、扣除额和收费的数额，以及收取该费用并存入联邦预算的程序，应该由联邦法律确定。生物资源利用费的计算和规章适用程序以及非生物资源规费的计算和规章适用程序应由俄联邦政府确定。

7. 利用生物资源的费用和利用非生物资源的规费，以及过度或低效利用生物资源的罚款，应缴存于联邦预算。

8. 颁发利用生物资源执照（许可证）的收费和颁发利用非生物资源执照的收费，应交付给颁发执照（许可证）的被特别授权的联邦行政部门。

9. 俄联邦售卖其在专属经济区内根据产出分工协议获得的并属于俄联邦的非生物资源的款项，或非生物资源相同部分相称的价值，应缴存于联邦预算。

10. 使用者应根据俄联邦法律对不支付或迟延支付税款、收费和其他费用承担责任。

第七章　本联邦法案的执行

第三十五条　保护机构

1. 被特别授权的联邦边境服务行政部门、联邦环境保护行政部门和联邦海关行政部门，应在其权限范围内，确保对专属经济区的保护，其内生物与非生物资源的保全、保护和高效利用，以及海洋环境和俄联邦经济和其他合法利益的保护。

2. 本条规定的保护机构权力的行使应由联邦边境服务行政机关在其权限范围内协调。

3. 保护机构人员在履行职责时应受本联邦法案和俄联邦缔结的国际条约以及俄联邦其他的法律和管理文书的指导。

4. 保护机构人员在专属经济区内履行职责时必须持有恰当的官方身份证明。保护机构人员在其权限范围内发布的指导对俄联邦国民、俄罗斯法人、外国国民、外国法人以及在专属经济区内进行活动的外国国家和主管国际组织的代表均具有约束力。

5. 俄联邦的军舰、军用飞机和其他国家使用的船舶和飞机应根据分配给它们的国旗、队旗和识别标志确保对专属经济区的保护。

第三十六条　保护机构人员的权力

1. 保护机构人员在履行其职责时的权力。

（1）停止和检查俄罗斯和外国船舶，检查人工岛屿、设施和结构，当其从事以下活动时：

—— 在专属经济区内勘探和商业开发生物资源；

—— 向其他船舶转移在专属经济区内捕获的生物资源；

—— 勘探和开发非生物资源；

—— 自然资源研究和海洋科学研究；

—— 专属经济区内进行的其他活动。

（2）查核授权船舶、人工岛屿、设施和结构进行本条第 i 项所涉活动的文书，同样查核渔具、设备、仪器、设施和其他用于进行前述活动的物品。

（3）出现本联邦法案和俄联邦缔结的国际条约规定的情形时：

——本条第（1）项的活动违反本联邦法案和俄联邦缔结的国际条约时停止该活动；

——扣留本联邦法案和俄联邦缔结的国际条约的违法者，并没收其渔具、设备、仪器、设施和其他物品以及其非法取得的文书和一切物品，并将其作为临时措施等待法院最后裁判，以阻止违法者的同时保全作为证据的违法者航线，并确保法院判决的执行；

——扣留在进行本条第（1）项所涉活动时违反本联邦法案和俄联邦缔结地国际条约的船舶，并将其引入俄联邦最近的港口（若是外国船舶，则应将其引入任一俄联邦对外国船舶开放的港口）；

——紧追和停止从事本条第（1）项所涉活动时违反本联邦法案和俄联邦缔结地国际条约的船舶，并将其引入俄联邦最近的港口（若是外国船舶，则应将其引入任一俄联邦对外国船舶开放的港口）；

——依照俄联邦法律，对犯法者施以罚款或向俄联邦法院起诉，并向法院移送停止的违法船舶和没收的渔具、设备、仪器、设施和其他物品和违法获得的文件和一切物品。

（4）如果有充分理由相信船舶向专属经济区非法排放有害物质，则停止该船舶。被停止船舶的船长可以要求提供确定其行为违法以及检查船舶的必要信息和船舶检查报告；如果有充分证据，可以随后扣留船舶。

（5）起草有关违反本联邦法案和俄联邦缔结的国际条约，暂停终止本条第（1）项所涉活动，扣留违法者和违法船舶，暂时没收渔具、设备、仪器、设施和其他物品以及非法获得的文件和一切物品的报告，并等待法院最终裁判。紧追、停止、检查和扣留船舶以及检查人工岛屿、设施和结构的程序，起草报告的程序和将被扣留的违法船舶引入俄联邦港口的程序，应根据俄联邦法律和国际法规则决定。

（6）在保护机构官员的生命有紧急危险时，对本联邦法案和俄联邦缔结的国际条约的违法者使用武器以击退其攻击，停止其抵抗。使用武器之前必须清楚表达使用武器的意图并向空中开枪以示警告。

2.联邦边境服务行政部门的军舰和军用飞机可以对违反本联邦法案和俄联邦缔结的国际条约的船舶使用武器，以回应对方暴力的使用。武器的使用同样适用于紧追时的其他特殊情况下,当该种情况下所需的所有其他方式已经用尽且有必要停止违法行为和扣留违法者时。使用武器之前必须清楚表达使用武器的意图并向空中开枪以示警告。使用武器的程序应由俄联邦政府决定。

3. 保护机构的官员应享有本联邦法案规定的俄联邦领海内或内水中在船舶方面的权利,如果有充分的理由相信该船舶在专属经济区内有违反本联邦法案或俄联邦缔结的国际条约的行为。

第三十七条　对保护机构的援助

1. 被特别授权的联邦国防行政部门、联邦渔业行政部门、联邦水文与环境监测行政部门以及联邦交通行政部门,在履行其基本任务的同时,应在专属经济区内使用军舰、其他船舶、岸边驻地、飞机和其他方式进行观测活动以协助保护机构履行职能。

2. 船长,俄联邦军舰和军用飞机的长官,人工岛屿、设施、机构、岸边驻地和其他设施的负责人应通知保护机构该军舰、其他船舶、设施和机构发现的但没有向"航海通告"报告的信息。该信息应该通过恰当的分发器免费播送。

3. 在专属经济区内活动的俄联邦国民和俄罗斯法人应保护机构的要求,应免费向其通知他们船舶、人工岛屿、设施和结构的位置和活动。

第三十八条　保护机构员工的经济奖励

1. 根据俄联邦法律对保护机构的员工提供经济奖励。

2. 对保护机构员工的经济奖励包括:

—— 设立税收优惠;

—— 设立官方或其他奖金来考虑保护专属经济区及其生物与非生物资源的特殊条件;

—— 奖励对违反本联邦法案和俄联邦缔结的国际条约行为的发现;以及

—— 荣获俄联邦联邦法律和其他管理法律文书确定的其他利益。

第三十九条　违反本联邦法案的责任性质

1. 俄联邦收到保证书或其他担保时,应立即释放逮捕的外国船舶及其船员。

2. 在外国国民被起诉违反本联邦法案第二章的规定和俄联邦缔结的国际条约有关专属经济区内自然资源的规定的情形下,如果俄联邦和该外国国民所属国无相反的协议,则对该外国国民的处罚,不得包括监禁或任何其他方式的体罚。

第四十条 违反本联邦法案的责任

1. 负责下列事项的联邦行政部门官员:

—— 超出其权限范围,颁发在专属经济区内从事生物资源的勘探和商业开发、非生物资源的勘探和开发,进行自然资源研究和海洋科学研究,从船舶、飞机、人工岛屿、设施和机构上排放有害物质、倾倒废物和其他物质的执照(许可证),按照俄联邦法律应被起诉;

—— 在其权限范围内,未遵守执照(许可证)颁发的条件和程序,或者擅自改变已颁发的执照(许可证)的条款,按照俄联邦法律应被起诉。

2. 按照俄联邦法律,国民和法人从事下列行为时应被起诉:

—— 非法从事生物资源的勘探和商业开发,非生物资源的探矿、勘探和开发,或者违反本联邦法案或俄联邦缔结的国际条约关于前述活动的规定;

—— 向外国国家、外国国民或外国法人转移生物与非生物资源,除非执照(许可证)有如此规定;

—— 违反执照(许可证)和(或)俄联邦缔结的国际条约规定的生物资源商业开发的条件,或者违反非生物资源安全探矿、勘探和开发的现行标准(规则、规章)或保护海洋环境和生物与非生物资源的要求;

—— 导致生物资源繁殖条件恶化的违法行为;

—— 无照从事自然资源研究或海洋科学研究,或者违反进行该研究的条件和已制定的规章;

—— 来自船舶、飞机、人工岛屿、设施和机构对海洋环境的污染;

—— 妨碍保护机构人员进行合法活动的违法行为;

—— 阻碍专属经济区内的合法活动,同时违反本联邦法案或俄联邦缔结的国际条约。

3. 被起诉违反本联邦法案或俄联邦缔结的国际条约的国民和法人,不能享有对其造成的损害赔偿的豁免。

4. 损害的补偿应按照俄联邦法律规定的程序进行。

第四十一条 争端的解决

1. 有关国民之间、法人之间以及国民和法人之间在专属经济区内行使权利和履行义务的争端应由俄联邦法院通过司法途径解决。

2. 有关俄联邦和外国国家在专属经济区内行使权利和履行义务的争端应按照俄联邦缔结的国际条约和国际法规则通过和平方式解决。

第四十二条 监测和监督本联邦法案的执行

1. 本联邦法案的执行以及保护机构及其人员的活动,应由恰当的联邦行政部门官员监测。

2. 依照联邦法律,俄联邦检察院应负责监督本联邦法案的执行。

第四十三条 本联邦法案的生效程序

本联邦法案应于公布之日生效。

第四十四条 管理法律文书与本联邦法案的协调

请求俄联邦主席并指示俄联邦政府,负责其管理法律文书与本联邦法案的协调。

俄联邦总统

叶利钦

苏　联
USSR

主席团关于大陆架的法令
（1968年2月6日）

1. 为勘探开发自然资源之目的，苏联对与苏联领海外部界限相邻的大陆架行使主权。

"苏联的大陆架"包括与苏联海岸或岛屿相邻的领海外海底区域的海床和底土，深至200米或超出200米时，深至对上覆水域可以进行自然资源开发的深度。

不论深度，由苏联大陆架完全环绕的洼地的海床和底土是苏联大陆架的一部分。

2. 与他国相邻的苏联大陆架的边界取决于苏联与该国的协定。如无协定，除非另一边界线是在如下情况下确定的：

（1）若一国的海岸与苏联的大陆架边界相向，则苏联的大陆架边界为两者的中间线。从测算苏联和他国的领海宽度的基线上最近的点量起，中间线上每个点应该是等距的。

（2）若一国大陆架与苏联的大陆架毗连，则苏联的大陆架边界取决于从测算苏联和他国的领海宽度的基线上最近的点量起的等距离规则的适用。

3. 大陆架的自然资源为苏联的国家财产。对这些自然资源的勘探和开发以及任何针对大陆架的研究,应依照苏维埃社会主义共和国及加盟共和国的法律进行。

大陆架的自然资源指:海床和底土的矿物和其他非生物资源,以及属于定居种的生物,即在可捕捞阶段,海床上或海床下不能移动,或其躯体须与海床或底土保持接触才能移动的生物。

属于苏联大陆架的自然资源的生物物种清单,将由苏联渔业部制定,并出于公众知悉的目的公布。

4. 出于勘探、开发大陆架上的自然资源的目的,苏联的主管权限包括建造装置或其他设施与在上述装置和设施周围设置安全地带,安全地带的边界至上述装置和设施外缘上任意点起算宽至 500 米。对上述任何装置或设施的建造与安全地带的设立,应在苏联国防部的水文部门的"海员通告"中公布。

这些装置或设施和其周围的安全地带不能在可能干扰公认的且对国际航行重要的海道中建设。

这些装置或设施和其周围的安全地带由苏维埃社会主义共和国行使管辖权。

外国船舶仅能在得到苏维埃有关部门的特别授权后才能进入安全地带。

对上述装置和设施负有维护与运营职责的组织,有义务保护它们,为警示其存在而维持永久性措施,并在安全地带内采取保护生物资源免受有害因素影响的措施。

任何装置和设施若永久停用,则必须被拆除。

5. 外国自然人和法人禁止调查、勘探、开发自然资源或在苏联大陆架上进行任何其他活动,除非此国家与苏联间签署过特别针对上述行为的相关协定,或得到了苏联有权部门的特别许可。

6. 个人若违反本法令,可能被法庭处以不超过 10 000 卢布的罚金或长至 1 年的监禁,或并处上述罚金与监禁,除非苏维埃社会主义共和国联盟和其他共和国的立法中规定了更严格的处罚。

7. 若违反本法令的第五条,船舶和任何其他被违法者用于违反上述规定的工具,以及任何违法所得,应被没收。

8. 保护苏联大陆架上的自然资源的职责由渔业监管主体承担,渔业监管主体行使职责时应遵守现行的苏维埃社会主义共和国及加盟共和国的法律,及苏维埃社会主义共和国及加盟共和国与其他国家缔结的协定。

在需要时,边界护卫队应协助上述主体采取措施保护苏联大陆架上的自然资源。

9. 对开发苏联大陆架上的矿物和其他非生物资源的行为进行检查的职责由苏联矿业工程国家督查机关行使,依照现行规章、指引及其他保护国家矿物资源的法律规定。

苏联内阁会议第 564 号关于开展大陆架工事以及保护自然资源过程的决议

(1969 年 7 月 18 日)

根据 1968 年 2 月 6 日苏维埃社会主义共和国最高苏维埃主席团发布的法令:"关于苏联大陆架的法令",并且为保证苏联大陆架的合理使用,苏维埃社会主义共和国部长会议决定:

1. 苏联的大陆架自然资源的研究、勘探和开发须依现有决定所规定的程序登记并经许可。

若关于研究、勘探和开发苏联大陆架自然资源的操作是在,与苏联领海外部边界邻接的,深至 200 米,或超出 200 米深至进行上述操作容许的上覆水域的深度的海床或海底区域底土进行的,则这些操作需要登记。这些操作若在不论深度,由苏联大陆架完全环绕的洼地的海床和底土,除苏联作为缔约方的国际协定中另有约定外,也需要登记。

2. 关于研究、勘探和开发苏联大陆架自然资源的作业的登记应当生效。

(1)对于研究和勘探大陆架的海床和底土的矿物和其他非生物资源,由苏联地质部许可;

(2)对于开发大陆架的海床和底土的矿物和其他非生物资源,由苏联矿业工程国家督查机关颁发采矿许可;

（3）对于大陆架上的属于定居种的生物的研究、勘探和捕捞，由苏联渔业部的渔业保护部门许可。

对在苏联大陆架上进行作业的登记的程序应由进行上述登记的部门，会同苏联国防部，苏联部长会议国家安全委员会与苏联渔业部制定。

遵守本款规定并不免除外国团体与个人或苏维埃组织的取得法律所强制规定的、进行作业所需的相应许可的义务。

3. 在苏联大陆架上为研究、勘探和开发自然资源的目的而建造装置或其他设施的许可，与在上述装置和设施周围设置安全地带的许可，应由苏联国防部颁发，颁发此种许可应合乎上述部委与苏联部长会议国家安全委员会、苏联外交部、商船部、苏联渔业部、苏联地质部、苏联矿业工程国家督查机关、苏联开垦和水资源管理部会同制定。

外国船舶进入安全地带的许可由上述参与苏联大陆架作业的部门颁发，并征求苏联国防部与苏联部长会议国家安全委员会的意见。

4. 在苏联大陆架上建造、维护、操作、保护、拆除装置或其他设施，需要遵守参与大陆架自然资源勘探开发的部门的规定，并征求苏联国防部、苏联部长会议国家安全委员会、苏联渔业部、苏联矿业工程国家督查机关和苏联开垦和水资源管理部的意见。

安全地带的设立与在安全地带中航行的程序应由苏联国防部制定。

5. 在苏联大陆架上开展工事的组织和个人，应合理利用大陆架上的自然资源，防止大陆架与上覆水域被工业或其他商业的废渣、污水、放射性的物质或工业垃圾污染，并采取措施保护动植物。

6. 在苏联大陆架上开展工事必须遵守：

（1）苏联地质部会同渔业部制定的关于大陆架的矿物和其他非生物资源的研究和勘探的规章；

（2）苏联矿业工程国家督查机关会同苏联渔业部及其他有关部门制定的在大陆架上工作的安全规章，关于大陆架上矿物和其他非生物资源的勘探、保护的规章；

（3）苏联渔业部制定的关于大陆架上的属于定居种的生物的研究、勘探、捕捞和保护的规章。

苏联最高苏维埃主席团 1969 年 8 月 13 日关于《苏联最高苏维埃主席团关于苏联大陆架的法令》的应用的决定

1. 依照《苏联最高苏维埃主席团 1968 年 2 月 6 日关于苏联大陆架的法令》第三条、第八条,苏联的法律及与苏联大陆架相邻的加盟共和国的法律被认为适用于与以下行为有关的法律关系:在苏联大陆架上进行的研究活动,苏联大陆架上自然资源的勘探、开发、保护。

2. 依据《苏联最高苏维埃主席团 1968 年 2 月 6 日关于苏联大陆架的法令》第五条中的规定,外国自然人和团体在苏联大陆架进行自然资源的研究、勘探和开发及其他活动的特别授权应由苏联内阁会议决定,如果这些国家与苏联没有订立过明确进行此种活动的条约。

3. 下列违法行为触犯了《1968 年 2 月 6 日主席团关于大陆架的法令》第六条中规定的刑罚:

未经相应许可,在苏联大陆架上及其周围的安全区域中建立设施或其他工事;

未能保护苏联大陆架上的设施或其他工事、不能维持警示其存在的永久设备,未拆除永久停止运行的设施或其他工事,或没有在安全区域内采取行动以保护海中生物资源免受废物伤害;

在苏联大陆架上进行自然资源勘探开发和其他活动的外国个人和组织违反上述法令第五条规定的行为。

苏维埃最高主席团关于苏维埃社会主义共和国专属经济区的决议

为了保护和妥善利用生物和其他资源,保护苏联在与苏联海岸相邻海域的经济利益,考虑到在《联合国海洋法公约》中为建立专属经济区的统一制度而设计的相关规定,并为了促进这些规定的履行,苏联最高苏维埃主席团决定:

1. 在以外并邻接苏联领海的海域,包括围绕属于苏联的岛屿的区域,应建立苏联的专属经济区,其外部界限应位于从与苏联领海基线测算起200海里。

苏联和海岸与苏联海岸相向或相邻的国家间的专属经济区,应考虑苏联的法律,在国际法的基础上以协议划定,以便得到公平解决。

2. 在苏联专属经济区内,按此决议中第一条的规定,苏联享有:

(1)以勘探和开发、养护和管理海床、底土、上覆水域的自然资源(不论为生物或非生物资源)为目的的主权权利;

(2)在该区内从事关于经济性开发和勘探的其他活动的主权权利;

(3)以下方面的管辖权:

(a)人工岛屿、设施和结构的建造和使用;

(b)海洋科学研究;和

(c)海洋环境的保护和保全;

(4)此决议中规定的其他权利,其他苏联相关法律中规定的权利,广泛公认的国际法条款中规定的权利。

此条中关于专属经济区海床及其底土的权利和管辖的规定应按照苏联关于其大陆架的立法施行。

3. 苏联对源于其河流中的溯河产卵鱼类有主要利益和责任,并因此享有权利。

苏维埃有权部门应保证设立相关渔业规定并用恰当方法养护相应溯河产卵种群,包括规定在经济区和经济区之外的总可捕量。

苏联应确保遵守关于在其专属经济区范围以外的溯河产卵种群的、基于苏联与相关国家的条约确立的措施和规则。

他国在苏联专属经济区范围外捕捞源自苏联河流的溯河产卵种群,应在苏联与相关国家所订条约的关于捕捞的条款和条件的基础上,并适当顾及苏联对这些种群加以养护的要求和需要。

关于源自苏联河流的溯河产卵种群的利用和养护的条款和条件,应由苏联内阁会议决定。

4. 在苏联经济区内,所有国家,无论沿海国还是内陆国,在本法令与其他苏联相关法律文件,以及国际法公认标准的限制下,享有航行和飞越自由,敷设海底电缆和管道的自由,以及与这些自由有关的其他国际海洋合法用途。

5. 苏联应通过适当的养护和管理措施,参照最可靠的科学证据,以及在适当情形下与主管国际组织进行合作,确保对其专属经济区内鱼类与其他生物资源的最适度利用。

为此目的,例如,苏维埃有权部门,应每年确定每种鱼类与其他生物资源的总可捕量,以及可供外国捕捞的比例,并应采取措施保证合理捕捞、养护、繁殖、保护生物资源,这些措施包括检查、扣留和逮捕船舶。

对苏联经济区内鱼类和其他生物资源利用和保护的条件和条款,应由苏联内阁会议决定。

6. 外国自然人或法人只能基于苏联与相关国家订立的条约和其他协定的基础上,在苏联专属经济区内捕捞鱼类和其他生物资源,以及进行与捕捞相关的研究、勘探和其他作业(下文均称作"捕鱼")。

在苏联专属经济区内参与捕鱼的外国自然人或法人,依照本条相关规定,遵守养护生物资源的措施和本决议规定的其他条件和条款、其他苏联相关法律文件和基于此采纳的规则。

7. 在苏联专属经济区内,苏联应有专属权利建造并授权和管理建造、操作和使用人工岛屿和其他任何种类的设施和结构,包括以在专属经济区内进行科学研究为目的,以进行勘探开发自然资源为目的和其他经济目的。这项权利也包括建造、运行和使用可能干扰苏联在专属经济区内行使权利的设施和结构。

苏联对这种人工岛屿、设施和结构应有专属管辖权,包括有关海关、财政、卫生、安全和移民的法律和规章方面的管辖权。

苏联可于必要时在这种人工岛屿、设施和结构的周围设置合理的安全地带,这种地带从人工岛屿、设施或结构的外缘各点量起,不应超过500米的距离,但为一般接受的国际标准所许可或主管国际组织所建议者除外。

相关苏维埃权力部门应在该地带中采取适当措施以确保航行以及人工

岛屿、设施和结构的安全。

负责维护和操作上述人工岛屿、设施和结构的苏维埃组织、外国及其法人和自然人，应维持能良好工作的永久性的警示标志。任何已被放弃或不再使用的设施、结构和设备应予以尽快撤除，这种撤除应不对航行和捕鱼造成影响，且不产生污染海洋环境的危险。

人工岛屿、设施和结构及其周围的安全地带的建造，不论这些设施和结构是完工的还是部分完工的，都应发布"航海通告"。

8. 在苏联专属经济区内进行的海洋科学研究，应依照苏联法律和苏联签订的国际条约的规定进行。

外国和有权国际组织只有在得到有权苏维埃部门许可的情况下，才可能在苏联专属经济区内进行海洋科学研究。

在正常情况下，有权苏维埃组织应准许外国在苏联专属经济区内进行海洋科学研究，若这些研究专为和平目的且为了增进关于海洋环境的科学知识以谋求全人类利益。

若进行下列海洋科学研究，可以拒绝作出许可：

（1）与生物或非生物自然资源的勘探和开发有直接关系；

（2）涉及经济区海床的钻探、炸药的使用或将有害物质引入海洋环境；

（3）涉及人工岛屿、设施和结构的建造、操作或使用；

有意在苏联专属经济区内进行海洋科学研究的外国和主管国际组织，应至少在研究计划预定开始日期 6 个月前，向主管苏维埃机关提供所计划研究的全部信息。

若依照本条相关规定提供的信息不准确，或，若进行研究的外国和主管国际组织由于先前进行海洋研究计划而对苏联负有尚未履行的义务，主管苏维埃机关可拒绝同意此项研究。

9. 在苏联专属经济区内进行科学研究的外国和有权国际组织负有如下义务：

（1）保证苏维埃代表参与海洋科学研究的权利，特别是在研究船和其他船舶上或在科学研究设施上；

（2）经要求，在实际可行范围内尽快向有权苏维埃部门提供初步报告，并于研究完成后提供所得的最后成果和结论；

（3）经要求，向苏维埃权力部门提供其利用从海洋科学研究计划所取得

的一切资料和样品,并同样向其提供可以复制的资料和可以分开而不致有损其科学价值的样品;

(4) 如经要求,向苏维埃权力部门提供对此种资料和研究结果;

(5) 不妨碍此决议中第2条、第3条规定的行使主权和管辖权的行为;

(6) 将研究方案的任何重大改变立即通知苏维埃权力部门;

(7) 除非另有协议,研究完成后立即拆除科学研究设施或装备。

10. 在苏联专属经济区内进行海洋科学研究,若不按照此决议第8条的规定提出,或违反决议第9条,会被苏维埃有权部门停止。重新开始这些研究,应在排除违反和作出将来不会再发生此种违反的保证后,才能被批准。

在苏联专属经济区内进行的海洋科学研究,若未得到有权苏维埃部门的同意或不按照此决议第8条的规定——对原有研究计划进行了主要修改,应立即被终止。

11. 关于进行海洋科学研究,人工岛屿的建造,设施、结构及其周围安全地带的设立、维护、操作、保护和拆除的条款和条件,以及关于在苏联经济区内执行上述所有工作的许可的颁发的条款和条件,应由苏联内阁会议决定。

12. 防止、减少和控制在苏联专属经济区内进行活动造成(或与这些活动相关)的海洋环境污染,应遵守苏联的法律及苏联签订的国际条约。

13. 在苏联专属经济区中明确划定的特定区域内,因与其海洋学和生态条件有关的公认技术理由以及该区域的利用或其资源的保护及其在航运上的特殊性质而采取防止船舶污染的特别强制性措施,包括相关航行实践,应由划定该区域的苏联内阁会议确立。这些特定区域的界限应被公布在"航海通告"中。

14. 苏维埃主管机关,应遵照苏联法律,制定规章,用于防止、减少及控制海洋环境污染及保障航行安全,以及在具有独特自然条件的冰封区域中执行此类规章,在这类区域中,海洋环境污染可能对生态平衡造成重大的损害或不可逆转的干扰。

15. 有明显根据认为在苏联领海或经济区内航行的船舶,若在区域内做出了违反此决议第12、14条中的规定,或关于防止、减少和控制来自船舶的海洋环境污染的可适用的国际条约,苏维埃主管机关应:

(1) 要求此船舶提供必要信息,以确定是否已有违法行为发生;

(2) 就违法行为对该船进行检查,如果它造成了大量污染物质排放,对海洋环境造成重大污染或有造成重大污染的威胁,且若与此同时,该船拒不提供情况,或所提供的情报明显与实际情况不符。

如有明显客观证据证明在苏联领海或专属经济区内航行的船舶,在区域内犯有此条规定的违法排放污染物质的行为,造成对苏联海岸、苏联海岸的有关利益或苏联领海或专属经济区的任何资源的重大损害或有重大损害的威胁,将可能被提起针对此种违法行为的诉讼,包括依据苏联法律对该船的拘留在内。

当外国船舶进入苏维埃港口时,苏维埃主管机关可将任何违反此条规定的案件移交司法机关。

苏维埃主管机关行使权力的程序由苏联内阁会议制定。

16. 在苏联专属经济区界限内,倾倒废物或其他材料与物体,仅能在得到苏维埃主管机关的许可且在其控制之下进行。进行倾倒及其许可颁发的条件和条款应由苏联内阁会议决定。

17. 在苏联专属经济区内或超出其外部界限,发生船舶碰撞、搁浅或其他航行事故,或,与上述海难有关的行动造成了对于苏联海岸相关利益,包括捕鱼的重大损害,苏维埃主管机关有权依据国际法,采取与实际的或可能发生的损害相符的必要措施,以防止实际的或可能发生的污染危险。

18. 当有充分理由认为外国船舶违反此决议或其他苏联相关法律文件时,且当其试图逃跑时,以实施逮捕和追究责任为目的追逐违法者的权力,应按苏维埃主管机关确定的方式行使。此项紧追须在违法船舶或其小艇之一在苏联专属经济区界限内时,且被发出了停驶信号后开始,在被追逐船舶进入其本国领海或任何第三国领海后,紧追应立即停止。

19. 触犯下列规定的人:

(1)非法勘探或开发苏联专属经济区内自然资源;

(2)以在苏联专属经济区界限内倾倒为目的,非法拆除在船舶和其他漂浮设备、航空器或海上建造的人工岛屿、有害人类健康或其他海洋生物资源的设施和结构,其他有害或妨碍海洋利用的法律框架的废物、材料和物体的设施和结构;

(3)由船舶和其他漂浮设备、航空器或海上建造的人工岛屿、有害人类健康或其他海洋生物资源的设施和结构,含有超过现有法律规定的上述物质,或其他可能危害娱乐区与或阻碍海洋利用的法律框架的废物、材料和物体,在苏联专属经济区内非法排放,造成海洋环境污染的;

（4）直接由钻探或其他类型的在苏联专属经济区内勘探和开发海床矿物资源工作引起海洋环境污染的；

（5）其他违反属于防止、减少和控制苏联专属经济区内海洋环境污染的规章的；

（6）在苏联专属经济区内未经主管苏维埃部门许可进行海洋科学研究行为的；

（7）人工岛屿的创建，苏联专属经济区内设施和结构的建造，以及在其周围设置安全区域，未得到所需批准的；

（8）没有对苏联专属经济区内的设施和结构提供其存在的永久性的警告方法，违反关于维持上述良好工作秩序的方法的规章和关于移除设施和结构的规章，其操作——包括违反此决议中的其他条款的行为及未执行苏联缔结的国际条约中规定的义务，这些操作应终止，并应在违法行为被发现之地受到行政处罚，包括最高至 10 000 卢布的罚金。若上述违法行为造成了实质损害或其他重要后果，或若这些违法行为是被重复的，则这些罪行应被可以最高至 100 000 卢布的罚款，由地方（城市）人民法院征收。若违反此条中第（1）、(6)、(7) 款，法院可下令没收用于违法的船舶、装置、渔具、设备、仪器和其他物体，及所有违法所得，作为附加行政处罚。

在逮捕或扣留外国船舶的情形下，主管苏维埃机关应迅速将所采取的行为及其后的处罚措施通知船旗国。被逮捕的船舶及其船员，在提出适当的保证书或其他担保后，应迅速获得释放。

20. 违反本决议第 19 条之人应承担行政责任，除非此种违反依苏联现行法律本应承担刑事责任。

21. 此决议中的行政措施的执行不免除违法者依照苏联现行法律，赔偿其在苏联专属经济区内造成的对于生物及其他资源损失的责任。

22. 保护苏联专属经济区的程序由苏联内阁会议制定。

23. 此决议自 1984 年 3 月 1 日起生效。

24. 以下各项法律文件中止执行：

1976 年 10 月苏联最高苏维埃主席团"在苏联与海岸相邻的海域保护生物资源和规范捕鱼的临时措施"（苏联最高苏维埃公报，1976 年，第 50 号，第 728 页，1982 年，第 15 号，第 238 页）；

1977 年 3 月 22 日苏联最高苏维埃主席团关于执行《苏联最高苏维埃"在

苏联与海岸相邻的海域保护生物资源和规范捕鱼的临时措施"法令》第 7 条的程序的决议(苏联最高苏维埃公报,1977 年,第 13 号,第 217 页)。

25. 苏联内阁会议应使苏联政府的决定与此决议一致。

第 4450 号声明

根据 1985 年 1 月 15 日通过的法令,苏联部长会议批准了定义从苏联远离大陆海岸的北冰洋、波罗的海和黑海的海岸线和岛屿测算领海、专属经济区和大陆架宽度的基线的地理坐标点清单,如下所列。

上述法令同样确定了白海南部连接 Cape Svyatoy Nos 和 Cape Kanin Nos 一线的水域、Cheshskaya/Bay 南部连接 Cape Mikulkin 和 Cape Svyatoy/Nos（Timansky）一线的水域、以及 Baidaratskaya Bay 南部连接 Cape Yuribeisalya 和 Cape Belushy Nos 一线的水域属于苏联历史性水域,为内水。

坐标见原文。

第 4604 号声明

有关苏联远离大陆的太平洋、日本海、鄂霍次克海和白令海的海岸和岛屿测算领海、大陆架宽度的基线。

根据 1984 年 2 月 7 日通过的法令,苏联部长会议批准了定义从苏联远离大陆的太平洋、日本海、鄂霍次克海和白令海的海岸和岛屿测算领海、经济区(苏联享有渔业司法管辖权的区域)和大陆架宽度的直线基线地理坐标点的清单。

坐标见原文。

斯洛文尼亚
Slovenia

（英文文本截止于 2018 年 2 月 19 日）

斯洛文尼亚共和国生态保护区和大陆架法案

（2005 年 10 月 22 日）

第一条

斯洛文尼亚共和国根据国际法，特别是《联合国海洋法公约》（政府公报 SFRY-国际条约，第 1/86 号），《继承法案》（政府公报 RS-国际条约，第 22-103/94 号），1968 年 1 月 8 日《意大利共和国政府和南斯拉夫社会主义联邦共和国政府关于两国大陆架划界的协议》（政府公报 SFRY-国际条约，第 28/70 号，2003 年 7 月 24 日第 ZSD-JVE/46/03 号会照以及 2003 年 12 月 22 日第 003889/205 号会照），1975 年 11 月 10 日《南斯拉夫社会主义联邦共和国和意大利共和国条约》附件一至十（政府公报 SFRY-国际条约，第 1/77 号），《继承法案》（政府公报 RS-国际条约第 11-60/92 号）以及《海洋法典》（政府公报 RS，第 37/04-最终文本），宣布生态保护区并规制其在大陆架上主权权利的行使。

第二条

1. 斯洛文尼亚共和国拥有自己的大陆架。

2. 斯洛文尼亚在大陆架上根据国际法行使其主权权利。

3. 斯洛文尼亚共和国的大陆架应由水下区域的海床和底土组成，扩展至斯洛文尼亚共和国领海以外至根据国际法确定的界限。

第三条

1. 斯洛文尼亚共和国宣布其生态保护区，在该区域内根据国际法以及来源于欧盟相关法律的义务，行使与科学研究和可持续性利用、海洋资源的保全和管理以及相关科学研究和海洋环境的保全和保护相关的管辖权的主权权利。

2. 生态保护区应包括斯洛文尼亚共和国领海范围之外的区域。

第四条

1. 面向意大利共和国方向的斯洛文尼亚共和国的生态保护区的临时性外部界限应该沿着 1968 年 1 月 8 日《南斯拉夫社会主义联邦共和国政府和意大利共和国政府关于大陆架划界的协议》中划定的大陆架界限，并且应沿着 1975 年 11 月 10 日《南斯拉夫社会主义联邦共和国和意大利共和国条约》附件一至十中规定的大陆架界限至 T5 点以南。

2. 南部的生态保护区临时性外部界限应沿着北纬 45 度 10 分纬线的平行线。

第五条

1. 生态保护区的划界应由相邻国家根据国际法签订协议加以确定。

2. 斯洛文尼亚共和国和意大利共和国之间的大陆架界限应与 1968 年 1 月 8 日《南斯拉夫社会主义联邦共和国政府和意大利共和国政府关于大陆架划界的协议》中的规定保持一致。

3. 和克罗地亚共和国之间的大陆架界限应由两国之间签订的国际协定加以确定。

第六条

1. 在海洋环境包括考古遗产的保护和保全方面，斯洛文尼亚共和国的法律制度、欧盟法律以及《联合国海洋法公约》第十二部分的相关规定应适用于生态保护区。

2. 斯洛文尼亚的法律制度、欧盟法律以及国际条约也应适用于在生态保护区中行驶的悬挂外国国旗的船舶和外国人，在如下事项中：

预防海洋环境污染，包括海洋交通和废水引起的污染。

固体废物处理所引起的污染。

海床研究或勘探所引起的污染。

为保全海洋生态系统的完整性而保护和保全哺乳动物和其他动物以及植物物种。

第七条

在不损害斯洛文尼亚共和国主权权利的条件下，其他国家应享有根据本法案规定的、由国际法确认的在区域内的权利和自由。

第八条

行使本法案所规定的各项主权权利和管辖权的详细情形应由相关的实施细则加以规制。

第九条

本法案自在斯洛文尼亚共和国政府公报上公布之日起生效。

颁布关于修订《海洋法典》（PZ-C）法案的法令

在此我颁布由斯洛文尼亚共和国国家大会于2006年4月26日大会上通过的对《海洋法典》进行修订的法案。

NO. 001-22-69/06

Ljubljana, 2006年5月4日

Janez Drnovšek 博士

斯洛文尼亚共和国总统

修订《海洋法典》(PZ-C)的法案

第一条

在《海洋法典》(斯洛文尼亚共和国政府公报,第 37/02 号,官方最终文本)第 3 条第 5 点中,"船只"应由"船舶"代替。第 20 点之后应是第 21、22、23、24、25、26 和 27 点,如下所示:

21. 游艇应是用于非经济目的的船只,如娱乐、运动或消遣。

22. 搁浅船只应是一艘商业用途的船只,由于经济原因或不适航而未用于从事商业活动超过 30 天;

23. 油类应是指任何稳定油,特别是原油、重质柴油以及润滑油,而不论该油是作为船上的货物还是动力燃料。

24. 船只长度是未测量固定装置的最大长度。

25. 水域是指港口水域。

26. 滚装船是指配备特殊船位的船舶。

27. 轻型客船是指具有特殊技术性能的船舶,由于这些特殊性能可以实现高速行驶。

增加第 2、3 和 4 段,内容如下:

适用于公共船舶的本法案条款也应该同样适用于管理事务的小船。

本法案中适用于船只的条款也同样适用于小船,如果国际公约和欧盟立法如此规定。

本法案应该将下列欧盟指令中的条款转化为斯洛文尼亚立法:

——1994 年 11 月 22 日欧盟理事会 94/57/EC 号指令,关于船只检查和组织调查活动的标准和一般规则,海洋管理的相关活动以及修正法案。

西班牙
Spain

（英文文本截止于 2013 年 9 月 6 日）

第 10 号法令
（1977 年 1 月 4 日）

第一条
根据以下条款的规定，西班牙国家的主权及于领土、内水，延伸至紧邻沿岸的领海。

对于此项主权的行使按照国际法的规定，应包括领海水域、海床、底土、各种资源，以及领海的上空。

第二条
领海的内部界限应由低潮线以及政府确定的直线基线决定。

第三条
领海的外部界限是一条其上每一点距离上述基线最近距离为 12 海里的直线。

第四条
在双方没有相反协议的情况下，与西班牙相邻或海岸相向的国家，其领海不应超过一条中间线，该线上的点距离两国测量的领海宽度基线的最近距离相等，该基线的划定应与国际法规定相符。

第五条

本法令的施行不影响国际条约规定或认可下外国船舶的捕鱼权利。

最后条款

本法的制定不应解释为对关于直布罗陀海域的任何权利或形势的认同,除西班牙国王和英国国王于 1713 年 7 月 13 日签订的乌特勒支条约中第十条规定的以外。

第 2510 号皇家法令
（1977 年 8 月 5 日）

第一条

西班牙管辖海域的直线基线,参考 1967 年 4 月 8 日的第 20 号法案第二条,规定如下:

地图编号	大 西 洋	北 纬	西 经
	西班牙北部及西北海岸		
128	From Islote Amuitz（Cabo Higuer）	43°23′76″	01°47′60″
	to Guetaria（Isla San Antón N.）	43°18′68″	02°12′19″
	From Guetaria		
	to Cabo Machichaco（Peñón）	43°27′44″	02°45′25″
	From Cabo Machichaco		
	to Islote Villano（Cabo Villano）	43°26′15″	02°56′10″
	From Islote Villano		
	to Punta Pescador	43°27′90″	03°26′20″
127	From Cabo Ajo	43°30′83″	03°35′30″

续表

地图编号	大 西 洋	北 纬	西 经
	to Cabo de Lata	43°29′65″	03°48′70″
	From Cabo Lata		
	to Islote La Perla（Punta Somocueva）	43°28′38″	03°56′71″
	From Islote La Perla		
	to Cabo oriambre	43°24′34″	04°20′60″
	From Cabo oriambre		
	to Cabo de Mar	43°27′75″	04°55′60″
	From Cabo de Mar		
	to Lastres	43°32′10″	05°17′78″
	From Cabo Lastres		
	to Punta del olivo	43°33′28″	05°24′75″
	From Punta del olivo		
	to Islote La Gaviera（Cabo Peñas）	43°39′65″	05°50′50″
	From Islote La Gaviera		
	to Islote Las Monistas（Cabo Peñas）	43°39′87″	05°52′02″
126a	From Islote Las Monistas（Cabo Peñas）		
	to Islote Chouzano（Cabo Vidio）	43°35′78″	06°14′65″
	From Islote Chouzano		
	to Islote Romanellas	43°34′55″	06°37′65″
	From Islote Romanellas		
	to Islote orrio de Tapia	43°34′58″	06°56′95″
	From Islote orrio de Tapia		
	to Islote El Pie（Los Farallones）	43°43′15″	07°26′22″

续表

地图编号	大 西 洋	北 纬	西 经
	From Islote El Pie		
	to Islote El Estaquín（Pta.de la E.de Bares）	43°47′52″	07°41′45″
125A	From Islote El Estaquín		
	to Islote Caballo Juan（Cabo ortegal）	43°46′83″	07°52′05″
	From Islote Caballo Juan		
	to Punta del Limo	43°46′10″	07°54′28″
	From Punta del Limo		
	to Punta Candelaria（Islote）	43°42′85″	08°02′85″
	From Punta Candelaria		
	to Cabo Prior	43°34′12″	08°18′92″
	From Cabo Prior		
	to Isla Sisarga（Grande）	43°21′75″	08°50′93″
	From Isla Sisarga		
	to Punta del Boy	43°11′35″	09°10′42″
	From Punta del Boy		
	to Cabo Villano	43°09′85″	09°12′88″
	From Cabo Villano		
	to Cabo Toriñana	43°03′39″	09°17′95″
124	From Punta Insua（Islote）	43°02′90″	09°18′06″
	to Berrón de la Nave（Cabo la Nave）	42°55′25″	09°17′95″
	From Berrón de la Nave		
	to Centolo de Finisterre	42°53′38″	09°17′36″

续表

地图编号	大 西 洋	北 纬	西 经
	From Centolo de Finisterre		
	to Cabo Corrubedo	42°34′48″	09°05′50″
	From Cabo Corrubedo		
	to Islote del Faro（Isla Cies）	42°12′80″	08°55′12″
	From Islote del Faro		
	to Cano Sillero（Islote Carral）	42°06′91″	08°54′03″
	西班牙西南海岸		
115	From southern point of Isla Canela	37°10′25″	07°22′40″
	to Punta Umbría	37°10′30″	06°56′90″
	From Punta Umbría		
	to Torre del oro（Ruins）	37°05′38″	06°43′70″
	From Torre del oro		
	to Bajo Salmedina(Torre Baliza)(Chipiona)	36°44′00″	06°28′50″
	From Bajo Salmedina（Torre Baliza）		
	to Castillo de San Sebastián	36°31′77″	06°18′86″
	From Castillo de San Sebastián		
	to Castillo de Sancti Petri	36°22′85″	06°13′15″
	From Castillo de Sancti Petri		
	to Cabo Trafalgar	36°11′03″	06°02′03″
	From Cabo Trafalgar		
	to Tarifa（Isla）	36°00′15″	05°36′50″
	From Tarifa（Isla）		
	to Punta del Acebuche	36°03′06″	05°27′85″

续表

地图编号	地中海	北 纬	西 经
	西班牙南部和东部海岸		
116	From Punta Carbonera	36° 14′70″	05° 18′00″
	to Punta de Baños	36° 27′61″	05° 00′35″
	From Punta de Baños		
	to Torre de Calahonda	36° 29′32″	04° 42′60″
	From Torre de Calahonda		
	to Punta de Calaburras	36° 30′50″	04° 38′30″
	From Punta de Calaburras		
	to Punta de Vélez-Málaga	36° 43′60″	04° 06′20″
	From Punta de Vélez-Málaga		
	to Punta de Torrox	36° 43′66″	03° 57′36″
	From Punta de Torrox		
	to Cabo Sacratif	36° 41′70″	03° 28′05″
	From Cabo Sacratif		
	to Punta de Llano	36° 41′73″	03° 25′05″
	From Punta de Llano		
	to Punta Negra	36° 44′78″	03° 12′58″
	From Punta Negra		
	to Punta de las Entinas	36° 40′89″	02° 46′22″
	From Punta de las Entinas		
	to Punta del Sabinal	36° 41′02″	02° 42′03″
	From Punta del Sabinal		
	to Punta Baja（Cabo Gata）	36° 43′20″	02° 11′00″
	From Punta Baja（Cabo Gata）		
	to Punta Negra（Cabo Gata）	36° 43′35″	02° 09′95″
119	From Punta Negra（Cabo Gata）		
	to Morro Genovés	36° 44′30″	02° 06′83″
	From Morro Genovés		

续表

地图编号	地中海	北 纬	西 经
	to Punta de Loma Pelada	36° 46′75″	02° 03′53″
	From Punta de Loma Pelada		
	to Punta de Media Naranja	36° 58′33″	01° 54′15″
	From Punta de Media Naranja		
	to Garrucha（Green Light）	37° 10′97″	01° 48′91″
	From Garrucha（Green Light）		
	to Monte Cope	37° 25′40″	01° 29′40″
117	From Monte Cope		
	to Cabo Tiñoso	37° 32′15″	01° 06′40″
	From Cabo Tiñoso		
	to Cabo del Agua	37° 33′32″	00° 55′05″
	From Cabo del Agua		
	to Punta de la Espada	37° 36′50″	00° 43′00″
	From Punta de la Espada		
	to Islas Hormigas	37° 39′39″	00° 38′88″
	From Islas Hormigas		
	to Cabo Cervera	37° 59′92″	00° 38′70″
	From Cabo Cervera		
	to Isla de Tabarca	38° 09′60″	00° 27′95″
	From Isla de Tabarca		
	to Cabo de las Huertas	38° 21′06″	00° 24′20″
	From Cabo de las Huertas		
	to Punta de la Escaleta	38° 31′45″	00° 05′35″
			东经
119	From Punta de la Escaleta		
	to Punta de Ifach	38° 37′78″	00° 05′03″
	From Punta de Ifach		
	to Cabo de la Nao	38° 43′84″	00° 14′20″

续表

地图编号	地中海	北 纬	东 经
	From Cabo de la Nao		
	to Isla del Portichol	38° 45′50″	00° 13′98″
	From Isla del Portichol		
	to Cabo de S.Antonio	38° 48′17″	00° 11′83″
	From Cabo de S.Antonio		
	to Puerto de Denia（Green Light）	38° 50′80″	00° 07′43″
			西经
	From Puerto de Denia（Green Light）		
	to Cabo Cullera	39° 11′14″	00° 12′93″
	From Cabo Cullera		
	to Puerto de Sagunto（Pier end）	39° 38′54″	00° 12′42″
			东经
	Puerto de Sagunto		
	to Peñiscola	40° 21′45″	00° 24′50″
	From Peñiscola		
	to Punta de la Baña	40° 34′50″	00° 41′85″
	From Punta de la Baña		
	to Cabo Tortosa	40° 43′16″	00° 53′20″
	From Cabo Tortosa		
	to Cabo de Salou	41° 03′23″	01° 10′24″
120	From Barcelona（Light）	41° 20′11″	02° 10′22″
	to Arenys de Mar（Breakwater end）	41° 34′30″	02° 33′30″
	From Cabo Bagur	41° 56′90″	03° 13′96″
	to Isla Maza de oro（Cabo Creus）	42° 19′05″	03° 19′90″
	From Isla Maza de oro		
	to the frontier	42° 26′00″	03° 10′40″

续表

地图编号	地中海	北纬	东经
	巴利阿里群岛 马洛卡岛和卡布瑞拉群岛		
119	From Cabo Formentor	39°57′70″	03°12′80″
	to Cabo del Freu	39°44′90″	03°27′65″
	From Punta de Amer	39°34′60″	03°23′80″
	to Punta Galera	39°21′65″	03°13′80″
	From Punta Galera		
	to Islote Imperial	39°07′55″	02°57′60″
	From Punta Anciola	39°07′55″	02°55′12″
	to Cabo Llebeitx（Dragonera）	39°34′10″	02°18′20″
	米诺卡岛		
	From Cabo Nati	40°03′10″	03°49′50″
	to Islote Nitge	40°05′52″	04°04′50″
	From Cabo Caballería	40°05′30″	04°05′50″
	to Punta d'es Murté	40°04′10″	04°08′40″
	From Punta Damtinat	40°03′60″	04°10′30″
	to Cabo Favaritx	39°59′70″	04°16′20″
	From Cabo Favaritx		
	to Cabo Espero	39°52′50″	04°19′70″
	From Cabo Espero		
	to Isla del Aire（E）	39°47′95″	04°17′80″
	From Isla del Aire（W）	39°47′90″	04°17′05″
	to Cabo Dartuch	39°55′30″	03°49′26″

续表

地图编号	地中海	北 纬	东 经
	From Cabo Dartuch		
	to Cabo Binicous		
		39° 59′90″	03° 47′60″
	伊比沙岛和福门特拉岛		
119	From Punta Jonch	39° 05′32″	01° 36′25″
	to Isla Tagomago	39° 01′90″	01° 39′15″
	From Isla Tagomago		
	to Faro de Formentera	38° 39′70″	01° 35′00″
	From Punta Rotja	38° 38′90″	01° 34′15″
	to Cabo Berbería	38° 38′40″	01° 23′10″
	From Cabo Berbería		
	to Islote Vedra	38° 51′75″	01° 11′20″
	From Islote Vedra		
	to Islote Bleda Plana	38° 58′70″	01° 09′50″
	From Islote Bleda Plana		
	to Cabo Eubarca	39° 04′42″	01° 21′62″
	大西洋 加那利群岛 大加纳利岛		
			西 经
207	From El Roque (La Isleta)	28° 09′80″	15° 23′85″
	to Roque de Melenera	27° 59′45″	15° 21′77″
	From Roque de Melenera		
	to Península de Gando	27° 55′78″	15° 21′39″
	From Península de Gando		

续表

地图编号	地中海	北 纬	西 经
	to Roque Arinaga	27° 51′58″	15° 22′78″
	From Roque Arinaga		
	to Punta Tenefe	27° 48′30″	15° 25′41″
	From Punta Tenefe		
	to Playa Maspalomas（E）	27° 44′05″	15° 34′41″
	From Playa Maspalomas（W）	27° 43′95″	15° 35′83″
	to Punta Taozo	27° 44′85″	15° 40′38″
	From Isla de la Aldea	28° 00′72″	15° 49′30″
	to Punta Sardina	28° 09′83″	15° 42′45″
	From Punta Sardina		
	to Punta ortiz	28° 10′10″	15° 41′05″
	From Punta ortiz		
	to Punta Guanarteme	28° 10′25″	15° 38′19″
	From Punta Guanarteme		
	to Punta de la Isleta	28° 10′73″	15° 25′10″
	堤内瑞菲岛		
	From Punta Antequera	28° 31′88″	16° 07′39″
	to Punta del Socorro	28° 18′20″	16° 21′60″
	From Punta de Buenavista	28° 23′55″	16° 49′65″
	to Punta del Viento	28° 30′95″	16° 25′18″
	From Punta Hidalgo	28° 34′65″	16° 19′10″
	to Roques de Anaga（N）	28° 33′20″	16° 09′20″
	From Roques de Anaga（N）		

续 表

地图编号	地 中 海	北 纬	西 经
	to Roque Bermejo	28° 34′75″	16° 07′80″
	希洛岛		
520	From Punta Caleta	27° 47′91″	17° 53′00″
	to Punta del Miradero	27° 38′80″	17° 58′10″
	From Punta de la Restinga	27° 38′22″	17° 59′35″
	to Punta de orchilla	27° 42′21″	18° 08′78″
	From Punta de la Sal	27° 46′22″	18° 07′85″
	to Puntay Roques de Salmor	27° 49′42″	17° 59′63″
	From Puntay Roques de Salmor		
	to Punta del Negro	27° 50′30″	17° 57′74″
	拉帕尔玛岛		
519	From Punta Juan Adalid	28° 51′38″	17° 54′55″
	to Punta del Corcho	28° 50′57″	17° 47′18″
	From Punta Llana	28° 44′24″	17° 43′35″
	to Punta de Arenas Blancas	28° 34′12″	17° 45′46″
	兰萨洛特岛富埃特文图拉岛 Alegranza 加斯奥沙岛 Montaña Clara and Lobos		
204			
206	From Punta Delgada（Alegranza）	29° 24′10″	13° 29′00″
	to Roque del Este	29° 16′50″	13° 20′00″
	From Roque del Este		

续表

地图编号	地中海	北 纬	西 经
	to Cabo Ancones	29° 01′10″	13° 27′80″
	From Punta Lima	28° 55′80″	13° 36′87″
	to Punta del Tarajalillo	28° 35′45″	13° 49′25″
	From Punta de la Entallada	28° 13′65″	13° 56′55″
	to Punta del Matorral	28° 02′60″	14° 19′80″
	From Punta del Matorral		
	to Punta Jandia	28° 03′72″	14° 30′35″
	From Punta Pesebre	28° 06′52″	14° 29′35″
	to Risco Blanco	28° 19′90″	14° 11′88″
	From Risco Blanco		
	to Punta de Tostón	28° 42′90″	14° 00′80″
	From Punta de Tostón		
	to Punta de la Ensenada	29° 01′85″	13° 48′90″
	From Punta de la Ensenada		
	to Punta Grieta（Alegranza）	29° 42′50″	13° 31′35″

上述地理坐标来源于以下西班牙航海地图：

号 码	版 本	日 期
128	一	1952 年 12 月
127	一	1953 年 3 月
126a	二	1952 年 6 月
125A	二	1952 年 10 月
124	一	1966 年 1 月
116	二	1963 年 9 月
117	二	1966 年 6 月

续表

号 码	版 本	日 期
119	一	1956年9月
120	一	1954年4月
207	二	1968年9月
520	一	1974年9月
519	二	1974年9月
204	二	1975年1月
206	一	1972年1月
115	一	1967年7月

关于专属经济区第 15 号法令

（1978年2月20日）

第一条

1. 海洋中被称为"专属经济区的带状区域"，从测算领海宽度的基线量起，不应超过 200 海里。西班牙在专属经济区内有勘探、开发海床及其底土以及上覆水域的自然资源的主权权利。

对于群岛，专属经济区的外部界限应从直线基线连接组成群岛的岛屿或者小岛的最外缘各点划定，使最后划定的周界与群岛的一般轮廓相符合。

2. 依照前述条款规定，西班牙国的权利应包括：

（1）对专属经济区内自然资源的专属权利；

（2）出于保护海洋环境的目的，有权颁行保护、勘探、开发资源的法令；

（3）执行所有相关措施的专属管辖权；

（4）政府根据国际法享有的其他权利。

第二条

1. 对于和西班牙相邻或海岸相向的国家，除双方订有条约之外，专属经济区的外部界限应是中间线或等距线。

2. 此处"中间线或等距线"指的是该线上每一点距各国根据国际法测量领海宽度而确定的基线上最近点距离均相等。

对于群岛,中间线或等距线应在第一条第 1 款规定中群岛划定的周界的基础上确定。

第三条

1. 西班牙国民在专属经济区享有捕鱼权,须遵守政府间相关协议的规定,并尊重那些习惯在区域内利用捕鱼船作业的国家的国民的捕鱼权利。

2. 除西班牙加入的国际条约有规定外,不在上述规定范围内的外国渔民禁止在专属经济区捕鱼。

第四条

1962 年 12 月 24 日第 93 号法律对于外国船舶违反捕鱼规定的处罚条款同样适用于专属经济区内。

第五条

1. 专属经济区的设立不得妨碍航行和飞越自由,以及敷设海底电缆的自由。

2. 在行使自由航行权时,外国捕鱼船舶必须遵守西班牙法律关于禁止外国船舶在专属经济区内捕鱼的规定,包括渔具运送方面的法律规定。

最后条款

1. 本法令规定的适用仅限于西班牙大陆以及其岛屿在大西洋的海岸,包括坎塔布连山海的海岸。政府有权将条款的适用范围扩大到西班牙的其他海岸。

2. 1962 年 12 月 24 日第 93 号法律对于外国船舶违反捕鱼规定的处罚条款,1967 年 4 月 8 日第 20 号法律关于保留捕鱼地带的扩大以及任何与本法法令规定有冲突的法律,在适用本法令时应作必要的修正。

3. 政府以及职权机关在适用本法令时应采取必要的措施。

第 1315 号关于在地中海建立渔业保护区的皇家法令

(1997 年 8 月 1 日)

总　则

1978 年 2 月 20 日关于专属经济区的第 15 号法令,在其最后条款中有关西班牙专属经济区扩展至 200 海里的规定不适用于西班牙半岛或海岛在大西洋上的海岸,包括比斯开湾。但同时该最后条款授予了政府在西班牙其他海岸批准扩展专属经济区的权力。

由于西班牙政府没有根据该最后条款行使权力,1978 年第 15 号法令不适用于地中海地区。同时,西班牙根据 1982 年 12 月 10 日在蒙特哥湾的《联合国海洋法公约》(西班牙于 1997 年 1 月 15 日被批准加入),在该海域 12 海里内的领海区域行使主权管辖权,并在另外 12 海里相应的毗连区确定管辖权。

地中海海域拥有一些非常特殊的海洋生物资源,如红鲔鱼。这里是红鲔鱼在世界上少有的繁殖地之一,由于人们无视大西洋鲔类资源保育委员会(ICCAT)的建议而在近海包括地中海海域大肆开发,该物种的处境非常严峻。

近几年,越来越多的来自非地中海海域国家的工业船,不受控制地在距离沿岸 12 海里的区域开展捕鱼活动。

由于协会保护以及控制措施不适用于在沿海国基线 12 海里以外的海域航行的他国船舶,该困境迫使西班牙渔业部门以及资源管理部门针对地中海海域尝试制定新的政策。

另一方面,抑制地区不平衡,并在地中海保持劳动密集型的小规模船队进行高质量的捕鱼活动,在国家利益层面上对西班牙也是有利的。

为防止对地中海渔业资源的过度开采,防止鱼类种群在不远的将来走向灭绝,急需采取措施。为此,必须颁行一套合理的资源保护政策,但如果该政策的效力局限于领海 12 海里的范围内,将不可能得到实施。

因此,根据 1978 年 2 月 20 日关于专属经济区的第 15 号法令的授权,有必要在地中海海域的 Cabo de Gata 和法国边境之间建立渔业保护区。这个保护区将最大限度地起到保护作用,且是主要鱼类最适宜的保护区。

在拟定过程中征求了相关部门的意见。

因此,经过议会与农业部、渔业部等部门一致协商,并于 1997 年 8 月 1 日经过内阁会议审议,

我命令:

第一条

在地中海建立一个渔业保护区,从 Punta Negre-Cabo de Gata (36º43′35″N,002º12′0″W)开始,按照 181 度的方向(S001W)划定一条长 49 海里的直线到一点(35º54′5″N,002º12′0″W),并延续向东至与周围国家距离相等的等距线。该渔业保护区的划定应遵守国际法,一直扩展到法国的海洋疆界为止。

第二条

在以上区域内,西班牙国王在不违背欧盟已经或可能采取的保护资源措施的前提下,对海洋生物资源的保护、渔业活动管理与控制享有至高无上的主权。

最后条款 生效

本皇家法令将于官方公报刊登之日起生效。

第 1313 号皇家法令,地中海中西班牙渔业保护区界限的地理坐标列表

(1997 年 8 月 1 日)

西班牙常驻联合国代表团 2000 年 4 月 13 日对联合国第 256 号普通照会:

西班牙常驻联合国代表团非常荣幸地提交之前 1998 年 6 月 9 日的第 448 号照会,交存了西班牙 1997 年第 1331 号建立渔业保护区法令中的确定保护区边界的地理坐标。

鉴于在列表中发现了一些技术性错误,西班牙官方在等距离原则的基础上纠正了这些错误,纠正后的列表将和本次照会一同递交。

与12处地理坐标有关的变化如下:有两处为新增点,分别是1号和62号;之前的11号到20号被改为6个点。因此,之前的坐标点17、18、19和20被取消,坐标点数量有所变化。

列表的交存应与《联合国海洋法公约》第二章第七十五条要求相符。所有列表中的确定的点参考波茨坦基准。

地中海中西班牙渔业保护区界限的地理坐标列表

坐标点	北纬	东经
1	42°32′42″	003°24′42″
2	42°44′95″	003°51′65″
3	42°43′25″	004°08′45″
4	42°40′95″	004°11′90″
5	42°27′00″	004°32′90″
6	41°56′50″	004°58′75″
7	41°53′00″	005°00′60″
8	41°34′75″	005°14′65″
9	41°29′50″	005°19′75″
10	41°15′50″	005°56′00″
11	41°05′25″	005°56′00″
12	40°48′25″	006°02′50″
13	40°28′25″	006°13′00″
14	40°00′00″	006°17′00″
15	39°28′00″	006°15′00″
16	39°00′25″	006°08′00″
17	38°47′50″	006°03′20″
18	38°41′15″	005°49′70″
19	38°26′70″	005°18′00″
20	38°23′05″	004°43′80″

续表

坐 标 点	北 纬	东 经
21	38°22′75″	004°34′15″
22	38°19′80″	004°24′65″
23	38°17′75	004°20′25″
24	38°15′15″	004°13′90″
25	38°13′15″	004°08′05″
26	38°01′35″	003°21′95″
27	37°59′50″	003°14′40″
28	37°58′90″	003°08′50″
29	37°58′65″	002°54′70″
30	37°58′65″	002°46′05″
31	37°55′00″	002°37′95″
32	37°42′95″	002°10′70″
33	37°38′25″	001°52′15″
34	37°36′50″	001°37′80″
35	37°36′25″	001°32′00″
36	37°36′05″	001°29′40″
37	37°36′20″	000°47′10″
38	37°25′80″	000°36′00″
39	37°10′40″	000°17′55″
40	36°59′90″	000°00′25″
41	36°50′05″	000°19′60″
42	36°48′85″	000°22′50″
43	36°46′10″	000°28′45″
44	36°44′50″	000°37′40″
45	36°43′25″	000°43′15″
46	36°41′75″	000°52′00″
47	36°34′95″	000°59′70″

续表

坐 标 点	北 纬	东 经
48	36°33′65″	001°02′25″
49	36°28′20″	001°11′90″
50	36°26′55″	001°15′65″
51	36°23′25″	001°22′00″
52	36°17′15″	001°32′50″
53	36°05′30″	001°50′90″
54	35°57′40″	002°02′80″
55	35°56′40″	002°04′10″
56	35°53′80″	002°05′65″
57	35°54′50″	002°12′00″
58	36°31′42″	002°10′20″

瑞 典
Sweden

（英文文本截止于2009年2月16日）

关于大陆架的第314号法案

（1966年6月3日）

第一条

为本法案之目的，"大陆架"指瑞典通航水域内以及政府依据1958年4月29日在日内瓦签订的关于大陆架的公约所确定的领海界限之外海域内的海床及其底土。

"大陆架的自然资源"在本法案中应解释为海床及其底土上矿物或其他非生物自然资源，以及在可捕获阶段，不能在海床上或海床底活动，或者除非与海床及其底土频繁接触否则不能移动的生命体。

在瑞典通航水域，本法案不适用于矿物的勘探和开发，该矿物开矿权可按照1938年6月3日的采矿法案（第314号）取得。本法案也不适用于由瑞典渔业法规调整的生物自然资源的捕获行为。

第二条

勘探大陆架和提取其中自然资源的权利属于国家。

第三条

政府或政府指定的机构有权授予另一当事人通过地球物理测量法、钻探或其他方法勘探大陆架及提取其中自然资源的许可。

该许可应有明确的区域和固定的期限。

政府有权规定在没有许可的情况下可从事本条第 1 款提到的活动。

第四条

上述许可可能受到某些条件的限制。例如：有关公共利益的需要，相关事业的管理，执行作业的方法，为作业而安装在大陆架上的设施，作业图表，抽样，活动的报告，保护发现的矿藏或钻探的产品和方法的利用，以及防治水污染或保护船舶运输、渔业或其他公共或私人利益的指示。

当授予许可时，可决定行使源自该许可的有关勘探和提取权利的有效程度。

许可同样包括与国家参与该项事业或向国家缴纳许可费有关的条件。该费用的计算与提取的产品的数量和质量相关或相反，或者费用为产品的股份，以及其他类似条件。

…… ……

第六条

政府或政府指定的机构有权下令建造安全区以保护为勘探大陆架或提取其自然资源而建造的设施。安全区不应超过该设施外部界限的 500 米。政府或政府指定的机构也有权发布保护安全区的指示。除非本法案或由政府或政府指定的机构依本法案颁布的规章另有规定，未经设施所有者的同意，任何船舶不得进入安全区。

…… ……

第八条

政府指定的机构应负责确保遵守约束许可的指示和条件。

当监督机构请求时，许可持有者应提供实行监督所必要的信息并传送相关文件。监督机构有权发布规章以确保适用于许可的规定和条件得到遵守。

监管负责人有权使用完成许可作业所需的设施、船舶或飞机，有权为执行适用于许可的指示和条件而获得关于重要情况的信息。

…… ……

第十条

瑞典领土外安全区的设施应适用瑞典法律，除非采矿法案、1886 年 5 月

28日的煤矿法案(第46号)、1960年12月2日的铀矿法案(第679号)、水资源法和与狩猎和捕鱼有关的法律另有规定。在这种情况下,该设施和安全区应被视为位于瑞典领水最近的区域。

瑞典领水外获取的产品应视为在瑞典领土内取得的。

第十一条

任何人未经许可而正在或准备勘探大陆架或提取其中自然资源,应被处以罚款或最长6个月的监禁。

任何人

1. 不遵守依第四条第1款所作的指示;

2. 不遵守监督机构依第八条第2、3款所作指示的要求;

3. 故意或因重大过失提供错误信息以推卸其依许可应提供信息的责任或依第八条第2款附加的义务,应施以相同的处罚。

任何人不遵守第六条不得进入安全区的规定,或不遵守保护安全区的指示的,应处以罚款。

…… ……

第十三条

任何人行使或曾行使过监管职权,以确保对本法案及依本法案而发布的指示和条件遵守,或曾协助行使该监管职权,或与本法案涉及事项有其他关系的,不得公开或未经授权而使用其因上述行为而知晓的商业秘密,也不得透露因此而获知的工作进程或商业数据,除非是其履行义务的合理所得。任何人违反上述规定应处以罚款或最长1年的监禁。

任何外国人在瑞典境外有违反第十一条、第十三条规定的违法行为,如果他在瑞典境内,应依本法案由瑞典法庭审理,即使刑法第二章第二、三条不适用。

除非政府或被授权的机构发布命令,不能对第十一条第1、3款提到的违法行为提起诉讼。

除非原告提供信息,不能对第十三条提到的违法行为提起诉讼。

关于大陆架法案（1966/314）应用程序的公告（1966/315）

（1966年7月1日）

第一条

在领土界限外，大陆架法案适用于依1958年4月29日在日内瓦签订的大陆架公约，瑞典有在大陆架勘探和开发自然资源主权的海域。

第二条

国家工业委员会行使对依大陆架法案遵守许可的指示和条件的监督权。在行使监督权时，委员会有责任与行为受许可影响的其他机构进行合作。

当国家工业委员会请求时，国家运输和航行局、海关总局和国家警察总署应协助其履行监督。

第三条

依大陆架法案，没有用于捕获生物的许可。

没有用于瑞典科学机构进行科学研究的许可，如果该研究工作可以不受许可影响而进行。这同样适用于瑞典自然人和法人在领土内的任何勘探行为，此时这些勘探行为应与盐、石油或天然气的爆破、钻探、建造设施或其他对重要自然资源的侵占无关。

对于本条第2款提到的勘探行为，应在不少于勘探开始前14日向国家工业委员会提交书面报告。

第四条

勘探大陆架和开发其自然资源的许可应由政府授予，除非第五条有另外规定。

申请许可时应向工业部提交的材料包括：

1. 申请人住所和邮政地址的详细信息，以及作为外国公司的申请人建立的子公司或为目标活动而意欲建立的子公司的详细信息；

2. 目标活动的种类和范围以及申请所涉及的区域和时间的详细信息；

3. 活动计划；

4. 申请人为防止水污染和妨碍航行、捕鱼及其他公共或私人利益的必要而采取的措施的详细情况；

5. 申请人活动所需的技术和财务情况；

6. 依国家工业委员会的指示而绘制的地图，并附有对申请所设区域的描述；

7. 申请人证明第3~5项信息的证书。

申请应提交不少于6份副本。

第五条

除非最后一款有相反规定，开发矿区全部位于通航水域的砂矿或石矿的许可由国家工业委员会授予。该许可的申请应提交不少于6份的副本。国家工业委员会关于许可申请的疑问应向国家环境保护委员会、地方政府及其他相关机构请求陈述。

许可有确定的期限——最多10年——并且有确定的区域。许可应规定可以提取砂矿或石矿的范围，并对合理保护其他利益如航行、捕鱼、自然资产或其他大陆架公约规定的利益给出必要的指示。许可应包括一个依其他法律可以进行的活动提示单。

许可应收费，为小规模公司或有其他特别理由的除外。许可费用金额由工业委员会确定。

申请所设的矿藏如果是大规模的，或可能引起重大损害的，或国家环境保护委员会有其他理由作出如此要求的，国家工业委员会应向政府提交关于该事项的意见。

第六条

大陆架的勘探或其自然资源的开发不能以损害海底电缆或导致对航行、捕鱼或其他海洋生物资源不合理阻碍的方式进行。

根据大陆架法案，被许可的一方有义务允许许可区域内电缆或管道的敷设和维持，允许的程度以敷设和维持不过度妨碍许可活动为限。

许可证持有者同样有义务允许发生于许可区域内的、为公共目的而进行的基础海洋学或其他科学研究。

第七条

大陆架公约第四条第3款提到的费用应交给国家工业委员会。

第八条

任何人不依照第三条第 3 款的规定提交报告的,应被处以罚款。

本公告于 1966 年 7 月 1 日生效。

瑞典领海法案
（1966 年 6 月 3 日）

······ ······

第四节

就陆地而言,测算领海的基线是沿岸低潮线。领海的测算从高于最低海平面但低于平均海平面的礁石量起,且该礁石距离高于平均海平面的瑞典陆地区域不应超过 12 海里。

就沿岸内水而言,领海的测量是从该水域的外部边缘（直线基线）起算,除非这种测算由于有陆地位于直线基线外而可以以其他方式完成。

······ ······

第 375 号关于瑞典领海测量规则的皇家公告
（1966 年 6 月 3 日）

第一条

关于瑞典领海法案第四条第 2 款提到的直线基线,应扩展至沿岸低潮线上的点,即基线点列表中的点。另外,在开阔海岸上有海港的情况下,应扩展至横越港口。

在基线点 103 与芬兰边界之间,领海的测算从与在点 103 与 Selkäsarvi 岛（大约位于 65°36.2′N,24°12.2′E）最南边的礁石之间的直线相一致的直线基线量起。

第二条

除非瑞典领海法案第三条第2款有相反规定,领海的测算应按以下方法施行:领海界限上的每一点应位于距离上述法案第四条提及的海岸线最近点或者距离直线基线上最近点为4海里的地方。

基线点列表

注:横跨第一列的线表示直线基线系统的中断。

基 线 点	名称和说明	大概位置	
1	最北部名为 Stora Drammen 的礁石与 Heja Island(根据 1990 年 10 月 23 日就瑞典和挪威海洋边界问题而做的公断)东南的 Hejeknubb 半没入水中的岩石之间的直线中点	58° 56.5′ N	10° 55.2′ E
2	Stora Drammen,北点	58° 55.8′ N	10° 57.7′ E
3	Stora Drammenwest,西点	58° 55.8′ N	10° 57.6′ E
4	Klavningen−Mörholmen,西点	58° 53.3′ N	10° 57.8′ E
5	Segelskären,西点	58° 46.7′ N	10° 58.7′ E
6	Trolleskären,西点	58° 32.2′ N	11° 01.3′ E
7	YttreBrottet,西南点	58° 19.7′ N	11° 12.4′ E
8	Maseskär,西点	58° 05.7′ N	11° 19.7′ E
9	Dynan,西点	57° 53.7′ N	11° 26.3′ E
10	VingaUngar,西点	57° 38.2′ N	11° 35.5′ E
11	Klockfoten,西南点	57° 17.8′ N	11° 53.8′ E
12	Klaback,西南点	57° 09.1′ N	12° 06.6′ E
13	Rödskär,西南点	57° 03.8′ N	12° 14.6′ E
14	Lindbaden,西点	56° 55.1′ N	12° 21.5′ E
15	Marsten,西南点	56° 49.8′ N	12° 31.2′ E
16	Busörereven,西南点	56° 43.8′ N	12° 37.4′ E
17	Tylö,西点	56° 38.9′ N	12° 42.6′ E

续表

基线点	名称和说明	大概位置	
18	Hallands Väderö, 西点	56° 27.1′ N	12° 32.6′ E
19	Kullen, 西点	56° 18.2′ N	12° 26.9′ E
20	Klagshamn, 西点	55° 31.2′ N	12° 53.2′ E
21	Västra Haken, 西北点	55° 27.2′ N	12° 50.5′ E
22	Skanör, 西点	55° 25.0′ N	12° 49.6′ E
23	Falsterbo, 西南点	55° 22.7′ N	12° 48.8′ E
24	Makläppen nord, 西点	55° 21.9′ N	12° 48.4′ E
25	Makläppen south-west. 西南偏西点	55° 21.4′ N	12° 48.5′ E
26	Falsterborev, 南点	55° 20.2′ N	12° 49.0′ E
27	Segelskären, 东南点	55° 22.7′ N	12° 56.1′ E
28	Skare läge, 南点	55° 22.5′ N	13° 03.2′ E
29	Revhaken, 南点	55° 54.4′ N	14° 18.4′ E
30	Kraknabben, 东南点	55° 59.6′ N	14° 43.4′ E
31	Hanö south, 南点	56° 00.0′ N	14° 50.7′ E
32	Hanö south-east, 东南点	56° 00.3′ N	14° 51.6′ E
33	Tärnö, 东南偏南点	56° 06.6′ N	14° 58.5′ E
34	Vitbaden, 西南点	56° 04.8′ N	15° 28.7′ E
35	Utklippan south-west, 群岛最西南处礁石的西南点	55° 56.8′ N	15° 42.1′ E
36	Utklippan south-east, 群岛最东南处礁石的东南点	55° 56.9′ N	15° 42.4′ E
37	Utlängan, 东南点	56° 00.7′ N	15° 47.6′ E
38	Southern point of oland, 东南偏东点	56° 11.7′ N	16° 24.3′ E
39	Langlöt, Langlöt 教堂最东侧礁石的东南偏东点	56° 44.0′ N	15° 46.0′ E

续表

基 线 点	名称和说明	大概位置	
40	Kapelludden,东南偏东点	56° 49.2′ N	16° 51.0′ E
41	Langöreudde,东点	56° 50.8′ N	16° 52.3′ E
42	Kesnäsudden,东点	57° 10.7′ N	17° 04.6′ E
43	Strandtorp,东点	57° 13.7′ N	17° 05.2′ E
44	Angjärnsudden,东点	57° 18.5′ N	17° 09.3′ E
45	North-eastern point of oland,东北点	57° 21.4′ N	17° 07.8′ E
46	LillaBaden,东点	57° 35.7′ N	16° 49.9′ E
47	Kungsgrundet,灯塔	57° 41.1′ N	16° 54.4′ E
48	Storkläppen,东点	57° 50.6′ N	16° 51.1′ E
49	Sandsankan,东点	58° 18.6′ N	17° 10.0′ E
50	Torsken,南点	58° 32.1′ N	17° 13.3′ E
51	YttreKarvasen,南偏东南点	58° 42.7′ N	17° 58.4′ E
52	YttreKarvasen,东南点	58° 42.8′ N	17° 58.5′ E
53	Roxen,东南点	58° 43.9′ N	18° 01.4′ E
54	Västerbommen,东南点	58° 57.5′ N	18° 35.4′ E
55	StoraIvarn,东南点	58° 58.3′ N	18° 37.0′ E
56	Själberget,东南点	59° 04.0′ N	18° 48.3′ E
57	Osterskär,东南点	59° 18.4′ N	19° 11.6′ E
58	Söderbaden,东南点	59° 25.1′ N	19° 30.1′ E
59	Ytterberget	59° 37.2′ N	19° 38.7′ E
60	Langden,东北偏北点	59° 44.3′ N	19° 27.8′ E
61	Tjärven,东北点	59° 47.6′ N	19° 22.4′ E
62	Björkarbadan,东北点	59° 53.6′ N	19° 05.8′ E
63	Bysholmen,东点	60° 02.4′ N	18° 51.7′ E

续 表

基 线 点	名称和说明	大概位置	
64	Halsaren,东点	60° 13.3′ N	18° 55.0′ E
65	Travarbulten（Travarn）,东点	60° 14.4′ N	18° 55.2′ E
66	Understen,东点	60° 16.6′ N	18° 55.5′ E
67	Klacken,东北点	60° 25.7′ N	18° 49.7′ E
68	Högkallegrund,东北点	60° 31.0′ N	18° 30.2′ E
69	Järngrund,东北点	60° 38.5′ N	18° 01.3′ E
70	Löfgrundsrabbar,东北点	60° 49.3′ N	17° 31.3′ E
71	Storskvalpet,东点	61° 10.5′ N	17° 20.6′ E
72	Hällgrund,灯塔	61° 16.7′ N	17° 24.1′ E
73	Agö,东点	61° 32.6′ N	17° 28.3′ E
74	Gashällan,东南偏东点	61° 43.4′ N	17° 33.6′ E
75	Gran,东点	62° 01.0′ N	17° 38.8′ E
76	Brämön,东点	62° 13.1′ N	17° 44.9′ E
77	Svenskär,东点	62° 30.7′ N	17° 53.8′ E
78	Härnöklubb,东南点	62° 36.0′ N	18° 03.6′ E
79	Guldgrundet,东南点	62° 51.3′ N	18° 28.3′ E
80	Gnäggen,东南点	62° 56.7′ N	18° 37.5′ E
81	Skags Flasor,东南点	63° 12.3′ N	19° 05.4′ E
82	Själbadan,东南点	63° 15.1′ N	19° 12.0′ E
83	Norra Langrogrundet,东南偏南点	63° 19.3′ N	19° 40.9′ E
84	Sydvästbrotten,东南点	63° 24.8′ N	20° 01.8′ E
85	Sönnerstgrundkallen,东南点	63° 34.5′ N	20° 44.6′ E
86	Svartbadahällan,东南点	63° 35.3′ N	20° 47.2′ E
87	Jägarstenen	63° 40.4′ N	20° 55.5′ E
88	Idmanskallen,东南偏东点	63° 41.0′ N	20° 56.2′ E

续表

基线点	名称和说明	大概位置	
89	Stora Fjäderägg east,东点	63° 48.6′ N	21° 01.2′ E
90	Stora Fjäderägg north-east,东北偏东点	63° 48.8′ N	21° 01.0′ E
91	Blankhällan,东南点	63° 59.0′ N	20° 54.9′ E
92	YttreVänskär,东南点	64° 09.7′ N	21° 08.1′ E
93	Blackkallen,东南点	64° 20.1′ N	21° 31.2′ E
94	Grundskaten,东南偏东点	64° 26.0′ N	21° 37.1′ E
95	Kapagrund,东点	64° 27.3′ N	21° 37.4′ E
96	Skötgrönnan,东点	64° 35.7′ N	21° 30.6′ E
97	Storgrundet,东南点	64° 52.2′ N	21° 18.2′ E
98	Rönnskär,东南点	65° 01.9′ N	21° 34.1′ E
99	Sodra Bondökallarna,东南点	65° 07.7′ N	21° 53.4′ E
100	Marakallen,东南点	65° 16.9′ N	22° 37.0′ E
101	Manshällorna,南点	65° 27.8′ N	22° 46.2′ E
102	Malören,南偏东南点	65° 31.2′ N	23° 33.7′ E
103	Letto,南点 Gotland	65° 35.2′ N	23° 57.2′ E
104	Nyrevsudden,西北偏西点	57° 32.1′ N	18° 06.5′ E
105	Utholmen,西点	57° 25.9′ N	18° 05.3′ E
106	Lilla Karlsö west,西点	57° 18.7′ N	18° 03.2′ E
107	Lilla Karlsö,西南偏西点	57° 18.6′ N	18° 03.3′ E
108	Hammarudd,西点	57° 15.5′ N	18° 05.6′ E
109	Näsrevet,西点	57° 03.3′ N	18° 09.5′ E
110	Hoburg,西点	56° 55.2′ N	18° 07.5′ E
111	Barshageudd,南点	56° 54.4′ N	18° 11.7′ E
112	Heligholmen,东南点	56° 55.3′ N	18° 17.3′ E
113	Raudehunden,东南点	56° 57.6′ N	18° 21.4′ E

续表

基 线 点	名称和说明	大概位置	
114	Faludden,东南点	56° 59.7′ N	18° 24.1′ E
115	Närsholmen,东南点	57° 13.4′ N	18° 42.1′ E
116	Ostergarn south,南点	57° 25.8′ N	18° 59.3′ E
117	Ostergarn north-east,东北点	57° 26.8′ N	18° 59.5′ E
118	Kyrkebingegrund,东点	57° 33.7′ N	18° 49.3′ E
119	Rute Missloper,东南点	57° 45.9′ N	19° 05.6′ E
120	Holmudden,东南点	57° 57.5′ N	19° 21.2′ E
121	Skärsändan,北点	57° 59.2′ N	19° 18.5′ E
122	Norsholmen,北点	57° 59.9′ N	19° 14.6′ E
123	Langhammarshammaren,北点	58° 00.0′ N	19° 11.4′ E
124	Hallshuk,北点	57° 55.9′ N	18° 43.6′ E

关于外国舰艇以及军用飞机进入瑞典的公告

(1966年6月3日)

第一条
为本公告之目的,瑞典领土指的是陆地领土、领水及其上空。

第二条
本公告关于海军舰艇的规定同样适用于其他为外国所有或使用并用于非商业目的的船舶和气垫船。关于军用飞机的规定同样适用于其他非商业目的的飞机。

第三条
如果瑞典处于战争状态,则本公告无效。

第十五至二十九条的生效时间为御前会议颁布前述条款的时间。当前述条款生效时,第四、五条和第七至十四条不适用于交战国的海军舰艇和军用飞机。

适用于外国舰艇和军用飞机的一般规定

第四条

通过外交途径获得准许通过的通知后,外国舰艇准许通过领海,但通过位于 Kullen-Gilbjerghoven 和 Falsterbo Udde（Falsterbo Point）到 the Stevn Lighthouse 一线的厄勒海峡内领海时无需通知。

除第一段提到的情形外,海军舰艇进入瑞典领土需要获得批准,但舰艇遇难或者被一国政府首脑用于访问瑞典时可无需批准。

第五条

允许外国军用飞机飞过位于 Kullen-Gilbjerghoven 和 Falsterbo Udde（Falsterbo Point）到 the Stevn Lighthouse 一线的厄勒海峡内领海上空。

除第一段提到的情形外,飞机进入瑞典领土需要获得批准,但飞机遇难或者被一国政府首脑用于访问瑞典时无需批准。

第六条

在瑞典领土内,对于外国舰艇和军用飞机,有关领港、海关、交通、港口、航空港和公共秩序的规定以及无线电台的使用应适用瑞典相关规章。外国舰艇和军用飞机应遵守瑞典当局的指示。

第七条

未经批准,外国舰艇不应有停船、下锚或其他中断在瑞典领土内航行的情况,除非这种中断是为了舰艇本身安全的必要。若舰艇由于海上遇险而不得不中断航行或进入内水,如果可能,舰艇应根据情况发出国际求救信号并通知瑞典当局。

第八条

外国舰艇在通过领水时应升起本国国旗。潜水艇须保持在水面。在内水,舰艇应驶入领航水域,接受瑞典合格领航员的领航服务。

第九条

除非御前会议有相反决定,在瑞典领土内,外国军用飞机应在可控制的瑞典领空飞行,并且遵守适用于民事航空的规章。若飞机由于遇险而进入瑞典领土,如果可能,飞机应根据情况发出国际求救信号并通知瑞典当局。

第十条

除非为外国舰艇或军用飞机自身安全的必要,不得在其上绘制地图、进行测算或者水深测量活动。禁止空中拍摄。

第十一条

未经准许,外国舰艇或军用飞机不得进行实弹演习或该演习不能完全在舰艇或飞机上进行,也不得发生任何军事演习的行为。

第十二条

没有特别准许,外国军用飞机上不得携带除本身配有的枪支或摄像机,以及弹药、炸药、幻灯照片或胶片。

第十三条

除非经准予访问,外国舰艇或军用飞机上的全体人员在任何地方都不得登陆或下机。登陆或下机人员不视为进入瑞典领域。未经准许,登陆或下机人员不得携带武器。但军官或准将可以携带空弹作为制服的一部分。

第十四条

御前会议同意有关第四、五、七和第十一到十三条的准许。在与瑞典军队最高统帅协商后,国家民航总局可以准许外国军用飞机进入瑞典领土,如果该飞机未被武装或者用于联合国的运输或者与此种运输相一致的民航运输。御前会议的准许应该通过外交途径获得。

适用于交战国海军舰艇和军用飞机的特别规定

第十五条

交战国的海军舰艇和军用飞机应该尊重瑞典的中立政策。不得在瑞典领土内采取战争行为,包括逮捕、占领或者搜查舰艇或飞机,也不得针对瑞典领土内的任何人和物体采取前述行为。瑞典领土不应作为战争运作的基地。禁止在瑞典领土内实行情报侦察活动或军事控制行为。

第十六条

允许交战国的舰艇通过瑞典领海,但应在连续 24 小时的最长时限内。潜艇或气垫船只允许通过位于 Kullen-Gilbjerghoved 和 Falsterbo Udde(Falsterbo Point)到 the Stevn Lighthouse 一线的厄勒海峡内的领海。驶离瑞典领海的舰艇在 48 小时内不得返回。

除第一段提到的情况外,依照军区总司令与防区长官协商后的决议,准许进入瑞典领土的只能是在海上严重遇险的舰艇、军用医院船或为人道主义目的而配备和独占使用的海军舰艇。

第十七条

同一时间同一交战国或交战联盟国的舰艇在瑞典领土内不得超过3艘。

第十八条

交战国的军用飞机没有不适当地偏离航线,可以进入位于Kullen-Gilbjerghoven 和 Falsterbo Udde（Falsterbo Point）到 the Stevn Lighthouse 一线的厄勒海峡内领海上空。

除第一段提到的情况外,依照瑞典武装部最高统帅的决议,准许进入瑞典领土的只能是遇险的飞机或医疗救护机。

…… ……

第二十条

交战国的舰艇不应有停船、下锚或其他中断在瑞典领土内航行的情况,除非这种中断是为了舰艇本身安全的必要。若舰艇由于海上遇险而不得不中断航行或进入领土禁区,或者不能在规定的期限内离开瑞典领土,如果可能,舰艇应根据情况发出国际求救信号并通知瑞典当局。

若舰艇由于海上严重遇险驶入瑞典领土禁区,或不能在规定的期限内离开瑞典领土,军区最高统帅应该确定一个舰艇离开瑞典领土的合理延缓期。军区最高统帅同样负责决定可执行的补救程度。在这方面,若舰艇在合理期限内明显不能适航则不允许延缓,不能修复随战争行为产生的损害,并且其他修复也只能达到船舶适航需要的程度。若超出已确定的延缓期限,舰艇应由军区总司令部门保留。

第二十一条

交战国舰艇在瑞典领土内应升起本国国旗。潜水艇须保持在水面。在内水,舰艇只能驶入领航水域,接受瑞典合格领航员的领航服务。在领海,领航员仅引领在海上严重遇难的舰艇。

第二十二条

当第十五至二十九条生效时,交战国舰艇如果在内水或者在由第二十条准予的延缓期内,可以依照军区总司令的决议补充供给。在这个情况下,供给只能以舰艇到达本国领土最近港口的需要为限。

除第一段提到的情况外，依照军区总司令与防区长官协商后的决议，准许军用医院船或为人道主义目的而配备和独占使用的海军舰艇补充供给。

第二十三条

交战国军用飞机由于遇难而进入瑞典领土，在可能的情况下应发出国际呼救信号。若军用飞机在瑞典领土内着陆或落水，该飞机应该由政府部门或军区总司令保留。医疗救护机不能保留。

第二十四条

除非为交战国舰艇或军用飞机自身安全的必要，不得在其上绘制地图、进行测算或者水深测量活动。禁止空中拍摄。舰艇或军用飞机不得进行演习。

第二十五条

除非遇难或为与瑞典当局沟通，交战国舰艇或军用飞机上的无线电装置不能通过瑞典无线电台用于无线通信的传输。

第二十六条

除非军区总司令有相反决定，交战国舰艇或军用飞机上的全体人员不得登陆或下机。登陆或下机人员不视为进入瑞典领域。

适用于被占领船舶的特殊规定

第二十七条

应允许被交战国占领的外国船舶通过位于 Kullen-Gilbjerghoven 和 Falsterbo Udde（Falsterbo Point）到 the Stevn Lighthouse 一线的厄勒海峡领海。

除第一段提到的情形外，准许进入瑞典领土的只能是在海上严重遇险的被占领船舶。

第六、十五、二十、二十一条和第二十四条至二十六条的规定应适用于在领土内的被占领船舶。被占领船舶在领土内不允许补充供给。

第二十八条

没有御前会议的同意，被进入瑞典领土的交战国占领的瑞典船舶不得离开瑞典领土。

第二十九条

第二十七条的规定适用于战俘运输的管理。

规定的适用

第三十条

本公告的实施细则和指导由御前会议发布,或者经御前会议授权由瑞典军队最高统帅发布。除本公告的规定外,有关进入瑞典领土的特殊规定依照御前会议的决议实行。

瑞典经济区法案
(1992 年 12 月 3 日)

按照议会的决定,通过以下法案:

一般规定

第一条

瑞典经济区包括政府规定的领土边界之外的海域。该区域不得超过同他国协定的分界线,若没有相关协议,则不得超过与邻国的中间线。

"中间线"应理解为一条每一点都同计算瑞典和他国领海宽度的基线上最近各点距离相等的线。

海洋环境的保护

第二条

在经济区航行或者进行研究或其他活动的人为避免破坏海洋环境应采取必要的措施。

政府或政府确定的机构可以发布保护和保全海洋环境的规章。

第三条

针对海洋环境主要污染物而保护海洋环境的进一步规定可见关于针对船舶水污染措施的法案(1980 年 424 号),和关于废物倾倒的法案(1974 年 1154 号)。

自然资源的利用

第四条

有关在经济区内的捕鱼活动应适用关于捕鱼权利的法案（1950年596号）。有关勘探经济区内大陆架底土和开发大陆架自然资源的权利应适用有关大陆架的法案（1966年314号）。

第五条

关于经济区内除第四条提到的自然资源，政府或政府确定的机构颁发的执照需要用于：

1. 对这种自然资源的调查、开采和其他利用。
2. 人工岛屿的建造和使用。
3. 用于商业目的的设施或装备的建造和利用。

决定颁发执照时应具体说明执照涉及的活动及其进行的条件。执照有具体的时间限制。

第六条

应适用有关自然资源经济等的法案（1987年12号）中第五条提到的执照检查。

第七条

为保护基于本法案建造的人工岛屿、设施或其他设备，政府或政府确定的机构可以发布关于从该岛或设备的外缘起不超过500米的安全区的规章。

第八条

如果执照持有者无视本法案或者基于本法案公布的规章和条件或者其他存在合理理由下的义务，可以撤销其执照。

如果执照持有者履行其义务但仍被撤销执照，其有权要求国家补偿其采取执照相关措施而产生的损失。

海洋科学研究

第九条

未经政府或政府确定的机构的准许，外国人不得在经济区进行海洋科学研究。政府确定的机构可以规定以通知代替执照申请，或者执照和通知都不是必须的。

执照有具体的时间和条件限制。执照的撤销及其请求补偿的权利应适用第八条的规定。

国际法原则

第十条

本法案及基于本法案公布的规章和条件,不应对基于国家法的在经济区自由航行、飞越、敷设电缆和管道的权利有任何限制,也不限制由普遍认可的国际法原则产生的任何其他权利。

监督等

第十一条

对本法案及基于本法案公布的规章和条件的遵守,应由监督机构或政府确定的机构进行监督。

第十二条

任何人进行本法案下的活动均需要向监督机构提供其所要求的信息和文件。

第十三条

监督机构可以发布确保遵守本法案及基于本法案公布的规章和条件所需要的命令。

前款命令可以规定罚款。

第十四条

如果一个活动是以明显对环境或其他公共和个人利益构成危险的方式进行的,监督机构可以禁止此类活动。禁止的决定应立即执行,该决定无需法律效力也可以实施。

法律适用和处罚

第十五条

对基于本法案建造的人工岛屿、设施或其他设备应与瑞典境内的设备相同,适用瑞典法律。这些设备应被视为位于瑞典领海最近的部分。

第十六条

任何人故意或因过失而有下列行为的,应予处罚。

1. 不遵守基于第二条或第七条而公布的规章。

2. 进行违反第五条或第九条的活动或无视基于第五条或第九条公布的条件。

3. 继续进行监督机构按照第十四条已禁止的活动。

第十七条

任何人实施了第十六条提及的违法行为,即使刑法典第二章第二条或第三条不适用,也应该由瑞典法院进行审判。

如果在经济区从事违反本法案或基于本法案公布的规章的行为,诉讼应该在对离犯罪行为地最近区域有管辖权的地区法院提起。

第十八条

除特别情况外,政府或普通法院公布的符合本法案或基于本法案发布的规章的决定,可以向行政法院上诉。

本法案于 1993 年 1 月 1 日生效。

瑞典专属经济区条例

（1992 年 12 月 3 日）

下述条例由政府规定:

Ⅰ.瑞典专属经济区包括瑞典领海范围外并扩展至下列区域的海域:

1. 斯卡格拉克海峡内离挪威边界最近的点到下列点之间的大圆弧: 58°45′41.3″N, 10°35′40.0″E; 58°30′41.2″N, 10°08′46.9″E 以及 58°15′41.2″N, 10°01′48.1″E。

2. 斯卡格拉克海峡内离丹麦边界最近区域和卡特加特海峡到下列点的直线: 58°15′41.2″N, 10°01′48.1″E; 58°08′00.1″N, 10°32′32.8″E; 57°49′00.6″N, 11°02′55.6″E; 57°27′00.0″N, 11°23′57.4″E; 56°30′32.3″N, 12°08′52.1″E; 56°18′14.1″N, 12°05′15.9″E; 以及 56°12′58.9″N, 12°21′48.0″E。

3. 厄勒海峡内点 56°12′58.9″N,12°21′48.0″E 和点 55°20′14.2″N,12°38′31.0″E 之间到在 1932 年 1 月 30 日瑞典和丹麦关于厄勒海峡的边界问题及以后的变化发布的公告中划定的边界线。

4. 波罗的海中部和南部到下列直线：

（1）下列点之间：55°20′14.2″N,12°38′31.0″E；55°18′30.0″N,12°38′20.0″E；55°15′00.0″N,12°40′38.0″E；55°10′00.0″N,12°47′41.6″E；55°03′54.0″N,13°03′20.0″E；55°00′35.2″N,13°08′45.0″E。

（2）下列点之间：55°00′36″N,13°09′26″E；55°01′15″N,13°47′08″E；54°57′52″N,13°59′15″E。

（3）下列点之间：54°57′49.1″N,13°59′40.0″E；55°18′44.0″N,14°27′36.0″E；55°41′29.4″N,15°02′34.4″E；55°21′18.6″N,16°30′29.7″E。以及

（4）下列点之间：55°21.640′N,16°32.000′E；55°30.000′N,17°00.000′E；55°35.235′N,17°22.680′E；55°46.985′N,18°00.000′E；55°55.293′N,18°21.800′E；55°52.876′N,18°54.000′E；55°52.788′N,18°55.545′E。

5. 波罗的海中部到下列点之间的直线：55°52.793′N,18°55.760′E 和 55°53.482′N,18°56.777′E。

6. 波罗的海中部和北部到下列点间的直线：55°53.482′N,18°56.777′E；55°57.300′N,19°04.049′E；55°58.863′N,19°04.876′E；56°02.433′N,19°05.669′E；56°15.000′N,19°13.565′E；56°27.000′N,19°21.070′E；56°35.000′N,19°25.070′E；56°45.000′N,19°31.720′E；56°58.000′N,19°40.270′E；57°14.192′N,19°53.565′E；57°26.717′N,20°02.160′E；57°33.800′N,20°03.965′E；57°44.000′N,20°14.139′E；57°54.691′N,20°24.920′E；58°12.000′N,20°22.502′E；58°29.000′N,20°26.590′E；58°46.836′N,20°28.672′E。

7. 波的尼亚海和波的尼亚湾到下列点的直线：60°36.6′N,19°13.0′E；60°40.7′N,19°14.1′E；62°42.0′N,19°31.5′E；63°20.0′N,20°24.0′E；63°29.1′N,20°41.8′E；63°31.3′N,20°56.4′E；63°36.6′N,21°16.8′E 和点 63°38.1′N,21°22.7′E 与点 63°40.0′N,21°30.0′E；65°21.8′N,23°55.0′E 之间，以及，点 65°27.5′N,24°03.2′E；65°30.9′N,24°08.2′E 和 65°31.8′N,24°08.4′E 之间。

上述第Ⅰ条给出的坐标与下列一致：

坐　标	坐标系统或大地测量系统
1，2，4（1）和（c）的坐标	1950年欧洲基准（ED50）
4（2）的坐标	瑞典83号海图的坐标
4（4）的坐标	1972年世界测地系统（WGS72）
5和6的坐标	瑞典坐标系统（RT38）

Ⅱ. 在关于专属经济区的外部边界进入他国界限的协议所述期间，专属经济区扩展至超过瑞典领海的区域而不是第Ⅰ条所规定的，如下所述：

1. 波罗的海南部到下列直线：

（1）从点55°00′35.2″N，13°08′45.0″E到点55°00′36″N，13°09′26″E；

（2）从点54°57′52″N，13°59′15.0″E到点54°57′49″N，13°59′40.0″E；以及

（3）从点55°21′18.6″N，16°30′29.7″E到点55°21.640′N，16°32.000′E。

2. 波罗的海北部下列点之间的直线：58°46.836′N，20°28.672′E和58°47.680′N，20°25.264′E。

3. 波罗的海北部下列点之间的直线：58°47.680′N，20°25.264′E；58°47.6′N，20°24.6′E；58°51.5′N，20°10.0′E；59°22.1′N，19°57.8′E；59°28.6′N，19°57.5′E。

Ⅲ. 在关于专属经济区的外部边界进入他国界限的协议所述期间，该区域的渔业权扩展至超过瑞典领海的区域而不是第Ⅰ、Ⅱ条所规定的，如下所述：

——波罗的海北部和奥兰群岛海域到下列点之间的中线：点59°33.55′N，19°59.62′E和点59°42.07′N，19°47.48′之间，以及点59°51.22′N，19°34.42′E和59°59.54′N，19°22.46′E之间。

——以及到一条距离芬兰基线12海里的下列点组成的直线：60°34.3′N，19°06.5′E到60°36.6′N，19°13.0′E。

Ⅳ. 在关于专属经济区的外部边界进入他国界限的协议所述期间，关于瑞典的大陆架扩大该区域扩展至超过瑞典领海的区域而不是第Ⅰ、Ⅱ条所规定的，如下所述：

1. 波罗的海北部下列点组成的直线：59°28.6′N，19°57.5′E；59°26.7′N，

20°09.4′E；59°33.55′N,19°59.62′E。

2. 奥兰群岛海域点 59°42.07′N,19°47.48′E 和点 59°45.2′N,19°43.0′E 之间的直线,远至沿着芬兰领土边界到点 59°47.5′N,19°39.7′E 和点 59°47.7′N,19°39.4′E,远至到点 59°51.22′N,19°34.42′E 的直线。

3. 奥兰群岛海域点 59°59.54′N,19°22.46′E；60°11.5′N,19°05.2′E；60°13.0′N,19°06.0′E 以及远至沿着芬兰领土边界到点 60°14.2′N,19°06.5′E 的直线。

4. 奥兰群岛海域点 60°22.5′N,19°09.5′E 到点 60°22.5′N,19°09.5′E 的直线。

V. 瑞典专属经济区边界的条款与瑞典领海界限分别由瑞典领海界限和瑞典国界法规调整。

VI. 国家海事管理局应确保瑞典专属经济区的外部界限标注在公开适用的海图上。

本条例于 1993 年 1 月 1 日生效,代替瑞典渔业区范围条例(1977 年 642 号)。

英　国
United　Kingdom

（英文文本截止于2014年2月7日）

1878年领海管辖权法令

本法令应称之为"1878年领海管辖权法令"。

……　……

英国海军对于旗舰管辖权的修正

2. 任何个人，不论是否臣服于女王陛下，其在女王陛下统治的领海区域内进行违法犯罪活动，都要受英国海军的管辖，不论该犯罪行为发生在船舶上还是通过外国船舶实施，行为人将会面临相应的拘捕、审讯或惩罚。

惩罚违法行为的诉讼制度限制

3. 对那些不属于女王陛下统治且根据本法令受英国海军管辖的犯罪嫌疑人的审判、惩罚诉讼程序，不得在英国的任何法庭进行，除非国家最高秘书长中的任意一位同意并签发证书表明其认为该诉讼较为适宜；也不得在英国本土以外但属于女王陛下统治的其他地方进行诉讼，除非经该地总督提议，认为在该地进行诉讼较为适宜。

对程序的规定

4. 对那些不属于女王陛下统治但根据本法令受英国海军管辖的犯罪嫌疑人的审判,无须在起诉书或资料中证明本法令要求提供的国家最高秘书的同意或批准书属实,除非被告当庭提出质疑;此外,由英国国家最高秘书中的一位或女王陛下统治的其他地区总督签署的文件,以及包含的认可和批准,均视为本法令需要提供的足够证据。

犯罪嫌疑人收监之前的审讯或在地方执法官或地方法官判决之前进行的诉讼,不得视为本法令下为了上述目的或证明而对犯罪嫌疑人进行的审讯。

管辖权保留

5. 根据国际法规定且不影响、损害议会通过的法令或者与外国船舶及船舶上人员相关的法律规定,本法令所有内容不得解释为女王陛下本人及其继任者放弃任何正当管辖权。

对海盗行为的保留

6. 本法令不影响或损害之前国际法判定海盗行为的审判,也不影响其他相关法律的效力。任何国际法判定的海盗行为,本法令同样认定是犯罪行为,英国海军享有管辖权,对该行为的审判应根据本法令或议会通过的一切相关法令、法律或者习惯进行。

释　义

7. 本法令中,除前后文之间有不一致外,以下词句的意思应分别为:

在本法令中,"海军管辖权"包括英格兰和爱尔兰海军部的管辖权,或者任何议会法令中提及的上述两者之一的管辖权;为逮捕那些根据本法令规定属于海军管辖权的犯罪嫌疑人,在联合王国相毗邻的领海,或者女王陛下统治下的任何领土上,任何法官、地方法官或官员均被视为有权签署拘捕令,拘捕在其管辖权范围内进行违法犯罪活动的行为人。

"联合王国"包括英国属地曼岛,英吉利海峡以及其他毗邻的岛屿。

"女王陛下统治下的领海",根据海洋位置,指的是那些与联合王国海岸相邻的海洋部分，或与女王陛下统治下其他领土的海岸部分，根据国际法这些部分被视为女王陛下的主权领土；为了使本法令规定的任何违法犯罪行为属于海军管辖权范围内，根据低潮线测量的距离沿海岸 1 航海里格范围内的公海均被视为女王陛下统治下的领海。

"违法犯罪行为"在本法令中是对一种过失或者违约行为的描述，这种行为如果发生在英格兰的一个郡中，根据英格兰当时生效的法律，具有可诉性和可罚性。

"船舶"包括对船舰、小船或者其他浮动船舶的所有描述。

"外国船舶"指的是任何非悬挂英国国旗的船舶。

1964 年领海枢密令

1. 本法令应称之为"1964 年领海枢密令"。

2.（1）除本枢密令第三条和第四条的规定外，与联合王国、英吉利海峡以及英国属地曼岛相邻的领海宽度的基线应为沿岸低潮线，此处沿岸包括组成领土范围的所有岛屿沿岸。

（2）根据本条需要，如果出于测量领海宽度的需要，忽略那些全部或局部超过领海宽度的所有低潮高地，则视低潮高地为领海；如果省略本枢密令第三条，则视低潮高地为岛屿。

3.（1）拉斯角和琴泰岬之间测量领海宽度的基线应包括一系列前后相连的直线，在这些直线的次序表中，根据经纬度坐标确定的点在本枢密令附件的第一栏中，每一点均位于低潮线上。或者是，如果有的话，和第一栏中经纬度相反的点将列在附件的第二栏。

（2）本条第 1 款的规定不影响本枢密令第 2 条的效力，当涉及有关的岛屿、低潮高地被第 2 条视为岛屿时，此时岛屿和低潮高地位于按本条第 1 款划定基线的向海方向。

4. 当海洋毗邻海湾时，测量领海宽度的基线应按照本枢密令第 3 条规定：

（1）如果海湾仅有一个曲口，并且海湾天然入口两端的低潮标间距离不

超过 24 海里,则用直线连接该低潮线;

(2)如果因有岛屿而海湾拥有一个以上曲口,并且每个天然入口两端的低潮标间距离合计不超过 24 海里,则横越各曲口划一系列直线,以连接上述低潮线;

(3)如果本条(1)款或者第(2)款均不适用,在海湾内在低潮线之间划一条长为 24 海里的直线,以划入该长度的线所可能划入的最大水域。

5.(1)在本枢密令中——

"海湾"指沿海岸的水曲,该区域应等于或大于以横越水曲的曲口所划直线作为直径的半圆形的面积;为了本公约目的,该水曲应以其海岸线周围的低潮线以及一条连接水曲天然入口两端低潮标的线为界;如果因有岛屿而水曲有一个以上的曲口时,上述半圆的直径应为横越各曲口各线总长度之和;此外,在计算该水曲面积时,水曲中的任何岛屿均应视为水曲水域的一部分而包括在内。

"岛屿"指一块自然形成的陆地,该陆地四面环水并在高潮时高于水面。

"低潮高地"指四面环水并在高潮时没入水中的自然形成的旱地。

…… ……

大陆架法令

(1964 年 4 月 15 日)

本法令旨在制定勘探和开发大陆架的条款,并授予 1958 年 4 月 29 日在日内瓦签订的公海法令特定条款的效力,以及其他相关目的事项。

1. 大陆架的勘探及开发

(1)联合王国领海以外的海底、底土以及其中的自然资源涉及的任何可行使权利,除关于煤炭的可行使权利外,其他均属于女王陛下。

(2)1946 年英国煤炭工业国有化法令涉及的关于煤炭的任何可行使权利同样适用,同其在英国本土的行使一样。但不同之处是英国煤炭局在没有得到能源部长同意的情况下,不能因工作或采煤的目的从事其中的任何运营,部长将根据他认为适合的条款以及条件做出认可。

(3)1934年石油(生产)法令第2与第6款(关于探寻、钻孔以及采油的许可证批准)涉及的任何关于石油的可行使权利同样适用,同其在英国本土的行使一样。另外,若本款属于该法令的一个部分,该法令第5款(关于收入和支出的条款)同样生效。

(4)和前述款项一样被适用的1934年石油(生产)法令第六章规定的标准条款,应包含为了该项目受雇人员安全、健康以及福利的条款,并规定当局根据规定向上述工程项目颁发执照。

(5)能源部长应在每一财政年准备并向议会提交一份报告,阐述:

(a)根据上述1934年法令颁发的关于在低潮线以外区域的执照以及相关人员和许可的区域,包括在年底持有的类似执照;

(b)该年度根据许可在该区域内获取的自然气总量以及石油总量;

(c)为了获取这些执照所使用的方法。

(6)为保证英国类似资源开发的有效性及协调性,1945年能源部法令第一条第1款中对国务大臣总体义务的规定,同样适用于上述权利可以适用的英国本土外的资源。

(7)女王陛下时常会以枢密令的形式指定任何一个区域,在该区域内可行使本条款第一项规定的权利,任何区域只要被指定,根据本法令都可以成为指定区域。

2. 指定区域中设施的保护

(1)能源部长出于保护指定区域内设施的目的,以行政条例的形式下令禁止船舶在没有得到他的同意时进入指定的区域。

(2)如果任何船舶违反本条规定进入指定区域,船主或实际控制人将承担以下责任:

(a)经循简易程序定罪的,被处以不超过100英镑的罚款或最长3个月的监禁,或两项并罚;

(b)经循公诉程序定罪的,将被处以罚款或最长1年的监禁,或者两项并罚。

（3）本条内任何规定会被以后的规定所改变或废除,任何包括这些内容的法律文件应符合议会关于废除法律的规定。

3. 刑法和民法的适用

（1）任何作为或不作为行为：

（a）发生在指定区域内的设施表面、上面、下面或者该设施500米水域范围内；并且

（b）如果发生在联合王国的任何部分根据生效法律均构成犯罪,则应像发生在该部分的行为一样,根据法律目的处理。

（2）女王陛下可以根据联合王国的生效法律,颁布枢密令,对发生在指定区域上的作为或不作为行为所涉及海底、底土或者自然资源勘探的争议作出决定,并就该争议授予联合王国任何一地的法庭以司法管辖权。

4. 航海安全

（1）1949年海岸保护法第二部分（在海岸上的某些工程如果会对航海产生危险阻碍,需要交通部部长的批准方可进行）除第三十四条第1款（b）（限制材料存放）的规定,与针对海岸一样,在指定区域内对任何关于海底部分均适用；该法令第四十六条（本地查询）效力应延展到本条产生的一切事项。

5. 排油

（1）如果1955年通航水域石油法第一节适用的石油或者任何含石油量不低于万分之一的混合物在海洋的任何部分排出或泄出：

（a）从管道；或

（b）（从船上排出除外）在指定区域内勘探海底和底土或者开发自然资源工程导致的结果,管道的拥有者或该工程的负责人应对罪行承担责任,除非他能证明在其职责范围内排出的石油是由于其他人在没有得到他的允许（明示或默示）情况下发生的；而针对漏油,须证明他已经采取了一切合理的看管措施以防止事件发生,而漏油发生后,为了停止或减少漏油,他当即采取的一切合理措施都是可行的。

（2）任何个人违反本条规定,经循简易程序定罪的,应承担不超过1000

英镑的罚款,经循公诉程序定罪的,应承担罚款。

6. 无线电报

石油法令第十一条下的枢密令可为 1949 年无线电报法令之目的做准备措施,1988 年无线电报法令以及其他任何在以上两法令下制定的法规,任何该法规规定下在水域中安装的装置,以及该装置 500 米范围内的英国水域均应在枢密令中指明。

7. 放射性物质

1998 年石油法令第十一条下的枢密令可为 1993 年放射性物质法令之目的做准备措施,在该法令规定下安装的装置,以及该装置 500 米范围内的英国水域均应在该枢密令中指明,并且在该法令中法条运用于该装置及水域过程中进行修订。

8. 海底电缆和管道

(1)1885 年海底电报法令的第三节(对毁坏电缆的惩罚),该法令附件中第四条、第七条第 1 款(对损坏电缆的赔偿责任以及为避免类似损害而造成的机械损耗)(其中第二节有法律效力)均应适用于一切有关公海下海底电缆(不仅包括该公约适用的范围)以及管道的事项;以上所提到的第三节应被视为适用于通信、电信通讯以及高压电力电缆、管道,其中从"以这样一种方式"到第一小分段结束的内容省去。

(2)该法令第六条第 3 款(诉讼的限制)以及第十三条据此被废除。

9. 天然气的使用和供给

(1)本条以下规定对根据 1934 年石油工业(生产)法令获得许可证进行使用和供给天然气的行为产生效力,与本法令第一条第 3 款适用情况一样。另外,1948 年气体法令第五十二条不适用于此处的天然气。

(2)在没有得到能源部长同意的前提下,许可证持有人不得在英国范围内使用该气体,也不得将该气体提供给其他任何人。

(3)根据本条规定,能源部长不得同意任何人在任何情况下提供该气体,除非：

（a）该供给是出于工业目的，并且在该区域内获得许可用合理价格支付该气体；或

（b）该供给是出于本条第4款的目的，但应根据本条规定符合使用或供给该气体的规定时给予同意。

（4）获取该气体是出于工业目的，且不包括将该气体当作燃料使用，除非该气体用作提供热能或其他要求的能量。

（a）该气体在某一处理过程中用作提供能源以外的用途，或

（b）该处理过程为一个系列环节中的某个环节，并非直接转化为机器制成品的环节。

为了确定工业目的是否为本款中所要求的工业目的，对从任何自然气中导出的气体的使用，除非是副产品，都将视为是对该天然气的使用。

10. 国家保险法令的修正

［本条已被《1965年成文法修订（间接废除）法令》废止。］

11. 对犯罪行为的起诉等

（1）根据本法令进行的任何诉讼（包括其他法令规定下的犯罪行为，本法令同样适用的以及根据本法令第三条第1款认定是犯罪的），该行为可能出于偶然目的被视为犯罪，均可在联合王国任何地方进行。

（2）法人团体犯罪，若有证据证明该行为是经过该法人的主管、经理、秘书或其他类似职员同意、纵容或因其疏忽而造成的，或由其他任何人的指使而造成的，其本人及法人团体均构成犯罪，参加诉讼并依法承担法律责任。

本款中，"主管"指为涉及在任何行业，或某一个行业的国有企业从事业务而成立的法人团体，该法人团体的事务由其成员管理，也就是说法人团体中的某一位成员。

（3）本款已被废止。

11. 说明

本法令中,"安装"包括任何浮式建筑物,或为任何目的而在站点修建的设施。

12.（本条被《1973年北爱尔兰宪法法令》废止）

13. 本法令应被称为"1964年大陆架法令"。

1964年大陆架决议（区域划定）

1. 本法令应被称为"1964年大陆架决议（区域划定）"。
2. 英国领海以外有关海底、底土以及自然资源的权利应在以下划定的区域内行使：

将下列坐标点连成直线的东部：

（1）61° 00′ N, 1° 48′ E （2）59° 40′ N, 1° 48′ E
（3）59° 40′ N, 1° 36′ E （4）59° 20′ N, 1° 36′ E
（5）59° 20′ N, 1° 24′ E （6）58° 10′ N, 1° 24′ E
（7）58° 10′ N, 1° 36′ E （8）58° 00′ N, 1° 36′ E
（9）58° 00′ N, 1° 48, E （10）57° 40′ N, 1° 48′ E
（11）57° 40′ N, 2° 00′ E （12）57° 20′ N, 2° 00′ E
（13）57° 20′ N, 2° 12′ E （14）56° 50′ N, 2° 12′ E
（15）56° 50′ N, 2° 24′ E （16）56° 30′ N, 2° 24′ E
（17）56° 30′ N, 2° 36′ E （18）56° 20′ N, 2° 36′ E
（19）56° 20′ N, 2° 48′ E （20）56° 10′ N, 2° 48′ E
（21）56° 10′ N, 3° 00′ E （22）56° 00′ N, 3° 00′ E
（23）56° 00′ N, 3° 12′ E （24）55° 40′ N, 3° 12′ E
（25）55° 40′ N, 3° 00′ E （26）55° 10′ N, 3° 00′ E

（27）55°10′N,2°48′E （28）54°40′N,2°48′E
（29）54°40′N,2°36′E （30）53°50′N,2°36′E
（31）53°50′N,2°48′E （32）53°10′N,2°48′E
（33）53°10′N,3°00′E （34）52°30′N,3°00′E
（35）52°30′N,2°48′E （36）52°20′N,2°48′E
（37）52°20′N,2°36′E （38）52°10′N,2°36′E
（39）52°10′N,2°24′E （40）51°50′N,2°24′E
（41）51°50′N,2°00′E （42）51°30′N,2°00′E
（43）51°30′N,1°48′E （44）51°20′N,1°48′E
（45）51°20′N,1°36′E （46）51°10′N,1°36′E
（47）51°10′N,1°29.2′E

以及

英格兰和苏格兰东海岸以外领海的向海界限以东,远至（48）58°40′N,2°47.7′W,并由下列坐标点连成的直线：

（49）58°40′N,2°12′W （50）59°20′N,2°12′W
（51）59°20′N,1°24′W （52）59°30′N,1°24′W
（53）59°30′N,1°00′W （54）60°00′N,1°00′W
（55）60°00′N,0°36′W （56）61°00′N,0°36′W
（57）61°00′N,1°48′E

1965 年大陆架决议（额外区域划定）

1. 本法令应被称为"1965 年大陆架决议（额外区域划定）"。
2. 英国领海以外有关海底、底土以及自然资源的权利应在本决议规定的附件划定区域内行使：

附　件

本决议第二条适用于下列区域：

1. 该区域在一条线内：

从 1964 年大陆架决议第二条第一号坐标点开始，在欧洲基准上连接下列坐标点：

（1）61°00′00"N,1°51′44"E　　（2）59°53′48"N,2°04′36"E
（3）59°17′24"N,1°42′42"E　　（4）58°25′48"N,1°29′00"E
（5）57°54′18"N,1°57′54"E　　（6）56°35′42"N,2°36′48"E
（7）56°05′12"N,3°15′00"E　　（8）55°50′06"N,3°24′00"E
（9）54°37′18"N,2°53′54"E　　（10）54°22′48"N,2°45′48"E
（11）53°57′48"N,2°52′00"E　　（12）53°40′06"N,2°57′24"E
（13）53°35′06"N,2°59′18"E　　（14）53°28′12"N,3°01′00"E
（15）53°18′06"N,3°03′24"E　　（16）52°53′00"N,3°10′30"E
（17）52°47′00"N,3°12′18"E　　（18）52°37′18"N,3°11′00"E
（19）52°25′00"N,3°03′30"E　　（20）52°17′24"N,2°56′00"E
（21）52°12′24"N,2°50′24"E　　（22）52°06′00"N,2°42′54"E
（23）52°05′18"N,2°42′12"E　　（24）52°01′00"N,2°39′30"E
（25）51°59′00"N,2°37′36"E　　（26）51°50′00"N,2°30′20"E

并且

在 1964 年大陆架决议第二条第 40 号坐标点处结束。

2. 该区域边界为：

英国南部海岸外领海的向海界限以北，并且

在欧洲基准上连接下列坐标点的直线以南：

（27）51°04′59"N,1°24′00"E　　（28）51°00′00"N,1°24′00"E
（29）51°00′00"N,1°12′00"E　　（30）50°50′00"N,1°12′00"E
（31）50°50′00"N,1°00′00"E　　（32）50°40′00"N,1°00′00"E
（33）50°40′00"N,0°48′00"E　　（34）50°30′00"N,0°48′00"E
（35）50°30′00"N,2°22′13"W　　以及

英格兰南部海岸外领海的向海界限以北，并且

在欧洲基准上连接下列坐标点的直线以南：

（36）50°30′00″N,2°31′59″W （37）50°30′00″N,3°25′28″W

3. 该区域边界为：

苏格兰和英格兰西部海岸外领海向海边界以东；

在欧洲基准上连接下列坐标点的直线以西；

（38）53°20′00″N,4°46′13″W （39）53°20′00″N,5°00′00″W
（40）54°37′00″N,5°00′00″W

4. 该区域在一条直线内：

从1964年大陆架决议（区域划定）第二条第四十八号坐标点开始；

沿着奥克尼群岛和苏格兰西海岸以外的领海的向海边界；

在欧洲基准上连接下列坐标点：

（41）58°41′06″N,5°00′00″W （42）60°10′00″N,5°00′00″W
（43）60°10′00″N,4°24′00″W （44）60°20′00″N,4°24′00″W
（45）60°20′00″N,4°00′00″W （46）61°00′00″N,4°00′00″W
（47）61°00′00″N,2°00′00″W （48）61°40′00″N,2°00′00″W
（49）61°40′00″N,1°36′10″E （50）61°21′24″N,1°47′24″E
（51）61°00′00″N,1°51′44″E

并且

在1964年大陆架决议（区域划定）第二条第五十七号坐标点处结束。

1968 年大陆架决议（额外区域划定）

1. 本法令应被称为"1968 年大陆架决议（额外区域划定）"。
2. 英国领海以外有关海底、底土以及自然资源的权利应在本决议规定的附件划定区域内行使：

附　　件

本决议第二条规定适用于以下区域：

在欧洲基准上，从以下坐标点开始的一条直线的北部和东部：

（1）55°20′26″N,6°00′00″W。然后沿着苏格兰西海岸外领海的向海边界一直到 1965 年大陆架决议（额外区域划定）中附件中的第四十号坐标点，继而根据该决议的中第四十号、第三十九、第三十八号点连接成一条直线，然后沿着英格兰西海岸领海向海的边界延续到北纬 50°；

在欧洲基准上连接下列坐标点形成直线的南部：

（2）50°00′00″N,5°44′23″W　（3）50°00′00″N,6°10′54″W,然后沿着锡利群岛北部领海的向海边界，在欧洲基准上根据下列坐标连成一条直线：

（4）50°00′00″N,6°25′53″W　　（5）50°00′00″N,7°00′00″W

在欧洲基准上连接下列坐标点形成直线的西部：

（5）50°00′00″N,7°00′00″W　　（6）50°50′00″N,7°00′00″W
（7）50°50′00″N,6°48′00″W　　（8）51°00′00″N,6°48′00″W
（9）51°00′00″N,6°36′00″W　　（10）51°20′00″N,6°36′00″W
（11）51°20′00″N,6°24′00″W　　（12）51°30′00″N,6°24′00″W
（13）51°30′00″N,6°12′00″W　　（14）51°40′00″N,6°12′00″W
（15）51°40′00″N,6°00′00″W　　（16）51°50′00″N,6°00′00″W
（17）51°50′00″N,5°48′00″W　　（18）52°00′00″N,5°48′00″W
（19）52°00′00″N,5°36′00″W　　（20）52°10′00″N,5°36′00″W
（21）52°10′00″N,5°24′00″W　　（22）52°20′00″N,5°24′00″W
（23）52°20′00″N,5°12′00″W　　（24）54°00′00″N,5°12′00″W

(25) 54° 00′ 00″N, 5° 57′ 28″W

然后沿着北爱尔兰东部海岸领海的向海边界延续到欧洲基准上的下列坐标点：

(26) 55° 14′ 08″N, 6° 00′ 00″W

然后西经 6° 经线延续到本附件一号坐标点为止。

1968 年大陆架决议（管辖权）

1. 释义

（3）在本决议中

"法令"指的是 1964 年大陆架法令；

"坐标"指的是欧洲基准上的坐标点；

"第一指定区域"指的是 1964 年大陆架决议（区域划定）中的区域；

"第二指定区域"指的是 1965 年大陆架决议（额外区域划定）中附件第一段中描述的区域；

"第三指定区域"指的是该决议附件第二段（a）中描述的区域；

"第四指定区域"指的是该决议附件第二段（b）中描述的区域；

"第五指定区域"指的是该决议附件第三段中描述的区域；

"第六指定区域"指的是该决议附件第四段中描述的区域；

"第七指定区域"指的是 1968 年大陆架决议（额外区域划定）中指定的区域；此外，当提及指定区域时，应指包括所有上述区域在内。

"苏格兰边境"指的是与第一和第二指定区域相关的，北纬 55° 50′；与第五指定区域相关的，一条连接下列坐标点的直线：

(1) 54° 30′ 00″N, 5° 00′ 00″W

(2) 54° 30′ 00″N, 4° 05′ 29″W

(3) 54° 36′ 03″N, 3° 55′ 14″W

以及与第七指定区域相关的，北纬 54° 30′。

"北爱尔兰边境"指的是与第七指定区域相本区关的，一条连接下列坐标点的直线：

（1）55° 20′ N,6° 00′ W
（2）55° 10′ N,5° 48′ W
（3）55° 00′ N,5° 36′ W
（4）54° 50′ N,5° 24′ W
（5）54° 40′ N,5° 12′ W
（6）54° 30′ N,5° 00′ W
（7）54° 20′ N,5° 00′ W
（8）54° 10′ N,5° 12′ W
（9）54° 00′ N,5° 24′ W

"英格兰地区"指的是包括在第三、第四指定区域内,在苏格兰边境以南的第一、第二和第五指定区域部分,和苏格兰以南、北爱尔兰边境以东的第七指定区域部分。

"苏格兰地区"指的是包括在第六指定区域内,苏格兰边境以北的第一、第二和第五指定区域部分,和苏格兰以北、北爱尔兰边境以东的第七指定区域部分。

"北爱尔兰地区"指的是北爱尔兰边境以西的第七指定区域部分。

2. 英格兰、苏格兰以及北爱尔兰法律的适用

根据法令第三条第1款的规定,英格兰生效法律对于该法令第三条第2款提及的,发生在英格兰地区的作为或不作为行为产生的问题之解决具有适用性;苏格兰生效法律对于发生在苏格兰地区的作为或不作为行为产生的问题之解决具有适用性;北爱尔兰生效法律对发生在北爱尔兰地区的作为或不作为行为产生的问题之解决具有适用性。

3. 管辖权

高等法院对于法令第三条第2款涉及的以及上述最后条款下的任何问题均具有管辖权,对那些发生在英格兰地区的作为或不作为行为,根据英格兰生效法律加以决断;最高民事法院根据对那些发生在苏格兰地区的作为或作为行为,根据苏格兰生效法律加以决断;女王陛下在北爱尔兰的高等法院对那些发生北爱尔兰地区的作为或不作为的行为,根据北爱尔兰生效法律对

该问题加以决断。

4.1949 年无线电报法令和 1960 年放射性物质法令的适用

为了达到《1949 年无线电报法令》或《1960 年放射性物质法令》以及这些法令规定下的其他任何条例(若将来制定的任何条例或决议出于相反目的,则服从该目的)之目的,任何在英格兰地区,以及在指定区域的设施 500 米水域范围(非苏格兰或北爱尔兰的水域,也非在这些区域的设施 500 米范围内)均应视为位于英格兰境内;任何在苏格兰地区,以及在指定区域的设施 500 米水域范围(非英格兰或北爱尔兰的水域,也非在这些区域的设施 500 米范围内)均应视为位于英格兰境内;任何在北爱尔兰地区,以及在指定区域的设施 500 米水域范围(非英格兰或苏格兰的水域,也非在这些区域的设施 500 米范围内)均应视为位于北爱尔兰境内。

1971 年大陆架决议(额外区域划定)

1. 本法令应称之为"1971 年大陆架决议(额外区域划定)"。
2. 英国领海以外有关海底、底土以及自然资源的权利应在本决议规定的附件划定区域内行使:

附　件

本决议第二条适用于下列区域:

1. 该区域边界为:

连接 1968 年大陆架决议(额外区域划定)附件中的第(6)号、第(5)号和第(4)号点形成的直线的北部和东部,继而沿着锡利群岛西部领海的向海边界一直到欧洲基准上的下列坐标点:

(1)49° 50′ 00″N,6° 29′ 40″W

连接本附件(1)号坐标点以及欧洲基准上的下列坐标点的直线的南部

和西部：

(2) 49°50′00″N, 8°36′00″W

(3) 50°00′00″N, 8°36′00″W

(4) 50°00′00″N, 8°24′00″W

(5) 50°10′00″N, 8°24′00″W

(6) 50°10′00″N, 8°12′00″W

(7) 50°20′00″N, 8°12′00″W

(8) 50°20′00″N, 7°48′00″W

(9) 50°30′00″N, 7°48′00″W

(10) 50°30′00″N, 7°36′00″W

(11) 50°40′00″N, 7°36′00″W

(12) 50°40′00″N, 7°12′00″W

(13) 50°50′00″N, 7°12′00″W

以及延伸到1968年大陆架决议（额外区域划定）附件中第（6）号坐标点的直线。

2. 该区域边界为：

连接1968年大陆架决议（额外区域划定）上第（3）号和第（2）号坐标点的直线的北部，继而沿着领海的向海界限，到欧洲基准上的下列坐标点连接成的直线：

(14) 50°00′00″N, 5°35′04″W

(15) 50°00′00″N, 5°20′43″W

然后沿着领海向海的边界到1965年大陆架决议（额外区域划定）附件中的第（37）号坐标点，到该决议附件的第（36）号点间画一条直线，再继续沿着领海向海的边界到该决议附件的第（35）号点，与欧洲基准上的下列坐标点间划一条直线：

(16) 50°30′00″N, 0°12′00″E

连接本附件第（16）号点以及欧洲基准上下列坐标点的直线的南部：

(17) 50°20′00″N, 0°12′00″E

(18) 50°20′00″N, 2°24′00″W

(19) 50°10′00″N, 2°24′00″W

(20) 50° 10′ 00″N, 3° 12′ 00″W

(21) 50° 00′ 00″N, 3° 12′ 00″W

(22) 50° 00′ 00″N, 3° 24′ 00″W

然后沿着锡利群岛东部领海的向海边界到1968年大陆架决议（额外区域划定）附件中的第（3）号点。

3. 该区域边界为：

连接下列坐标点形成的直线的东部：

(25) 59° 50′ 00″N, 5° 00′ 00″W

到1965年大陆架决议（额外区域划定）附件中的第（41）号坐标点，然后沿着苏格兰西部海岸的领海向海边界，延续到欧洲基准上的下列坐标点：

(26) 55° 40′ 00″N, 6° 36′ 33″W

连接本附件第（26）号点和欧洲基准上的下列坐标点形成直线的西部：

(27) 55° 40′ 00″N, 6° 48′ 00″W

(28) 55° 50′ 00″N, 6° 48′ 00″W

(29) 55° 50′ 00″N, 7° 00′ 00″W

(30) 56° 00′ 00″N, 7° 00′ 00″W

(31) 56° 00′ 00″N, 8° 00′ 00″W

(32) 56° 10′ 00″N, 8° 00′ 00″W

(33) 56° 10′ 00″N, 8° 48′ 00″W

(34) 56° 20′ 00″N, 8° 48′ 00″W

(35) 56° 20′ 00″N, 9° 24′ 00″W

(36) 58° 20′ 00″N, 9° 24′ 00″W

(37) 58° 20′ 00″N, 8° 36′ 00″W

(38) 58° 50′ 00″N, 8° 36′ 00″W

(39) 58° 50′ 00″N, 7° 36′ 00″W

(40) 59° 20′ 00″N, 7° 36′ 00″W

(41) 59° 20′ 00″N, 6° 36′ 00″W

(42) 59° 50′ 00″N, 6° 36′ 00″W

然后到本决议第（25）号点间划一条直线。

4. 该区域由一条直线为边界,从 1965 年大陆架决议(额外区域划定)第(48)号点开始,连接欧洲基准上的下列坐标点:

(43)62°00′00″N,2°00′00″W

(44)62°00′00″N,1°17′48″E

(45)61°44′12″N,1°29′36″E

(46)61°44′12″N,1°33′36″E

然后到该决议的第四十九号坐标点间划一条直线。

1971 年大陆架决议(管辖权修正案)

本决议包括联合王国大陆架的区域,根据 1971 年大陆架决议(额外区域划定)划定的新区域作为大陆架的一部分。

(本决议被《1980 年大陆架决议(管辖权)》废除。)

1974 年大陆架决议(额外区域划定)

1. 本法令应被称为"1974 年大陆架决议(额外区域划定)"。
2. 本决议附件中明确的区域,是联合王国领海以外的部分,联合王国有权行使其中涉及海底、底土和自然资源的权力。

附 件

本决议第二条适用的区域由一条直线划定,该直线从 1971 年大陆架决议(额外区域划定)附件中第(42)号点开始,连接欧洲基准上的下列坐标点:

(1)59°50′00″N,14°30′00″W

(2)57°00′00″N,19°30′00″W

然后连接 1971 年大陆架决议(额外区域划定)附件中第(35)(36)(37)(38)(39)(40)(41)和(42)号坐标点间划一条直线。

1974年大陆架决议（管辖权修正）

本决议包括联合王国大陆架区域,同时包括那些根据苏格兰民法目的而视为苏格兰领土的区域,以及根据1974年大陆架决议（额外区域划定）指定的新的大陆架部分。

［本决议被《1980年大陆架决议（管辖权）》废除。］

1979年领海（修正案）枢密令

1.本法案应以1979年领海（修正案）枢密令为名援引,于1978年6月18日开始实施。

2.1964年领海枢密令法案附件应由下列附件取代：

附　件

连接拉斯角和琴泰岬的点形成的基线

序号	北纬			西经			名称
	度	角	分	度	角	分	
1	58	37	40	5	00	13	Cape Wrath
2	58	31	12	6	15	41	Lith Sgeir
3	58	30	44	6	16	55	Gealltuig
4	58	29	09	6	20	17	Dell Rock
5	58	18	27	6	47	45	Tiumpan Head
6	58	17	36	6	52	43	Mas Sgeir
7	58	17	09	6	55	20	Old Hill

续表

序号	北纬			西经			名称
	度	角	分	度	角	分	
8	58	14	31	7	02	00	Gallan Head
9	58	13	54	7	02	57	——
10	58	10	39	7	06	54	Eilean Molach
11	57	59	08	7	17	42	Casker
12	57	41	19	7	43	13	Haskeir Eagach
13	57	32	22	7	43	58	Huskeiran
14	57	14	33	7	27	44	Rubha Ardvule
15	57	00	50	7	31	42	Greian Head
16	56	58	07	7	33	24	Diorlinn Head
17	56	56	57	7	34	17	Airda' Chaolais
18	56	56	05	7	34	55	Biruaslum
19	56	49	21	7	39	32	Guarsay Mor
20	56	48	00	7	39	57	Sronan Duin
21	56	47	07	7	39	36	Skate Point
22	56	19	17	7	06	55	Skerryvore
23	56	07	58	6	38	00	Dubh Artach
24	55	41	36	6	32	02	Frenchman's Rocks
25	55	40	24	6	30	59	Orsay Island
26	55	35	24	6	20	18	Mullofoa
27	55	17	57	5	47	54	Mullof Kintyre

尾注：文本由大不列颠及北爱尔兰联合王国常驻联合国代表于1985年9月20日在普通照会中递交联合国。

1980年大陆架（管辖权）决议
引文与释义

1.（1）本决议应称之为"1980年大陆架（管辖权）决议"。

（2）本决议中

"法令"指1964年大陆架法令；

"坐标"是指欧洲基准上的坐标。

附件1中栏目1中的表述应含有与栏目2中相对应的含义，且对其中某一指定区域的说明应同样适用于其中任何区域；

"苏格兰边境"指，与第一和第二指定区域有关的，北纬55° 30′ 00″；与第五指定区域相关的，一条连接以下坐标点的直线：

①北纬54° 30′ 00″，西经5° 00′ 00″

②北纬54° 30′ 00″，西经4° 05′ 29″

③北纬54° 36′ 03″，西经3° 55′ 14″

以及，关于第七指定区域，北纬54° 30′ 00″；

"北爱尔兰边境"指，与第七指定区域有关的，一条连接以下坐标点的直线：

①北纬55° 20′ 00″，西经6° 00′ 00″

②北纬55° 10′ 00″，西经5° 48′ 00″

③北纬55° 00′ 00″，西经5° 36′ 00″

④北纬54° 50′ 00″，西经5° 24′ 00″

⑤北纬54° 40′ 00″，西经5° 12′ 00″

⑥北纬54° 30′ 00″，西经5° 00′ 00″

⑦北纬54° 20′ 00″，西经5° 00′ 00″

⑧北纬54° 10′ 00″，西经5° 12′ 00″

⑨北纬54° 00′ 00″，西经5° 24′ 00″

"英格兰地区"指包括在第三、第四、第八、第十一、第十二以及第十四指定区域内的，以及在苏格兰边境以北的第一、第二、第五指定区域和在苏格兰以南、北爱尔兰以西的第七指定区域等这些地区。

"北爱尔兰地区"指位于北爱尔兰边界线以西的第七指定区域。

英格兰、苏格兰以及北爱尔兰法律的适用

2. 根据法令第三条第 1 款之规定,第三条第 2 款涉及的发生在英格兰地区的作为或不作为犯罪行为,对这些问题的决断应适用生效的英格兰和威尔士的法律;对那些发生在苏格兰地区的作为或不作为犯罪行为的决断,应适用生效的苏格兰法律;对那些发生在北爱尔兰地区的作为或不作为犯罪行为的决断,应适用生效的北爱尔兰法律。

管辖权

3. 高等法院对于法令第三条第 2 款涉及的问题应具有管辖权,并且根据前述最后一条规定,对那些发生在英格兰和威尔士地区应根据生效的英格兰和威尔士法律决断的案件,高等法院也享有管辖权;最高民事法院对那些发生在苏格兰地区的、应根据生效的苏格兰法律决断的案件享有管辖权;此外,北爱尔兰高等法院对于那些发生在北爱尔兰地区的、应根据生效的北爱尔兰法律决断的案件享有管辖权。

1949 年无线电法令以及 1960 年放射性物质法令的适用

4. 为了 1949 年无线电法令、1960 年放射性物质法令以及其他任何根据以上法令制定的规定或决议之目的,在英格兰地区内的任何设施,以及在指定区域的设施(该水域不处于苏格兰及北爱尔兰地区,也不在上述地区设施的 500 米范围内)500 米范围内的水域,均应视为位于英格兰和威尔士;在苏格兰地区内的任何设施,以及在指定区域的设施(该水域不处于英格兰和北爱尔兰地区,也不在上述地区设施的 500 米范围内)500 米范围内的水域,均应视为位于苏格兰;在北爱尔兰地区内的任何设施,以及在指定区域的设施(该水域不处于英格兰和苏格兰,也不在上述地区设施的 500 米范围内)500 米范围内的水域,均应视为位于北爱尔兰。

先前决议的废除

5. 附件 2 中列明的决议在此废除。

生　效

6. 本决议生效于 1980 年 3 月 13 日。

附件 1
某些表述的释义

表　述	含　义
第一指定区域	1964 年大陆架决议（区域划定）中指定
第二指定区域	1965 年大陆架决议（额外区域的划定）中附件的第一段的描述
第三指定区域	上述最后提及的法令中附件第二段（a）的描述
第四指定区域	上述最后提及的法令中附件第二段（b）的描述
第五指定区域	上述最后提及的法令中附件第二段（3）的描述
第六指定区域	上述最后提及的法令中附件第二段（4）的描述
第七指定区域	1968 年大陆架决议（额外区域划定）中的指定区域
第八指定区域	1971 年大陆架决议（额外区域划定）中附件第一段及第二段的描述
第九指定区域	上述最后提及的决议中第三段及第四段的描述
第十指定区域	1974 年大陆架决议（额外区域划定）中指定的区域
第十一指定区域	1976 年大陆架决议（额外区域划定）中指定的区域
第十二指定区域	1977 年大陆架决议（额外区域划定）中指定的区域
第十三指定区域	1978 年大陆架决议（额外区域划定）中指定的区域
第十四指定区域	1978 年大陆架决议（额外区域划定）（第二号）中指定的区域
第十五指定区域	1979 年大陆架决议（额外区域划定）附件第一段的描述
第十六指定区域	上述最后提及决议附件的第二段的描述

附件 2

废除的决议

1. 1968 年大陆架决议（管辖权）
2. 1971 年大陆架决议（管辖权）（修正案）
3. 1974 年大陆架决议（管辖权）（修正案）
4. 1976 年大陆架决议（管辖权）（修正案）
5. 1978 年大陆架决议（管辖权）（修正案）
6. 1978 年大陆架决议（管辖权）（修正案）（第二号）

对鱼类保护以及福克兰群岛享有海事管辖权的声明

（1986 年四号公告，1986 年 10 月 29 日）

为了福克兰群岛周围的鱼类创造必要的生存保护环境，英国政府在此宣布：

根据国际法规定，从测量福克兰群岛领海宽度的基线起最远 200 海里范围内为渔业区。

以上界限内的最大范围不影响与阿根廷的边界线，在该 200 海里的弧线范围内阿根廷与福克兰群岛重叠。由于不存在任何双边协议，英国政府在此声明：

该边界应由关于海事管辖权界定的国际法进行规定。

对该范围的声明立刻生效。

在这些范围内，根据国际法规定的立法措施将立即在福克兰群岛得到实施，以保证对群岛的保护与管理。这些措施的目的在于：在保护整个西南大西洋渔业的临时性国际非正式协议基础上，保证对物种的保护，并考虑到最有力的科学证据。

这些措施将适用于福克兰群岛临时保护和管理区域（FICZ）。FICZ 的范围将通过立法确定，这些措施的生效时间将提前告知。

关于从 1987 年 2 月 1 日开始的下一个捕鱼季的安排，一些办法即将制定，作为针对福克兰群岛周围的渔业以及欧洲经济共同体委员会的紧急措施。

英国政府按照现有国际法规定，根据大陆架固有的权利，对福克兰群岛周围的大陆架相关问题也有一定考虑。为避免疑义，英国政府在此声明：

福克兰群岛周围的大陆架从测量福克兰群岛领海宽度的基线起延伸至 200 海里处，或根据国际法规定延伸至其他边界，包括与邻国制定的有关海事管辖权界定的边界。

为落实本声明，福克兰群岛当局应采取立法措施。

福克兰群岛—1986 年渔业条例（保护和管理）

条款安排

1. 名称和生效时间
2. 释义
3. 渔场
4. 无证捕鱼
5. 捕鱼船进入渔场时关于船上鱼类的告示
6. 装载工具
7. 无证禁止转运、出口鱼类
8. 许可权的行使方式
9. 渔业主管和渔业保护官员
10. 渔业主管和渔业保护官员的一般权力
11. 没有提起诉讼情况下对船舶或物品的解禁
12. 解禁渔船的抵押金
13. 免责

14. 对渔业保护官员的妨碍
15. 罪行、处罚及诉讼
16. 简易审判庭和地方法院的管辖权
17. 没收执照
18. 对轻微犯罪的行政处罚
19. 未缴纳罚金或为罚金提供担保情况下对渔船的扣押和没收
20. 规章
21. 渔业条例限制 27（CAP27）实施的限制及保留

本条例

为整顿、保护以及管理福克兰群岛渔业以及附带事项做好准备。
由福克兰殖民区的立法机关颁布以下内容：

名称和生效时间

1. 本条例名为"1986 年渔业条例（保护和管理）"，其生效日期为总督根据决议指定的登报之日，总督同时应根据不同条款确定不同的生效日期。

释 义

2. 除上下文有其他要求，在本条例中：

"渔业主管"指的是根据第九条第 1 款指定的渔业主管。

"出口执照"指的是第七条中描述的执照。

"鱼类"指的是任何非哺乳动物或鸟类的海洋生物，不管是新鲜的还是加工处理过的，包括甲壳类动物及其任何部分，还包括鲑鱼、迁徙的鳟鱼和鱼粉。

"甲壳类动物"包括甲壳类以及软体类的任何生物，包括任何甲壳类动物的巢穴（或其中任何部分）、任何的壳或部分壳、或其幼蚝、卵，以及贝壳或该动物贝壳的一部分。

"渔业保护官"指的是渔业主管，任何根据第九条第 3 和第 4 款中规定的渔业保护官员，以及渔业保护官员为了本条例目的授权的任何人员。

"捕鱼"指的是：

（1）抓鱼或者取鱼行为；

（2）其他一切经合理预计可以导致抓鱼或取鱼的行为；或

（3）任何在海洋上为上述（1）（2）项提供支持、或准备的活动。

"捕鱼船"指的是任何大小的船舶，不论其驱动方式如何，被用来进行捕鱼活动或进行鱼类加工、贮藏、运输，或对捕鱼活动（包括转运鱼类）提供辅助。

"捕鱼执照"指的是根据第四条规定的执照。

"渔场"指的是第三条规定的福克兰群岛的捕鱼场。

"临时渔业保护和管理区"指的是根据 1986 年 10 月 29 日总督的公告建立及分配的区域。

"内水"指的是领海基线向陆一面的水域。

"船长"指的是指挥捕鱼船或者对捕鱼船负责的、抑或对船上的捕鱼工作负责的人员。

"转运执照"指的是第七条规定下的证书。

"鱼类转运"指的是将鱼类从一条捕鱼船上转移到另一条，不论这些鱼是否一开始就装载在前一条船上。

渔　　场

3. 福克兰群岛的渔场包括：

（1）内水；

（2）领海；

（3）临时渔业保护和管理区；以及

（4）其他任何生效公告、法律或条约公布的，在福克兰群岛地区关于渔业及渔业管理的专属权利覆盖的水域。

无证捕鱼

4.（1）除非具有根据本法令授权的执照，严禁在渔场通过渔船进行捕鱼活动。

（2）渔船舶要违反第 1 款规定，船长、船主、租船者将各自面临 100 000 英镑的罚款。

（3）申请捕鱼执照需一定费用。

（4）捕鱼执照应就一条特定船舶颁发给船长、船主或租船者，可以授予一般捕鱼权，或通过注释授予有限的捕鱼权，其中尤其明确：

（a）捕鱼执照授权的捕鱼区域；

（b）授权捕鱼的周期、次数或特定的航次；

（c）对可捕鱼类的描述、数量、大小以及介绍；或

（d）捕鱼的方法。

（5）可以无条件颁发捕鱼许可证，也可由渔业主管根据海洋捕鱼管理的需要或应急措施设定一些条件。出于保护和管理渔场的目的，为了福克兰群岛的经济效益，一张捕鱼许可证可能包括的（在不违反前述事项的前提下）条件有：

（a）捕鱼许可证规定的捕鱼船装卸货物的登陆处；

（b）捕鱼可能用到的方法；

（c）对被许可的船舶进行标注，包括其分配到的国际无线电信号；

（d）对应当在被许可船舶上进行的捕鱼活动的记录；

（e）被许可船上的装备的导航设备和海图；以及

（f）被许可船可进行鱼类转运的地点。

如果违反证书规定的条件，相关的船长、船主和租船者将因此分别面临20 000英镑的罚款。

（6）若船长允许一艘未经授权或者没有捕鱼许可证的船舶在渔场内捕鱼，则该行为视为违法。

在因违反本款规定而导致的诉讼中，如果被告方能证明在渔场中没有鱼类被取到、捕到或捉到，则构成抗辩理由。

罚款金额：75 000英镑。

（7）在颁发捕鱼许可证的过程中，渔业主管要求证书中指定的船长、船主以及租船者提供一定的统计信息（包括本条例生效以前任何时期内的信息），若对方无正当理由拒绝提供，或故意提供虚假信息，或因疏忽提供虚假信息，则将视为违法犯罪。

罚款金额：15 000英镑。

（8）一张捕鱼许可证可能：

（a）有时发生变更，并且

（b）被吊销或暂停。

如果以上措施在渔业主管看来是为海洋捕鱼的规制、渔业区的保护和管理或福克兰群岛经济效益所必须的或属权宜之计。

（9）在渔业主管行使第 8 款规定权力的条件没有出现或已经消失时,任何法庭均不得挑战、复核、撤销或质疑渔业主管根据上述权力进行的活动。

（10）如果捕鱼许可证发生变更、被吊销或暂停使用,经渔业主管通过周全考虑认为得当的话,可以退还全部或部分执照费用。

捕鱼船进入渔场时关于船上鱼类的告示

5.（1）当船上装有鱼类时,船长应

（a）在船舶进入渔场前,或

（b）在船长、船主或租船者离开捕鱼执照允许的渔场前,

向渔业保护官通报船上鱼类的总量、规格、大小以及描述。

罚款金额：50 000 英镑。

（2）本条第 1 款下的告示不能构成针对第四条第 6 款起诉的抗辩。

装载工具

6.（1）任何时候在渔场内任何区域的船舶,有下列情况之一的

（a）第四条规定禁止船舶进入该区域的；或

（b）捕鱼执照只允许在该区域捕特定描述下的鱼类的。

那么船舶的装载工具,或者被允许的捕鱼活动不需要的装置,应当进行理舱,使之出于不能随时使用的状态,或者按照规定的方式理舱。

（2）如果任何船舶违反本条规定：

（a）船长应被定罪罚款；并且

（b）法庭在定罪的同时可以责令没收在船上发现的任何鱼类,以及由任何人使用或取走的船上的装载工具。

罚款金额：100 000 英镑。

无证禁止转运、出口鱼类

7.（1）在渔场内,除非有授权颁发的转运执照或者出口许可证,禁止从

渔船上接收鱼类进行转运,或者在渔船间进行转运,禁止在领海或内水中,通过渔船运输从其他捕鱼船上转运而来的鱼类。

(2)一旦有船舶违反本条规定,其船长、船主以及租船者均为犯罪。

在因违反本款规定而导致的诉讼中,如果被告方能证明在渔场中鱼类没有被取到、捕到或捉到,则构成抗辩。

罚款金额:50 000英镑。

(3)转运执照和出口证书需要支付一定的费用。

(4)转运执照或出口证书应就一条特定船舶颁发给船长,船主或租船者可以被授予一般捕鱼权,或通过注释授予有限的捕鱼权,其中尤其明确:

(a)鱼类转运的区域;

(b)鱼类转运或运输的周期或次数;

(c)可能进行转运的数目;

(d)被运出渔场的鱼类的描述好数量;或

(e)执照中明确的渔船把鱼类运出渔场的次数。

(5)转运执照或出口证书可以无条件授权鱼类的转运、接收或出口,也可由渔业主管根据海洋捕鱼管理的需要或应急措施,出于保护和管理渔场的目的,为了福克兰群岛的经济效益设定一些条件,包括对接收船舶的处理要求,对于不同的渔船或者不同规格的船舶,这些强制条件可能是不同的。

(6)如果船长、船主或租船者违反本条第5款规定的条件,则其均应视为犯罪。

罚款金额:20 000英镑。

(7)渔业主管可以要求转运执照或出口证书中指定的船长、船主以及租船者或者代理人提供一定的统计信息(包括本条例生效以前任何时期内的信息),若对方无正当理由拒绝提供,则将被视为违法犯罪。

罚款金额:15 000英镑。

(8)任何人,

(a)那些为了获得转运执照或出口证书的;或者

(b)为满足第7款的。

若故意提供虚假信息或因疏忽提供虚假信息的,将被视为违法犯罪。

罚款金额:20 000英镑。

(9)转运执照或出口证书:

(a)有时会发生变更,以及

(b)被吊销或暂停使用。

以上措施如果渔业主管认为对海洋捕鱼的规制、渔业区的保护和管理或福克兰群岛经济效益是必须的或属权宜之计。

(10)在渔业主管行使第9款规定权力的条件没有出现或已经消失时,任何法庭均不得挑战、复核、撤销或质疑渔业主管根据上述权力进行的活动。

(11)如果转运执照或者出口证书发生变更、被吊销或暂停使用,渔业主管通过周全考虑认为得当的话,可以退还全部或部分执照费用。

许可权的行使方式

8.本条例授予的许可权的行使是为了限制渔船的数量,或参与捕鱼、转运或运输的各种规格船舶的数量(包括在一个国家注册的任何种类船舶),该数量在渔业主管看来,对海洋捕鱼的规制、渔业区的保护和管理或福克兰群岛经济效益是必须的或得当的。

渔业主管和渔业保护官员

9.(1)本条例以及下述规定应由总督任命的渔业主管执行,其应负责:

(a)鱼类的保护;

(b)鱼类的评估和数据采集;

(c)渔业的发展和管理;

(d)对捕鱼活动的监控、控制以及监视;

(e)对捕鱼活动及其附属活动的管理;

(f)捕鱼、转运、出口以及附属操作证书的颁发、变更、吊销以及暂停;

(g)关于执照的费用收集;

(h)根据总督的决定,应其要求制作这些报告;

(i)与本条例相关的事项。

(2)根据本条例,渔业主管履行职责过程中应服从总督的命令。

(3)本条例及以下规定应由渔业保护官实施,其受渔业主管的指导,为此渔业保护官应享有第十条列出的权力。

（4）下列人员均为渔业保护官员，即所有由总督任命的人员，所有福克兰群岛警察，所有女王陛下船舶上的军官以及皇家海军、皇家空军和福克兰群岛政府中负责控制指挥飞机和气垫船的人员。

渔业保护官员的一般权力

10.（1）为了实施本条例以及相关规定的目的，渔业保护官员或其授权的人员可以在渔场内对渔船行使下列权力：

（a）可以拦截船舶。

（b）可以要求船长停止捕鱼，并把捕鱼用具收回船上。

（c）可以要求船长利用所有适当方式便于登船。

（d）可以自己登船，也可以带领帮助其行使权力的其他人员一同登船。

（e）可以要求船长、全体船员出示登记证书、执照、正式航海日志、官方文件、雇用合同、捕鱼记录以及与船舶、船员或其他成员相关的任何文件，包括他们在船上私有的文件，并对这些文件进行检查和复制。

（f）可以召集船上全体船员。

（g）可以要求船长出面，对船舶、船员或船上的任何人，包括本款（e）项提及的文件进行解释说明。

（h）为了调查清楚是否有违反本条例或其他相关规定的行为，可以进行必要的搜查、检查或询问。

（i）为了调查、检查、询问的目的，可以自行或要求船长将船舶行驶至福克兰群岛的任何地方、任何港口或港湾。

（j）对于那些被认为违反本条例或其他相关规定的人，在没有传票、拘捕令或经过一定程序的情况下，其有权带走犯罪嫌疑人。如果在其看来该违反行为由船长和船员共同完成，渔业保护官员或其授权的人员可以自行或要求船长将船舶驶向福克兰群岛的任何一处港口或海湾，将其交给有资格的法庭处理，并拘留相关人员，扣押船舶，直到法庭作出宣判。

（k）为了船舶的安全，可以采取措施对根据本条款被截住的、带走的或扣押的船舶进行制动，以保证根据本条例第十二条或法庭判决放回船舶前，船舶不会被其他人开走。

（l）为了防止违反第四条第2款或第5款，或第七条第2款及第6款的规定,可以扣留他认为被用于该违法行为或与违法行为的发生有关的船舶（包括船上的装备、补给品和货物）。

(m)可以扣留其认为用于违法行为的捕鱼设备、工具或器械。

(n)可以扣押任何其认为与违法行为有关而被捕获的鱼类或相关产品。

(o)可以扣押或复制其认为与该违法行为有关的任何文件。

(2)在行使本条第1款规定的权力时,渔业保护官可以在必要时使用武力。

(3)针对渔船行使本条规定的权力时,不考虑该渔船当时是否在捕鱼或从事与捕鱼有关的活动。

没有提起诉讼情况下对船舶或物品的解禁

11. 若根据本条例第十条取得、缴获或扣押的船舶或物品在抵达港口或海湾14日之内,没有对其提起任何诉讼,则渔业主管经请求应解除对船舶或其他物品的扣押,将其归还船长、船主、租船者或其代理人。

解禁渔船的抵押金

12.（1）当渔船因违反本条例或相关规定而被扣押,其船长、船主或租船者面临相关指控、控告时,船长、船主或租船者可以在判决裁定下达前的任何时候向法庭提出申请,根据本条规定的抵押金条款,请求对渔船解除扣押。

(2)在听取该申请时,法庭应：

(a)若被告提供的抵押金足够支付被告可能面临的最大罚款额以及皇室根据第十六条第2款需要支付的费用总和,则下令解除对渔船的扣押；或

(b)若法庭批准的任何适当的人按照第4款以规定的格式和条件签发了以女王陛下为受益人的债券,且其总额不低于被告可能面临的最大罚款额以及皇室根据第十六条第2款需要支付的费用总和,则下令对渔船解除扣押。

(3)对于上述第2款的规定,若能证明有特殊情况时,法庭允许债券中规定的数额小于该款要求的总额。

(4)债券的条件应为,如果：

(a)被告方针对控告有可能被判无罪；

(b)被告方在定罪后14天内,付清了法庭确定的全部罚款,以及皇室根

据第十六条第 2 款需要支付的费用总和,则债券将失效,否则债券完全有效。

（5）债券的总额可被拥有合法管辖权的法院全部收回,签发债券的行为人对女王陛下承担共同连带责任的债务,除非行为人能证明特定的行为条件下该债券作废。

（6）在本条中,"渔船"包括了船上的或使用的所有装备,也包括了根据本条例及相关规定被扣押船舶上的鱼类。

免　责

13. 渔业保护官根据本条例及相关规定出于善意行使权力,其行为或疏忽只要证明是合理的,其将免于受到刑事或民事诉讼。

对渔业保护官的妨碍

14. 任何人若妨碍渔业保护官员按本条例或相关规定行使权力,或拒绝、无视合法的命令、要求或指示,以及拒绝回答渔业保护官在履行本条例过程中提出的合理问题,或者阻止他人遵守以上命令、要求、指示以及回答问题的,其行为应视为违法犯罪。

罚款金额：50 000 英镑。

罪名、处罚及诉讼

15.（1）任何人违反本条例或相关规定,其行为并没有特别规定是犯罪的,仍视为违法犯罪。

（2）任何人违反本条例或其他相关规定构成犯罪,如果没有特别规定处罚措施的,对其应处以不高于 20 000 英镑的罚款。

（3）任何人因违反本条例及其他相关规定构成犯罪的,法院可以在处以罚款之外,要求没收犯罪过程中使用的捕鱼用具、工具或器械,包括渔船上的鱼类。物品没收后应按照总督的指示予以处置。

（4）为了本条例规定下诉讼的目的,任何在渔船上发现的鱼类都应视为捕获所得。

（a）在渔场范围内；以及

（b）该渔船的执照指定限制其在某一特定地区捕鱼,在鱼类被发现时该渔船的周围有相反证据除外。

（5）尝试违反本条例违法犯罪的行为将被视为犯罪，对其应以类似犯罪未遂的方式处理。

（6）船长若有违背本条例规定进行转运、接收鱼类，运输或以其他方式处理捕获、转运而来的鱼类的，将被视为犯罪。

（7）任何人有协助、教唆、建议或导致违反本条例规定的犯罪行为的，均应以其协助、教唆、建议、引起或共谋的罪名定罪。

（8）排除其他法律对诉讼开始的时间限制，违反本条例及规定的违法犯罪行为发生后，在任何时间可对其开始诉讼程序。

（9）根据宪法对司法部长权力的规定，对有关本条例及以下有关规定的犯罪行为的起诉和诉讼程序均应以渔业主管的名义开始及进行，渔业主管或任何渔业保护官员可以出庭指控。

（10）一份需要由渔业主管或其授权的人签署的执照，为方便在指定的日期签署：

（a）该执照中指定的渔船并未按照本条例批准；或

（b）被告或其他人并非按本条例规定的执照持有人。

若没有其他相反证据，则构成证明该执照上列明事项的充分证据。

简易审判庭和地方法院的管辖权

16.（1）本条例及以下条文规定的所有处罚、罪名、诉讼均可以在简易审判庭和地方法院恢复、起诉和负责承担。

（2）关于根据本条例及以下规定起诉的犯罪行为，排除 Administration of Justice or dinance Cap3 的规定，简易审判庭和地方法院享有扩大管辖权，有权根据本条例及以下规定处以任何罚款，以及将诉讼过程中产生的合理费用和支出（包括行使第十条第 1 款，J 款和 K 款权力时产生的费用）判给女王陛下。

没收执照

17.（1）任何人因违反本条例及以下规定被判犯罪，之后又因违反本条例而犯罪的，除其他处罚之外，应没收根据本条例颁发的执照及支付的执照费用，并从犯罪之日起的 3 年内，不得持有本条例规定的任何该类执照。

(2)尽管第1款有明确规定,但在一些特殊案件中,相关人员可以在定罪之日起30日内或类似延长期内向总督提出申请,总督可以指示第1款内容不适用于特定的执照,否则该执照将被没收。

对轻微犯罪的行政处罚

18.(1)当总督有合理理由相信:

(a)行为人犯有违反本条例及以下规定的涉及渔船的罪行;

(b)该罪行性质轻微;

(c)参考行为人及渔船先前的活动,认为应按照本条规定给予处罚;

总督可以根据第2款用指定形式书写一份针对该行为人的通知。

(2)第1款规定下的通知应指明:

(a)该犯罪行为的日期和性质;

(b)起诉所依据的事实概述(作为充分的总结全面且公正地告知行为人面临的指控);

(c)总督认为对该惩罚相关的其他事项(非前科);

且应批注一段声明,陈述本款规定。

(3)第1款中通知的接收人,在收到通知28天内,可用指定格式书写一份给总督的通知,要求将被起诉行为的诉讼程序交由法院处理,其中以下情况应满足:

(a)根据本条款,总督无须进行进一步的诉讼;

(b)本条款任何内容都不会被视为会对接下来的指控和控告、法院对行为人的定罪、任何处罚及没收决定造成阻碍。

(4)第1款中通知的接收人,若未请求将指控的诉讼程序交由法院处理,可书面递交一份通知交予总督,内容包括:

(a)承认犯罪;以及

(b)向总督递交其希望在决定处罚的过程中予以考虑的事项。

(5)第1款中通知的接收人若在收到通知后28小时内未:

(a)要求将被起诉行为的诉讼程序交由法院处理;或者

(b)承认犯罪。

则截止日期来临后,视为其承认犯罪。

（6）在本条规定下，若行为人承认或视为承认犯罪，则总督在考虑其根据第 4 款递交的意见书后，可以对其处以一定数额的罚款，该罚款的最高额不得超过法院审判情况下可能判决的最高额的三分之一。

（7）当总督根据本条规定对行为人处以罚款时，总督应按指定格式书写一份关于处罚详情的通知，交予行为人。

（8）本条规定的通知接收人，应根据第 7 款在收到通知的 28 日内支付罚款。

（9）在不违反第 8 款要求的前提下，根据本条征收的罚款，国家可以从行为人处索回，方式与对犯罪罚款的索回相同。

（10）尽管本条例及相关法令有其他规定，但当行为人根据本条规定承认犯罪或视其为承认犯罪时，则不允许对该行为人提起指控或诉讼。

（11）本条内容不应适用于：

（a）第四条第 2 款规定下犯罪或所控罪行；

（b）相关指控或诉讼已经提起过的犯罪或所控罪行。

未缴纳罚金或为罚金提供担保情况下对渔船的扣押和没收

19.（1）如果因违反本条例或以下相关规定，导致船长、船主或租船者被判决处以一定的罚款或诉讼费，当其未提供、或法院认为其未提供足够的担保时，法院有权要求被告立即提供担保，如果被告没有满足该要求，法院可以下令扣押相关违法渔船，且该渔船将被依法扣押于福克兰群岛直至被告缴纳相关费用或提供足额担保。

（2）如果被告没有在法院下令 30 日内，或法院决定的 30 日之后延长期限内缴纳费用或提供担保，法院可以下令没收违反第四条第 2 款或第 5 款，第七条第 2 款或第 5 款规定的船舶及用于犯罪的设备，并根据总督的指导没收后进行处置。

规　　章

20.（1）总督可以根据枢密令，制定规章，以促进本条例的实施。

（2）在不违背前述大体规定的前提下，这些规章尤其应规定：

（a）本条例下任何需要或将要被规定的内容；

（b）本条例需要使用的表格；

（c）申请递交的对象及方式；

（d）申请执照的程序；

（e）本条例规定下颁发执照的条款和条件；

（f）与执照相关的费用；

（g）渔船上装载的设备；

（h）为本条例所做的报告；

（i）福克兰群岛上，涉及渔船作业以及本法令其他目的，执照申请人以及授权代理的执照持有人的指定；

（j）执照申请人或债券持有人以及其他形式担保人，对于其执照或本条例的条款和规定，须遵守的义务规定。

（k）渔业保护官员与官方观察员在渔船上的位置，以及关于其到场的条款；

（l）违反这些规定，应处以不高于50 000英镑的罚款。

（3）本条下制定的规章，可针对渔场的不同部分制定不同的规定。

渔业条例 27 实施的限制及保留

21.（1）渔业条例27不适用于渔场的捕鱼活动。

（2）除本条第1款规定外，按照渔业条例27制定的规定继续有效，直至被废除为止。

1987年领海法令

（1987年10月1日）

本法令适用于毗邻英国岛屿的领海范围，由女王陛下颁布，经过上议院和下议院的咨询和同意，在本次议会上通过，内容如下：

领海的延伸

1.(1)根据本法令规定:

(a)英国领海宽度应为 12 海里;且

(b)测量领海宽度的基线应由女王陛下颁布的枢密令确定。

(2)为了适用国际条约或其他,女王陛下将颁布枢密令,规定英国领土范围应延伸至本条第 1 款以外的其他指定的线。

(3)按照法律程序,一份由官方或国务大臣签署的按照第 1 款规定确定基线的证书,其内容效力应是不可争议的。

(4)本条生效不影响 1964 年领海枢密令及 1979 年领海(修正案)枢密令的效力,正如本条第 1 款(b)规定的一样;而本条第 5 款应适用于那些其他任何法律文书。

(5)根据本法令规定,任何成文法则或法律文书(不管在本条生效前还是生效后通过颁行),只要内容包括对毗邻英国任何部分领海规定的参考(不论书面与否),均应被视为按照本条规定而生效。

(6)关于领海基线宽度测量问题,在不违背上述第 5 款规定的前提下,该款没有内容要求成文法则或文书中指定规定的距离作为领海宽度的参考。

(7)本条中,"海里"指的是国际海里,即 1852 米。

不受规制的成文法则及法律文书

2.(1)除女王陛下颁布的枢密令另有规定,本法令第一条不影响任何先于该条生效的地方性法令。

(2)上述第一条,或任何根据第一条、第一条第 1 款制定的枢密令,均不得影响在其生效之日前制定的成文法则及法律文书关于港务局、港口卫生当局的相关内容。

(3)当原本不属于英国领海的某区域成为领海的一部分时,根据上述第一条或枢密令的规定,1964 年大陆架法令第一条第 2 款(关于煤炭权利的赋予及行使)应从该第一条或枢密令生效之日起,对该区域内有关煤炭的问题生效。

(4)上述第一条或其他枢密令的内容,不得影响:

（a）在其生效日之前根据1934年石油（生产）法令第六条制定的规章条例；或者

（b）在其生效之前根据上述1934年石油（生产）法令颁发的证书，或在其生效之时或之后，根据其他早先的规章颁发的证书。

（5）本条中，

"煤炭"与1946年煤炭工业国有化法令中的煤炭含义一致；

"港务局"指的是1964年港湾法令或1970年港湾法令（北爱尔兰）中港务局的意思；此外，"港口卫生当局"指为了1984年公共卫生（疾病控制）法令目的的口岸卫生机关。

修正及废止

3.（1）附件1中提到的法令应对其中提到的修正案有效力（微小的变动以及根据本法令规定作出的间接修正）。

（2）女王陛下根据枢密令：

（a）根据本法令附件1的内容，针对上述第一条生效之前制定的法令或法令文书，作出相应的修正；

（b）对1981年野生动物及野外法令第三十六条第1款作出修正，以将决议中指定的英国领海其他部分水域以及根据本法令第六节附件1中指定的其他部分包含进去；

（c）对1985年自然保护及美化市容地政（北爱尔兰）决议（海洋自然保护区）第二十条第一节的修正，以将决议中指定的英国领海其他部分水域以及根据本法令附件1第九节，在该条款中指定的其他区域。

（3）女王陛下会利用枢密令，出于本法令条款的规定，对根据1964年大陆架法令（指定区域）第一条第7款制定的规章做出必要或及时的修改。

（4）本法令附件2中提及的成文法则，本附件第二栏内容废止。

简明目录，生效时间及范围

4.（1）本法令应被称为"1987年领海法令"。

（2）本法令生效日应由女王陛下通过枢密令指定，不同的条款及不同的目的可能于不同时间被指定。

（3）本法令适用范围扩及北爱尔兰。

（4）女王陛下通过枢密令可以确定本法令的任何条款,通过例外、改编及修正的形式,延伸适用至英吉利海峡及英国属地曼岛的任何岛屿。

附件 1

细小及间接的修正
1949 年海岸保护法令

1.（1）1949 年海岸保护法令第十八条第 3 款(禁止在海岸或底部掘土等)中,"其中的向海方向"应改为"在该海岸区域向海方向,但距离测量英国领海宽度的基线 3 海里以内"。

（2）该法令第四十九条第 1 款(释义),在"抵押"的定义后应加入下述定义:"'海里'指的是国际海里,即 1852 米"。

1971 年矿物操作(离岸设施)法令

2. 在 1971 年矿物操作(离岸设施)法令中,"大陆架的外国部分"定义应被下述定义代替：

"大陆架的外国部分"指的是国家可行使有关海底、底土以及自然资源的权利的区域,或英国以外的领土。

1975 年鲑鱼及淡水捕鱼法令

3. 1975 年鲑鱼及淡水捕鱼法令第六条第 1 款(在内陆或潮汐水面安装未经授权的固定发动机的罪行),在"内陆或潮汐水面"后应加入"属于水务局管辖范围"。

1979 年海关征税管理法令

4.（1）1979 年海关征税管理法令(释义)第一条第 1 款,在"转运站"后应加入以下定义：

"英国水域"指的是任何水域（包括英国领海向海界限的内陆水域）。

（2）在该法令第三十五条第 7 款（船舶及航空器向内的报告）中，"英国海岸 12 海里范围内"应被"在英国水域内或上方"代替。

（3）该法令中，"英国水域"应被以下代替：

（a）第六十四条第 4 款（船舶与航空器向外的清除）中，应改为"在港口范围内或英国海岸 3 海里范围内"；

（b）在第八十八条（建造的船舶、航空器或交通工具的没收等，隐藏货物）中，应改为"在任何港口的范围内，或 3 海里范围内，或英国船舶在英国沿岸 12 海里内"；

（c）第八十九条第 1 款及第 2 款（船舶抛弃货物的没收）中应改为"英国海岸 3 海里范围内"；

（d）第一百四十二条第 2 款（没收较大船舶的特别条款）中，应改为"英国海岸 3 海里的范围内"。

1979 年醇制溶液关税法令

5.（1）1979 年醇制溶液关税法令中，第四条第 3 款的表格（管理法令中定义的表达），在"登记吨数"后应加入"英国水域"。

（2）该法令第二十六条第 4 款（酒精的进口及出口）中，"对于一艘英国船舶，在 12 海里的范围内，对其他船舶，则为英国海岸 3 海里范围内"应被改为"在英国水域内"。

1981 年野生生物及乡村法令

6.1981 年野生生物及乡村法令第三十六条（海洋自然保护区）：

（a）第一分段中"紧邻或在英国领海向海界限内"应改为"测量英国领海宽度基线的向陆位置或这些基线向海方向 3 海里的范围内"，且

（b）第七分段，在"地方政府"的定义后应加入下列定义：

"'海里'指的是国际海里，即 1852 米"。

1982年石油及气体（事业）法令

7.(1) 在1982年石油及气体（事业）法令第二十二条第6款中"越境地区"的定义应被以下代替：

"越境地区"指的是穿越第4款(a)节和(b)节水域，以及大陆架的外国部分的水域的区域。

(2) 第二十八条第1款"大陆架的外国部分"应被以下取代：

"大陆架的外国部分"指的是该地区有关海底、底土以及其自然资源的权利可以被英国以外的国家或地区行使。

1984年公共健康（疾病控制）法令

8.1984年公共健康（疾病控制）法令第六条（在该条下，为了该法令的目的，伦敦的港口不得延伸到领海以外），"暂时性的"应被"1987年领海法令生效前即"所代替。

1985年自然保护及适宜土地（北爱尔兰）决议

9.1985年自然保护及适宜土地（北爱尔兰）决议（海洋自然保护区）第二十条：

(1) 在第一段中"在北爱尔兰的临海边界内或毗邻该边界"应被改为"从测量北爱尔兰领海宽度基线的向陆位置或这些基线向海方向至3海里处"；且

(2) 在第六段中，"相关主体部分"定义前应插入以下：

"'海里'指的是国际海里，即1852米"。

附件2
废　止

章　节	相关法案	废止内容
1978年领海管辖权法案第41、42章	1978年领海管辖权法案	第七条，"女王陛下统治下的领海水域"的定义，包括从"为了任何犯罪的目的"到"女王陛下统治下的水域"的文字。

续表

章　节	相关法案	废止内容
1967年海洋广播犯罪法案第41章	1967年海洋广播犯罪法案	第九条第2款
1967年无线电报法案第72章	1967年无线电报法案	第九条第2款
1979年海关征税管理法案第2章	1979年海关征税管理法案	第一条中"海里"的定义
1979年醇制溶液关税法案第4章	1979年醇制溶液关税法案	第四条第3款,"海里"二字

1989年第482号领海（界限）决议

（制定：1989年3月15日,生效：1989年4月6日）

1989年3月15日,在白金汉宫御前会议呈上,女王陛下根据1987年领海法令授予她的权利,在枢密院的建议下,非常高兴在此宣布以下条款：

1. 本决议应被称为"1989年领海（界限）决议",并于1989年4月6日生效。

2. 本决议附件中点1和点6之间毗邻英国领海的向海界限,应包括一系列直线,这些直线根据已有顺序,将附件中的点1到点6相互连接起来。

3. 毗邻英国领海的向海界限应为从测量英国领海宽度的基线到测量英属曼岛领海宽度的基线距离不足24海里处的中间线。

4. 本决议中,

（1）"直线"指的是一条横向线；

（2）所有已给坐标位置均为欧洲基准（1950年第一次调整）；

（3）"中间线"指的是一条直线,其上面每一点分别距离测量英国以及英属曼岛领海宽度的基线上面最近的点,距离相当。

5. 1987年领海（界限）决议在此被废止。

附 件
点 列 表

点	位 置
1	50° 49′ 30″95N, 01° 15′ S3″43E
2	50° 53′ 47″00N, 01° 16′ S8″00E
3	50° 57′ 00″00N, 01° 21′ 2S″00E
4	51° 02′ 19″00N, 01° 32′ S3″00E
5	51° 05′ 58″00N, 01° 43′ 31″00E
6	51° 12′ 00″72N, 01° 53′ 20″07E

注释：

（本部分不属决议内容）

本决议规定了多佛海峡以及英属曼岛附近毗邻英国领海的向海界限。多佛海峡的界限包括数条连接附件中各点的直线，并沿着1988年11月2日英国政府与法兰西共和国政府签订的关于多佛海峡领海界定的直线。英属曼岛附近的界限为该中间线。

延伸福尔克兰群岛外围保护区的公告
（1994年8月22日）

代理总督今早签署1994年1号公告，宣布延伸福尔克兰群岛西北部外围保护区界限，以将福尔克兰群岛基线内200海里的水域包括进来。

本部分目的在于严防在该区域内不受控制的捕鱼活动，以减少对鱼类，尤其是对阿根廷鱿鱼的损害。

本公告将于1994年9月1日起生效。

1994 年第 1 号公告

以伊丽莎白女王二世的名义,承蒙上帝之恩,大不列颠及北爱尔兰联合王国,女王陛下的其他领土,联邦之首,信仰护卫者,尊敬的 RONALD SAMPSON ESQUIRE,在福尔克兰群岛总督 DAVID EVERARD TATHAM 先生离任期间,由其根据法律规定行使福尔克兰群岛总督的权力。

1990 年第二号公告第三条规定了外部捕鱼保护区(后文称"外部区域")边界的变化,为了更好地保护和维持福尔克兰群岛周围的海洋环境,需要根据国际法规定,进行进一步规范,因此本人,RONALD SAMPSON,根据女王陛下通过国务大臣传达的指令,特在此宣布:

1. 该外部区域的外部边界为本公告附件中的直线,取代 1990 年第二号公告附件中的直线。

2. 关于临时渔业保护管理区以及该外部区域,女王陛下根据国际法相关规定,对海洋环境的保护和维持行使管辖权,具体由以后制定的法律规范进行规定。

3. 本公告将从 1994 年 9 月 1 日起生效。

附 件

序 号	坐标经纬度	直线类型
1	47°42′S,60°45′W	1-2 中间线
2	48°20′S,60°45′W	2-3 恒向线
3	49°00′S,60°56′W	3-4 恒向线
4	49°26′S,61°14′W	4-5 圆弧,半径为 150 海里,圆心位置南纬 51°40′,西经 59°30′,顺时针方向。
5	54°02′S,58°13′W	5-6 恒向线

续 表

序 号	坐标经纬度	直线类型
6	54°38′S,58°02′W	6-7 中间线
7	55°30′S,58°02′W	7-8 恒向线
8	56°14′S,58°31′W	8-9 从距离福尔克兰群岛领海基线最近点逆时针做长为 200 海里的直线
9	47°42′S,60°45′W	7-8 恒向线

1999 年渔场边界线法令

在温莎堡法院,1999 年 6 月 22 日,呈上女王陛下最出众的议会。

女王陛下欣慰于行使 1976 年渔场边界法令第一条第 2 款或其他法令赋予她的权力,根据枢密院的建议,在此宣布如下:

1. 本法令应被称为"1999 年渔场边界法令",其生效日应为丹麦王国及 Faeme 群岛政府,一方面是与大不列颠王国及北爱尔兰联合王国政府,另一方面是法罗群岛与英国政府海域,海洋划界的条约生效之日起生效。该日期应在伦敦、爱丁堡及贝尔法斯特公报上刊登。

2. 在此宣布,在 (北纬 63°53'14.93", 西经 00°29'19.55") 以及 (北纬 60°09'05", 西经 13°16'05") 之间,英国渔场边界延伸至本法令附件中指定的测地线。

A.K.Galloway
枢密院书记员

附 件

本法令第二条中提到的测地线指的是连接下列坐标点的直线：

序号	纬度	经度
1	63º 53'14.93"N	00º 29'19.55"W
2	63º 40'40"N	00º 47'37"W
3	61º 59'16"N	03º 03'13"W
4	61º 52'09"N	03º 11'37"W
5	61º 21'39"N	03º 47'47"W
6	61º 07'41"N	03º 59'30"W
7	61º 04'29"N	04º 02'19"W
8	61º 02'48"N	04º 03'45"W
9	60º 55'01"N	04º 10'23"W
10	60º 51'51"N	04º 13'54"W
11	60º 47'45"N	04º 18'26"W
12	60º 24'07"N	04º 44'10"W
13	60º 21'08"N	04º 56'34"W
14	60º 18'47"N	05º 24'05"W
15	60º 13'10"N	06º 24'56"W
16	59º 59'35"N	09º 43'30"W
17	60º 02'28"N	10º 33'29"W
18	60º 03'08"N	10º 52'50"W
19	60º 02'53"N	11º 16'20"W
20	60º 07'21"N	12º 17'30"W
21	60º 09'05"N	13º 16'05"W

以上坐标点中的地理经度和纬度均以欧洲基准为准（1950年第一次

调整版）

附　注

（此部分非法令内容）

本法令修正英国渔场边界，以反映丹麦王国及 Faeme 群岛政府，一方面与大不列颠王国及北爱尔兰联合王国政府，另一方面法罗群岛与英国政府，关于海洋划界的条约。

尾　注

法定文件：1999 第 1741 号

1976 渔场法令：1976c.86

生效日期根据第一条规定

1999 年大陆架决议（区域划定）

于 1999 年 7 月 21 日在白金汉宫法院呈上，女王陛下最出众的议会。

根据 1964 年到 1997 年大陆架决议（区域划定），英国有权行使一些区域中有关海床、底土以及自然资源的权利，同时，其他区域的划定已经成为当务之急：

因此现在，女王陛下欣慰于行使 1964 年大陆架法令第一条第 7 款以及其他赋予的权力，根据枢密院的建议，特此宣布以下：

1.（1）本决议应被称为"1999 年大陆架决议（区域划定）"。

（2）本决议以及前述序文共同被称为"1964 年到 1999 年大陆架决议（区域划定）"。

（3）本决议于 1999 年 8 月 12 日生效，或为丹麦王国及 Faeme 群岛政府，一方面是与大不列颠王国及北爱尔兰联合王国政府，另一方面是法罗群岛与英国政府，海洋划界的条约生效之日起生效，两者取较后生效者。

上述生效日应在伦敦、爱丁堡及贝尔法斯特公报上刊登。

2.英国在领海以外享有关于海床、底土及其他自然资源的权利,在本决议附件中确定的区域中同样可以行使。

A.K.Galloway
枢密院书记员

(a)S.I.1964/697,1965/1531,1965/891,1971/594,1974/1489,1976/1153,1977/1871,1978/178,1978/1029,

1979/1447,1982/1072,1987/1265,1989/2398,1993/599,1993/1782,1997/268.

(b)1964c.29.

附 件

第二条

第二条适用于1989年欧洲大陆参考框架(ETRF89)上的以下坐标点连成直线,所包围的区域。

(1)63°53′.224N,00°29′.444W

(2)63°40′.649N,00°47′.736W

(3)61°59′.233N,03°03′.325W

(4)61°52′.114N,03°11′.729W

(5)61°21′.611N,03°47′.898W

(6)61°07′.651N,03°59′.619W

(7)61°04′.449N,04°02′.425W

(8)61°02′.757N,04°03′.859W

(9)60°54′.979N,04°10′.497W

(10)60°51′.809N,04°14′.008W

(11)60°47′.717N,04°18′.541W

(12)60°24′.077N,04°44′.272W

(13)60°21′.101N,04°56′.672W

(14) 60°18′.754N, 05°24′.195W

(15) 59°56′.450N, 09°00′.660W

(16) 60°00′.951N, 10°20′.853W

(17) 60°02′.137N, 10°50′.778W

(18) 60°02′.833N, 11°16′.458W

(19) 60°07′.306N, 12°17′.622W

(20) 60°09′.031N, 13°16′.199W

(21) 59°49′.948N, 13°16′.199W

以及

1971年大陆架决议（额外区域划定）的附件中的第（25）号坐标点，以及

1965年大陆架决议（额外区域划定）的附件中第（42）号坐标点，和，

1982年大陆架决议（额外区域划定）的附件中第（27）号和第（26）号坐标点，和，

1965年大陆架决议（额外区域划定）的附件中第（44）号坐标点，以及，

1997年大陆架决议（额外区域划定）的附件中第（1）号和第（2）号坐标点，以及，

1965年大陆架决议（额外区域划定）的附件中的第（46）号坐标点，以及，

1992年大陆架决议（额外区域划定）的附件中第（23）号和第（24）号坐标点，以及，

1978年大陆架决议（额外区域划定）的附件中第（2）号坐标点，以及，

1976年大陆架决议（额外区域划定）的附件中第（2）号坐标点，以及，

1982年大陆架决议（额外区域划定）的附件中第（21）号和第（22）号坐标点，以及，

1971年大陆架决议（额外区域划定）的附件中第（43）号坐标点，以及，

1979年大陆架决议（额外区域划定）的附件中第（22）号坐标点，以及，

1982年大陆架决议（额外区域划定）的附件中第（19）号、（18）号、（17）号、（16）号、（15）号坐标点，以及

1979年大陆架决议（额外区域划定）中第（18）号、（17）号坐标点，以及到本附件的第（1）号坐标点。

附 注

（本部分非决议内容）

本法令指定了从苏格兰北部开始,到丹麦王国及 Faeme 群岛政府,一方面与大不列颠王国及北爱尔兰联合王国政府,另一方面法罗群岛与英国政府,关于海域界定的条约所确定大陆架界限的深层区域,在该区域中英国可行使有关海床、底土以及自然资源的权利。

尾 注

资源:法定文件: 1999 年第 2031 号

大陆架（区域划定）决议 1964 到 1997：

S.I.1964/697,1965/1531,1965/891,1971/594,

1974/1489,1976/1153,1977/1871,1978/178,1978/1029,1979/1447,

1982/1072,1987/1265,1989/2398,

1993/599,1993/1782,1997/268.

1964 年大陆架决议:1964c.29.

生效时间根据第一条第 3 款确定。

2001 年大陆架（区域划定）决议
（法定文件 2001 年第 3670 号）

女王陛下为行使 1964 年（a）大陆架法令第一条第 7 款以及其他法律规定授予的权力，很高兴在此参考枢密院的建议，特宣布以下：

1.（1）本决议应被称为"2001 年大陆架（区域划定）决议"。

（2）本决议定于 2001 年 12 月 6 日起生效。

2. 本决议附件中指定的区域，英国可行使其领海外有关海床、底土以及自然资源的权利。

3. 2000 年大陆架决议（区域划定）（合并）决议附件第二段应改为：

（1）在第一栏第三格中，改为"第八十号点到第一百五十七号点"。

（2）在第一栏第四格中，改为"第一百五十八号点到第二百四十二号点"。

A.K.Galloway

枢密院书记员

附件　第二条

本决议第二条适用于根据 1984 年测地系统确定的下述坐标点所包围的区域：

（1）53°52′.224N, 05°49′.558W

以及 2000 年大陆架（区域划定）（合并）决议附件中的第二百四十号、第二百四十一号、第二百四十二号、第二百四十三号点，由此沿着北爱尔兰领海外部界限往西南方向延续到本附件中的一号点。

附　注

（本附注不属于决议内容）

本决议划定爱尔兰海大陆架深部区域，英国可在此行使有关海床、底土以及自然资源方面的权利。本决议同时也纠正了 2000 年大陆架（区域划定）（合并）决议中的一处错误。

2009年海洋及沿、近海管理法（专属经济区部分）

第二部分　专属经济区、英国海洋水域以及威尔士地区

41. 专属经济区

（1）根据本条规定，本条款的适用与女王陛下的权利具有相同效果。

（2）本条规定适用于公约第五部分中英国在领海以外区域的可行使权利。

（3）女王陛下可通过枢密令的方式，在其可行使权利的区域中指定区域（专属经济区）。

（4）国务大臣可通过决议的方式，指定专属经济区整体或部分区域，由苏格兰政府、威尔士政府或北爱尔兰任何部门行使职责。

（5）在根据本条生效的枢密令之后，通过及制定的法令或法律文书中，任何对于英国专属经济区的说明应理解为对枢密令中任何指定区域的说明。

（6）根据本条生效的枢密令应包括附带的、继起性的、补充性的或过渡性条款及保留。

（7）本条中，"公约"指《联合国海洋法公约》以及任何与英国有关的对该法律的生效的修正。

（8）附件4第一部分（包含本条导致的修正）生效。

42. 英国海洋区域

（1）为了本法的目的，"英国海洋区域"包括以下：

（a）紧邻英国领海的向海界限内的海域；

（b）专属经济区界限以内的海域；

（c）英国大陆架界限内的海域［不属于(b)项，也不属于第2款中规定的区域］；

并包括上述范围内的海床及底土。

（2）第1款（c）项中的海域只有在不违反对英国或女王陛下的政府有约束力的国际义务情况下，方可视为英国海域的一部分。

（3）在本条中，"海洋"包括：

（a）任何在平均大潮时间范围内沉入水中的区域，以及

（b）任何河口、河流或河道的水域,只要潮汐在平均大潮时间内流动。

（4）第3款（a）项中的海域包括任何水域,只要该水域

（a）不论间歇性的或永久的,由于水闸或其他人工措施,常规流动的潮流被封闭,但

（b）不论连续不断或间隔,流入或被允许流入海水,以及

（c）不论连续不断或间隔,从海水中流出。

（5）根据第41条（专属经济区）制定的第一枢密令生效之前,第（1）款（b）项中对专属经济区的说明应理解为对可再生能源区域的说明。

43. 威尔士地区

（1）2006年威尔士政府法令（释义）第158条应修正为:

（2）第1款中,"威尔士"的定义后,加入"且'威尔士地区'指毗邻威尔士的海域,该海域

（a）在英国渔业界限内（即根据1976年渔业界限法第一条规定确定的界限）,且

（b）在根据第58条或第3款规定制定的枢密令中指明。"

（3）第3款替代为:

"（3）国务大臣为了'威尔士'及'威尔士地区'定义的目的,可通过决议或预先采取措施,确定毗邻威尔士的海域界限,或毗邻威尔士的英国渔业界限的海域范围,以及那些不属于威尔士的地区。"

（4）附件4中第二部分（包含本条导致的修正）生效。

（5）国务大臣可通过决议进行下列修改或修正:

（a）任何在本次会议结束前通过的法律;或

（b）任何在会议结束前制定的法律文书;

只要国务大臣认为基于本条的原因,该修改或修正是合适的。

建立英属印度洋领地环境（保护和保存区）的公告

(2003年9月17日第1号)

以女王陛下伊丽莎白二世的名义，承蒙上帝的恩典，和大不列颠及北爱尔兰联合王国、其他所有英属区域及领土的荣光，女王，英联邦元首，信仰的捍卫者。

阿兰·易丹·赫克尔
行政长官

来自阿兰·易丹·赫克尔，英属印度洋领地行政长官。

本人阿兰·易丹·赫克尔，英属印度洋领地行政长官，通过国务秘书接受女王陛下的指示，特此发布公告和声明如下：

1. 在英属印度洋领地建立一个环境区，称为"环境（保护和保存）区"，该区与英属印度洋领地的领海相接壤。

2. 该环境区的朝陆边界为该领地领海的最外界限，朝海边界为从领地海岸低水位线最近点处或其他测算领海基线处量起200海里的线，当领海基线到该线的距离不超过200海里并且其他公告没有另行声明时，其朝海边界为中间线。中间线是离领地领海测算基线的最近点和马尔代夫共和国领海测算基线的最近点距离相等的一条线。

3. 在该环境区内，女王陛下就环境区的保护和保存方面，享有《联合国宪章》和《海洋法》等国际法赋予的主权和管辖权。

4. 本公告中"领地"特指"英属印度洋领地"。英属印度洋领地由查戈斯群岛组成，具体列于本公告附件。

2003年9月17日，伦敦，外交和联邦办公室颁布

天佑女王！

附 件

构成英属印度洋领地的查戈斯群岛,由以下各部分组成:

迪戈加西亚环礁	三兄弟群岛
埃格蒙特岛(六岛)	纳尔逊岛
佩鲁斯巴纽斯环礁	伊格尔岛
所罗门岛	危险岛

(b)英属印度洋领地环境(保护和保存)区

纬 度	经 度	线 型	数据库
南纬 3° 27′ 56.82″	东经 75° 3′ 10.1″	测地线	世界大地坐标系统 1984
南纬 3° 15′ 22″	东经 74° 0′ 0″	测地线	世界大地坐标系统 1984
南纬 3° 5′ 21″	东经 73° 10′ 0″	测地线	世界大地坐标系统 1984
南纬 2° 58′ 3″	东经 72° 33′ 34″	测地线	世界大地坐标系统 1984
南纬 2° 47′ 31″	东经 71° 53′ 40″	测地线	世界大地坐标系统 1984
南纬 2° 36′ 44″	东经 71° 17′ 14″	测地线	世界大地坐标系统 1984
南纬 2° 17′ 15.01″	东经 70° 12′ 4.45″	测地线	世界大地坐标系统 1984
南纬 2° 17′ 41.37″	东经 70° 11′ 15.19″	200 米弧线	世界大地坐标系统 1984
南纬 2° 18′ 9.94″	东经 70° 10′ 22.44″	200 米弧线	世界大地坐标系统 1984
南纬 2° 18′ 38.77″	东经 70° 9′ 29.83″	200 米弧线	世界大地坐标系统 1984
南纬 2° 19′ 7.86″	东经 70° 8′ 37.37″	200 米弧线	世界大地坐标系统 1984
南纬 2° 19′ 37.21″	东经 70° 7′ 45.05″	200 米弧线	世界大地坐标系统 1984
南纬 2° 20′ 6.83″	东经 70° 6′ 52.88″	200 米弧线	世界大地坐标系统 1984
南纬 2° 20′ 36.71″	东经 70° 6′ 0.86″	200 米弧线	世界大地坐标系统 1984
南纬 2° 21′ 6.85″	东经 70° 5′ 8.97″	200 米弧线	世界大地坐标系统 1984
南纬 2° 21′ 37.25″	东经 70° 4′ 17.25″	200 米弧线	世界大地坐标系统 1984
南纬 2° 22′ 7.91″	东经 70° 3′ 25.67″	200 米弧线	世界大地坐标系统 1984
南纬 2° 22′ 38.82″	东经 70° 2′ 34.25″	200 米弧线	世界大地坐标系统 1984

续表

纬　度	经　度	线　型	数　据　库
南纬 2°23′10″	东经 70°1′42.97″	200 米弧线	世界大地坐标系统 1984
南纬 2°23′41.42″	东经 70°0′51.85″	200 米弧线	世界大地坐标系统 1984
南纬 2°24′13.1″	东经 70°0′0.89″	200 米弧线	世界大地坐标系统 1984
南纬 2°24′45.05″	东经 69°59′10.09″	200 米弧线	世界大地坐标系统 1984
南纬 2°25′17.24″	东经 69°58′19.45″	200 米弧线	世界大地坐标系统 1984
南纬 2°25′49.69″	东经 69°57′28.96″	200 米弧线	世界大地坐标系统 1984
南纬 2°26′22.38″	东经 69°56′38.64″	200 米弧线	世界大地坐标系统 1984
南纬 2°26′55.33″	东经 69°55′48.47″	200 米弧线	世界大地坐标系统 1984
南纬 2°27′28.54″	东经 69°54′58.47″	200 米弧线	世界大地坐标系统 1984
南纬 2°28′1.99″	东经 69°54′8.64″	200 米弧线	世界大地坐标系统 1984
南纬 2°28′35.69″	东经 69°53′18.97″	200 米弧线	世界大地坐标系统 1984
南纬 2°29′9.65″	东经 69°52′29.47″	200 米弧线	世界大地坐标系统 1984
南纬 2°29′43.84″	东经 69°51′40.14″	200 米弧线	世界大地坐标系统 1984
南纬 2°30′18.28″	东经 69°50′50.97″	200 米弧线	世界大地坐标系统 1984
南纬 2°30′52.97″	东经 69°50′1.99″	200 米弧线	世界大地坐标系统 1984
南纬 2°31′27.9″	东经 69°49′13.16″	200 米弧线	世界大地坐标系统 1984
南纬 2°32′3.09″	东经 69°48′24.51″	200 米弧线	世界大地坐标系统 1984
南纬 2°32′38.51″	东经 69°47′36.05″	200 米弧线	世界大地坐标系统 1984
南纬 2°33′14.17″	东经 69°46′47.75″	200 米弧线	世界大地坐标系统 1984
南纬 2°33′50.08″	东经 69°45′59.63″	200 米弧线	世界大地坐标系统 1984
南纬 2°34′26.23″	东经 69°45′11.68″	200 米弧线	世界大地坐标系统 1984
南纬 2°35′2.62″	东经 69°44′23.92″	200 米弧线	世界大地坐标系统 1984
南纬 2°35′39.24″	东经 69°43′36.34″	200 米弧线	世界大地坐标系统 1984
南纬 2°35′39.42″	东经 69°43′36.11″	200 米弧线	世界大地坐标系统 1984
南纬 2°35′41.75″	东经 69°43′33.1″	200 米弧线	世界大地坐标系统 1984

续表

纬 度	经 度	线 型	数 据 库
南纬2°36′18.61″	东经69°42′45.7″	200米弧线	世界大地坐标系统1984
南纬2°36′55.72″	东经69°41′58.47″	200米弧线	世界大地坐标系统1984
南纬2°37′33.05″	东经69°41′11.44″	200米弧线	世界大地坐标系统1984
南纬2°38′10.62″	东经69°40′24.59″	200米弧线	世界大地坐标系统1984
南纬2°38′48.43″	东经69°39′37.93″	200米弧线	世界大地坐标系统1984
南纬2°39′26.46″	东经69°38′51.45″	200米弧线	世界大地坐标系统1984
南纬2°40′4.73″	东经69°38′5.17″	200米弧线	世界大地坐标系统1984
南纬2°40′43.24″	东经69°37′19.07″	200米弧线	世界大地坐标系统1984
南纬2°41′21.97″	东经69°36′33.16″	200米弧线	世界大地坐标系统1984
南纬2°42′0.93″	东经69°35′47.45″	200米弧线	世界大地坐标系统1984
南纬2°42′40.13″	东经69°35′1.93″	200米弧线	世界大地坐标系统1984
南纬2°43′19.54″	东经69°34′16.6″	200米弧线	世界大地坐标系统1984
南纬2°43′59.19″	东经69°33′31.47″	200米弧线	世界大地坐标系统1984
南纬2°44′39.06″	东经69°32′46.54″	200米弧线	世界大地坐标系统1984
南纬2°45′19.16″	东经69°32′1.8″	200米弧线	世界大地坐标系统1984
南纬2°45′59.47″	东经69°31′17.26″	200米弧线	世界大地坐标系统1984
南纬2°46′40.02″	东经69°30′32.93″	200米弧线	世界大地坐标系统1984
南纬2°47′20.78″	东经69°29′48.79″	200米弧线	世界大地坐标系统1984
南纬2°48′1.76″	东经69°29′4.86″	200米弧线	世界大地坐标系统1984
南纬2°48′42.97″	东经69°28′21.12″	200米弧线	世界大地坐标系统1984
南纬2°49′24.39″	东经69°27′37.59″	200米弧线	世界大地坐标系统1984
南纬2°50′6.02″	东经69°26′54.27″	200米弧线	世界大地坐标系统1984
南纬2°50′47.88″	东经69°26′11.16″	200米弧线	世界大地坐标系统1984
南纬2°51′29.95″	东经69°25′28.25″	200米弧线	世界大地坐标系统1984
南纬2°52′12.24″	东经69°24′45.54″	200米弧线	世界大地坐标系统1984

续表

纬　度	经　度	线　型	数　据　库
南纬 2° 52′ 54.73″	东经 69° 24′ 3.06″	200 米弧线	世界大地坐标系统 1984
南纬 2° 53′ 37.44″	东经 69° 23′ 20.78″	200 米弧线	世界大地坐标系统 1984
南纬 2° 54′ 20.36″	东经 69° 22′ 38.71″	200 米弧线	世界大地坐标系统 1984
南纬 2° 55′ 3.5″	东经 69° 21′ 56.85″	200 米弧线	世界大地坐标系统 1984
南纬 2° 55′ 46.84″	东经 69° 21′ 15.21″	200 米弧线	世界大地坐标系统 1984
南纬 2° 56′ 30.39″	东经 69° 20′ 33.78″	200 米弧线	世界大地坐标系统 1984
南纬 2° 57′ 14.14″	东经 69° 19′ 52.57″	200 米弧线	世界大地坐标系统 1984
南纬 2° 57′ 47.02″	东经 69° 19′ 21.88″	200 米弧线	世界大地坐标系统 1984
南纬 2° 58′ 7.74″	东经 69° 19′ 2.41″	200 米弧线	世界大地坐标系统 1984
南纬 2° 58′ 51.71″	东经 69° 18′ 21.42″	200 米弧线	世界大地坐标系统 1984
南纬 2° 59′ 35.87″	东经 69° 17′ 40.64″	200 米弧线	世界大地坐标系统 1984
南纬 3° 0′ 20.25″	东经 69° 17′ 0.08″	200 米弧线	世界大地坐标系统 1984
南纬 3° 1′ 4.81″	东经 69° 16′ 19.74″	200 米弧线	世界大地坐标系统 1984
南纬 3° 1′ 49.59″	东经 69° 15′ 39.62″	200 米弧线	世界大地坐标系统 1984
南纬 3° 2′ 34.57″	东经 69° 14′ 59.73″	200 米弧线	世界大地坐标系统 1984
南纬 3° 3′ 19.74″	东经 69° 14′ 20.05″	200 米弧线	世界大地坐标系统 1984
南纬 3° 4′ 5.11″	东经 69° 13′ 40.61″	200 米弧线	世界大地坐标系统 1984
南纬 3° 4′ 50.68″	东经 69° 13′ 1.38″	200 米弧线	世界大地坐标系统 1984
南纬 3° 5′ 36.44″	东经 69° 12′ 22.39″	200 米弧线	世界大地坐标系统 1984
南纬 3° 6′ 22.4″	东经 69° 11′ 43.61″	200 米弧线	世界大地坐标系统 1984
南纬 3° 7′ 8.55″	东经 69° 11′ 5.06″	200 米弧线	世界大地坐标系统 1984
南纬 3° 7′ 54.9″	东经 69° 10′ 26.75″	200 米弧线	世界大地坐标系统 1984
南纬 3° 8′ 41.43″	东经 69° 9′ 48.67″	200 米弧线	世界大地坐标系统 1984
南纬 3° 9′ 28.16″	东经 69° 9′ 10.81″	200 米弧线	世界大地坐标系统 1984
南纬 3° 10′ 15.08″	东经 69° 8′ 33.19″	200 米弧线	世界大地坐标系统 1984

续表

纬　度	经　度	线　型	数　据　库
南纬 3° 11′ 2.18″	东经 69° 7′ 55.8″	200 米弧线	世界大地坐标系统 1984
南纬 3° 11′ 49.47″	东经 69° 7′ 18.64″	200 米弧线	世界大地坐标系统 1984
南纬 3° 12′ 36.94″	东经 69° 6′ 41.72″	200 米弧线	世界大地坐标系统 1984
南纬 3° 13′ 24.6″	东经 69° 6′ 5.03″	200 米弧线	世界大地坐标系统 1984
南纬 3° 14′ 12.44″	东经 69° 5′ 28.58″	200 米弧线	世界大地坐标系统 1984
南纬 3° 15′ 0.47″	东经 69° 4′ 52.36″	200 米弧线	世界大地坐标系统 1984
南纬 3° 15′ 48.68″	东经 69° 4′ 16.39″	200 米弧线	世界大地坐标系统 1984
南纬 3° 16′ 37.06″	东经 69° 3′ 40.65″	200 米弧线	世界大地坐标系统 1984
南纬 3° 17′ 25.62″	东经 69° 3′ 5.16″	200 米弧线	世界大地坐标系统 1984
南纬 3° 18′ 14.37″	东经 69° 2′ 29.9″	200 米弧线	世界大地坐标系统 1984
南纬 3° 19′ 3.28″	东经 69° 1′ 54.88″	200 米弧线	世界大地坐标系统 1984
南纬 3° 19′ 52.37″	东经 69° 1′ 20.11″	200 米弧线	世界大地坐标系统 1984
南纬 3° 20′ 41.63″	东经 69° 0′ 45.58″	200 米弧线	世界大地坐标系统 1984
南纬 3° 21′ 31.07″	东经 69° 0′ 11.29″	200 米弧线	世界大地坐标系统 1984
南纬 3° 21′ 55.21″	东经 68° 59′ 54.68″	200 米弧线	世界大地坐标系统 1984
南纬 3° 22′ 24.47″	东经 68° 59′ 34.63″	200 米弧线	世界大地坐标系统 1984
南纬 3° 22′ 50.9″	东经 68° 59′ 16.35″	200 米弧线	世界大地坐标系统 1984
南纬 3° 23′ 40.51″	东经 68° 58′ 42.31″	200 米弧线	世界大地坐标系统 1984
南纬 3° 24′ 30.29″	东经 68° 58′ 8.51″	200 米弧线	世界大地坐标系统 1984
南纬 3° 25′ 20.23″	东经 68° 57′ 34.96″	200 米弧线	世界大地坐标系统 1984
南纬 3° 26′ 10.34″	东经 68° 57′ 1.66″	200 米弧线	世界大地坐标系统 1984
南纬 3° 27′ 0.62″	东经 68° 56′ 28.6″	200 米弧线	世界大地坐标系统 1984
南纬 3° 27′ 51.07″	东经 68° 55′ 55.8″	200 米弧线	世界大地坐标系统 1984
南纬 3° 28′ 41.67″	东经 68° 55′ 23.24″	200 米弧线	世界大地坐标系统 1984
南纬 3° 29′ 32.44″	东经 68° 54′ 50.94″	200 米弧线	世界大地坐标系统 1984

续 表

纬 度	经 度	线 型	数 据 库
南纬 3° 30′ 23.37″	东经 68° 54′ 18.89″	200 米弧线	世界大地坐标系统 1984
南纬 3° 31′ 14.46″	东经 68° 53′ 47.09″	200 米弧线	世界大地坐标系统 1984
南纬 3° 32′ 5.71″	东经 68° 53′ 15.54″	200 米弧线	世界大地坐标系统 1984
南纬 3° 32′ 57.12″	东经 68° 52′ 44.25″	200 米弧线	世界大地坐标系统 1984
南纬 3° 33′ 48.68″	东经 68° 52′ 13.21″	200 米弧线	世界大地坐标系统 1984
南纬 3° 34′ 40.4″	东经 68° 51′ 42.43″	200 米弧线	世界大地坐标系统 1984
南纬 3° 35′ 32.27″	东经 68° 51′ 11.9″	200 米弧线	世界大地坐标系统 1984
南纬 3° 36′ 24.29″	东经 68° 50′ 41.63″	200 米弧线	世界大地坐标系统 1984
南纬 3° 37′ 16.46″	东经 68° 50′ 11.62″	200 米弧线	世界大地坐标系统 1984
南纬 3° 38′ 8.79″	东经 68° 49′ 41.87″	200 米弧线	世界大地坐标系统 1984
南纬 3° 39′ 1.26″	东经 68° 49′ 12.38″	200 米弧线	世界大地坐标系统 1984
南纬 3° 39′ 53.88″	东经 68° 48′ 43.14″	200 米弧线	世界大地坐标系统 1984
南纬 3° 40′ 46.64″	东经 68° 48′ 14.17″	200 米弧线	世界大地坐标系统 1984
南纬 3° 41′ 39.55″	东经 68° 47′ 45.46″	200 米弧线	世界大地坐标系统 1984
南纬 3° 42′ 32.6″	东经 68° 47′ 17.01″	200 米弧线	世界大地坐标系统 1984
南纬 3° 43′ 25.79″	东经 68° 46′ 48.83″	200 米弧线	世界大地坐标系统 1984
南纬 3° 44′ 19.13″	东经 68° 46′ 20.91″	200 米弧线	世界大地坐标系统 1984
南纬 3° 45′ 12.59″	东经 68° 45′ 53.26″	200 米弧线	世界大地坐标系统 1984
南纬 3° 46′ 6.2″	东经 68° 45′ 25.86″	200 米弧线	世界大地坐标系统 1984
南纬 3° 46′ 59.95″	东经 68° 44′ 58.73″	200 米弧线	世界大地坐标系统 1984
南纬 3° 47′ 53.84″	东经 68° 44′ 31.87″	200 米弧线	世界大地坐标系统 1984
南纬 3° 48′ 47.85″	东经 68° 44′ 5.28″	200 米弧线	世界大地坐标系统 1984
南纬 3° 49′ 42″	东经 68° 43′ 38.96″	200 米弧线	世界大地坐标系统 1984
南纬 3° 50′ 36.28″	东经 68° 43′ 12.9″	200 米弧线	世界大地坐标系统 1984
南纬 3° 51′ 30.69″	东经 68° 42′ 47.12″	200 米弧线	世界大地坐标系统 1984

续表

纬　度	经　度	线　型	数　据　库
南纬 3° 52′ 25.23″	东经 68° 42′ 21.6″	200 米弧线	世界大地坐标系统 1984
南纬 3° 53′ 19.88″	东经 68° 41′ 56.35″	200 米弧线	世界大地坐标系统 1984
南纬 3° 54′ 14.68″	东经 68° 41′ 31.38″	200 米弧线	世界大地坐标系统 1984
南纬 3° 55′ 9.59″	东经 68° 41′ 6.67″	200 米弧线	世界大地坐标系统 1984
南纬 3° 56′ 4.63″	东经 68° 40′ 42.24″	200 米弧线	世界大地坐标系统 1984
南纬 3° 56′ 59.78″	东经 68° 40′ 18.08″	200 米弧线	世界大地坐标系统 1984
南纬 3° 57′ 55.06″	东经 68° 39′ 54.2″	200 米弧线	世界大地坐标系统 1984
南纬 3° 58′ 50.46″	东经 68° 39′ 30.58″	200 米弧线	世界大地坐标系统 1984
南纬 3° 59′ 45.97″	东经 68° 39′ 7.25″	200 米弧线	世界大地坐标系统 1984
南纬 4° 0′ 41.61″	东经 68° 38′ 44.19″	200 米弧线	世界大地坐标系统 1984
南纬 4° 1′ 37.35″	东经 68° 38′ 21.4″	200 米弧线	世界大地坐标系统 1984
南纬 4° 2′ 33.21″	东经 68° 37′ 58.89″	200 米弧线	世界大地坐标系统 1984
南纬 4° 3′ 29.19″	东经 68° 37′ 36.67″	200 米弧线	世界大地坐标系统 1984
南纬 4° 4′ 25.26″	东经 68° 37′ 14.71″	200 米弧线	世界大地坐标系统 1984
南纬 4° 5′ 21.46″	东经 68° 36′ 53.03″	200 米弧线	世界大地坐标系统 1984
南纬 4° 6′ 17.76″	东经 68° 36′ 31.64″	200 米弧线	世界大地坐标系统 1984
南纬 4° 7′ 14.16″	东经 68° 36′ 10.52″	200 米弧线	世界大地坐标系统 1984
南纬 4° 8′ 10.67″	东经 68° 35′ 49.68″	200 米弧线	世界大地坐标系统 1984
南纬 4° 9′ 7.29″	东经 68° 35′ 29.13″	200 米弧线	世界大地坐标系统 1984
南纬 4° 10′ 3.99″	东经 68° 35′ 8.85″	200 米弧线	世界大地坐标系统 1984
南纬 4° 11′ 0.82″	东经 68° 34′ 48.86″	200 米弧线	世界大地坐标系统 1984
南纬 4° 11′ 57.73″	东经 68° 34′ 29.14″	200 米弧线	世界大地坐标系统 1984
南纬 4° 12′ 54.74″	东经 68° 34′ 9.71″	200 米弧线	世界大地坐标系统 1984
南纬 4° 13′ 51.85″	东经 68° 33′ 50.57″	200 米弧线	世界大地坐标系统 1984
南纬 4° 14′ 49.06″	东经 68° 33′ 31.7″	200 米弧线	世界大地坐标系统 1984

续表

纬　度	经　度	线　型	数　据　库
南纬 4°15′46.36″	东经 68°33′13.12″	200 米弧线	世界大地坐标系统 1984
南纬 4°16′43.75″	东经 68°32′54.82″	200 米弧线	世界大地坐标系统 1984
南纬 4°17′41.23″	东经 68°32′36.82″	200 米弧线	世界大地坐标系统 1984
南纬 4°18′38.8″	东经 68°32′19.09″	200 米弧线	世界大地坐标系统 1984
南纬 4°19′36.46″	东经 68°32′1.65″	200 米弧线	世界大地坐标系统 1984
南纬 4°20′34.21″	东经 68°31′44.49″	200 米弧线	世界大地坐标系统 1984
南纬 4°20′41.52″	东经 68°31′42.36″	200 米弧线	世界大地坐标系统 1984
南纬 4°21′17.24″	东经 68°31′18.04″	200 米弧线	世界大地坐标系统 1984
南纬 4°22′7.15″	东经 68°30′44.41″	200 米弧线	世界大地坐标系统 1984
南纬 4°22′57.23″	东经 68°30′11.03″	200 米弧线	世界大地坐标系统 1984
南纬 4°23′47.49″	东经 68°29′37.9″	200 米弧线	世界大地坐标系统 1984
南纬 4°24′37.9″	东经 68°29′5.02″	200 米弧线	世界大地坐标系统 1984
南纬 4°25′28.48″	东经 68°28′32.39″	200 米弧线	世界大地坐标系统 1984
南纬 4°26′19.22″	东经 68°28′0.01″	200 米弧线	世界大地坐标系统 1984
南纬 4°27′10.13″	东经 68°27′27.87″	200 米弧线	世界大地坐标系统 1984
南纬 4°28′1.19″	东经 68°26′56″	200 米弧线	世界大地坐标系统 1984
南纬 4°28′52.41″	东经 68°26′24.37″	200 米弧线	世界大地坐标系统 1984
南纬 4°29′43.79″	东经 68°25′53″	200 米弧线	世界大地坐标系统 1984
南纬 4°30′35.33″	东经 68°25′21.89″	200 米弧线	世界大地坐标系统 1984
南纬 4°31′27.01″	东经 68°24′51.03″	200 米弧线	世界大地坐标系统 1984
南纬 4°32′18.86″	东经 68°24′20.42″	200 米弧线	世界大地坐标系统 1984
南纬 4°33′10.86″	东经 68°23′50.07″	200 米弧线	世界大地坐标系统 1984
南纬 4°34′3″	东经 68°23′19.98″	200 米弧线	世界大地坐标系统 1984
南纬 4°34′55.3″	东经 68°22′50.15″	200 米弧线	世界大地坐标系统 1984
南纬 4°35′47.75″	东经 68°22′20.58″	200 米弧线	世界大地坐标系统 1984

续表

纬 度	经 度	线型	数 据 库
南纬 4° 36′ 40.33″	东经 68° 21′ 51.27″	200 米弧线	世界大地坐标系统 1984
南纬 4° 37′ 33.07″	东经 68° 21′ 22.22″	200 米弧线	世界大地坐标系统 1984
南纬 4° 38′ 25.96″	东经 68° 20′ 53.43″	200 米弧线	世界大地坐标系统 1984
南纬 4° 39′ 18.98″	东经 68° 20′ 24.91″	200 米弧线	世界大地坐标系统 1984
南纬 4° 40′ 12.15″	东经 68° 19′ 56.64″	200 米弧线	世界大地坐标系统 1984
南纬 4° 41′ 5.46″	东经 68° 19′ 28.64″	200 米弧线	世界大地坐标系统 1984
南纬 4° 41′ 58.91″	东经 68° 19′ 0.9″	200 米弧线	世界大地坐标系统 1984
南纬 4° 42′ 52.49″	东经 68° 18′ 33.43″	200 米弧线	世界大地坐标系统 1984
南纬 4° 43′ 46.21″	东经 68° 18′ 6.23″	200 米弧线	世界大地坐标系统 1984
南纬 4° 44′ 40.07″	东经 68° 17′ 39.29″	200 米弧线	世界大地坐标系统 1984
南纬 4° 45′ 34.06″	东经 68° 17′ 12.62″	200 米弧线	世界大地坐标系统 1984
南纬 4° 46′ 28.18″	东经 68° 16′ 46.21″	200 米弧线	世界大地坐标系统 1984
南纬 4° 47′ 22.44″	东经 68° 16′ 20.07″	200 米弧线	世界大地坐标系统 1984
南纬 4° 48′ 16.82″	东经 68° 15′ 54.21″	200 米弧线	世界大地坐标系统 1984
南纬 4° 49′ 11.34″	东经 68° 15′ 28.61″	200 米弧线	世界大地坐标系统 1984
南纬 4° 50′ 5.97″	东经 68° 15′ 3.29″	200 米弧线	世界大地坐标系统 1984
南纬 4° 51′ 0.74″	东经 68° 14′ 38.24″	200 米弧线	世界大地坐标系统 1984
南纬 4° 51′ 55.64″	东经 68° 14′ 13.45″	200 米弧线	世界大地坐标系统 1984
南纬 4° 52′ 50.65″	东经 68° 13′ 48.93″	200 米弧线	世界大地坐标系统 1984
南纬 4° 53′ 45.79″	东经 68° 13′ 24.7″	200 米弧线	世界大地坐标系统 1984
南纬 4° 54′ 41.04″	东经 68° 13′ 0.73″	200 米弧线	世界大地坐标系统 1984
南纬 4° 55′ 36.42″	东经 68° 12′ 37.04″	200 米弧线	世界大地坐标系统 1984
南纬 4° 56′ 31.91″	东经 68° 12′ 13.63″	200 米弧线	世界大地坐标系统 1984
南纬 4° 57′ 27.51″	东经 68° 11′ 50.49″	200 米弧线	世界大地坐标系统 1984
南纬 4° 58′ 23.24″	东经 68° 11′ 27.63″	200 米弧线	世界大地坐标系统 1984

续表

纬　度	经　度	线　型	数　据　库
南纬 4° 59′ 19.08″	东经 68° 11′ 5.04″	200 米弧线	世界大地坐标系统 1984
南纬 5° 0′ 15.03″	东经 68° 10′ 42.73″	200 米弧线	世界大地坐标系统 1984
南纬 5° 1′ 11.09″	东经 68° 10′ 20.69″	200 米弧线	世界大地坐标系统 1984
南纬 5° 2′ 7.26″	东经 68° 9′ 58.95″	200 米弧线	世界大地坐标系统 1984
南纬 5° 3′ 3.54″	东经 68° 9′ 37.46″	200 米弧线	世界大地坐标系统 1984
南纬 5° 3′ 59.91″	东经 68° 9′ 16.27″	200 米弧线	世界大地坐标系统 1984
南纬 5° 4′ 56.4″	东经 68° 8′ 55.36″	200 米弧线	世界大地坐标系统 1984
南纬 5° 5′ 53″	东经 68° 8′ 34.72″	200 米弧线	世界大地坐标系统 1984
南纬 5° 6′ 49.7″	东经 68° 8′ 14.37″	200 米弧线	世界大地坐标系统 1984
南纬 5° 7′ 46.49″	东经 68° 7′ 54.29″	200 米弧线	世界大地坐标系统 1984
南纬 5° 8′ 43.39″	东经 68° 7′ 34.5″	200 米弧线	世界大地坐标系统 1984
南纬 5° 9′ 40.38″	东经 68° 7′ 14.99″	200 米弧线	世界大地坐标系统 1984
南纬 5° 9′ 43.34″	东经 68° 7′ 14″	200 米弧线	世界大地坐标系统 1984
南纬 5° 9′ 56.06″	东经 68° 7′ 8.99″	200 米弧线	世界大地坐标系统 1984
南纬 5° 10′ 52.22″	东经 68° 6′ 47.23″	200 米弧线	世界大地坐标系统 1984
南纬 5° 11′ 48.5″	东经 68° 6′ 25.74″	200 米弧线	世界大地坐标系统 1984
南纬 5° 12′ 44.88″	东经 68° 6′ 4.53″	200 米弧线	世界大地坐标系统 1984
南纬 5° 13′ 41.36″	东经 68° 5′ 43.6″	200 米弧线	世界大地坐标系统 1984
南纬 5° 14′ 37.96″	东经 68° 5′ 22.95″	200 米弧线	世界大地坐标系统 1984
南纬 5° 15′ 34.65″	东经 68° 5′ 2.59″	200 米弧线	世界大地坐标系统 1984
南纬 5° 16′ 31.44″	东经 68° 4′ 42.5″	200 米弧线	世界大地坐标系统 1984
南纬 5° 17′ 28.33″	东经 68° 4′ 22.7″	200 米弧线	世界大地坐标系统 1984
南纬 5° 18′ 25.33″	东经 68° 4′ 3.18″	200 米弧线	世界大地坐标系统 1984
南纬 5° 19′ 22.41″	东经 68° 3′ 43.94″	200 米弧线	世界大地坐标系统 1984
南纬 5° 20′ 19.6″	东经 68° 3′ 24.99″	200 米弧线	世界大地坐标系统 1984

续表

纬 度	经 度	线 型	数据库
南纬 5° 21′ 16.87″	东经 68° 3′ 6.31″	200 米弧线	世界大地坐标系统 1984
南纬 5° 22′ 14.24″	东经 68° 2′ 47.93″	200 米弧线	世界大地坐标系统 1984
南纬 5° 23′ 11.7″	东经 68° 2′ 29.82″	200 米弧线	世界大地坐标系统 1984
南纬 5° 24′ 9.26″	东经 68° 2′ 12.01″	200 米弧线	世界大地坐标系统 1984
南纬 5° 25′ 6.89″	东经 68° 1′ 54.49″	200 米弧线	世界大地坐标系统 1984
南纬 5° 26′ 4.62″	东经 68° 1′ 37.24″	200 米弧线	世界大地坐标系统 1984
南纬 5° 27′ 2.43″	东经 68° 1′ 20.28″	200 米弧线	世界大地坐标系统 1984
南纬 5° 28′ 0.33″	东经 68° 1′ 3.62″	200 米弧线	世界大地坐标系统 1984
南纬 5° 28′ 58.3″	东经 68° 0′ 47.23″	200 米弧线	世界大地坐标系统 1984
南纬 5° 29′ 56.36″	东经 68° 0′ 31.14″	200 米弧线	世界大地坐标系统 1984
南纬 5° 30′ 54.5″	东经 68° 0′ 15.33″	200 米弧线	世界大地坐标系统 1984
南纬 5° 31′ 52.71″	东经 67° 59′ 59.82″	200 米弧线	世界大地坐标系统 1984
南纬 5° 32′ 51.01″	东经 67° 59′ 44.59″	200 米弧线	世界大地坐标系统 1984
南纬 5° 33′ 49.37″	东经 67° 59′ 29.65″	200 米弧线	世界大地坐标系统 1984
南纬 5° 34′ 47.82″	东经 67° 59′ 15″	200 米弧线	世界大地坐标系统 1984
南纬 5° 35′ 46.33″	东经 67° 59′ 0.65″	200 米弧线	世界大地坐标系统 1984
南纬 5° 36′ 44.92″	东经 67° 58′ 46.59″	200 米弧线	世界大地坐标系统 1984
南纬 5° 37′ 43.58″	东经 67° 58′ 32.81″	200 米弧线	世界大地坐标系统 1984
南纬 5° 38′ 42.3″	东经 67° 58′ 19.33″	200 米弧线	世界大地坐标系统 1984
南纬 5° 39′ 41.08″	东经 67° 58′ 6.14″	200 米弧线	世界大地坐标系统 1984
南纬 5° 40′ 39.94″	东经 67° 57′ 53.24″	200 米弧线	世界大地坐标系统 1984
南纬 5° 40′ 50.13″	东经 67° 57′ 51.04″	200 米弧线	世界大地坐标系统 1984
南纬 5° 40′ 59.61″	东经 67° 57′ 48.98″	200 米弧线	世界大地坐标系统 1984
南纬 5° 41′ 58.53″	东经 67° 57′ 36.38″	200 米弧线	世界大地坐标系统 1984
南纬 5° 42′ 57.51″	东经 67° 57′ 24.06″	200 米弧线	世界大地坐标系统 1984

续表

纬　度	经　度	线　型	数　据　库
南纬 5° 43′ 56.55″	东经 67° 57′ 12.05″	200 米弧线	世界大地坐标系统 1984
南纬 5° 44′ 55.65″	东经 67° 57′ 0.32″	200 米弧线	世界大地坐标系统 1984
南纬 5° 45′ 54.8″	东经 67° 56′ 48.89″	200 米弧线	世界大地坐标系统 1984
南纬 5° 46′ 54.02″	东经 67° 56′ 37.75″	200 米弧线	世界大地坐标系统 1984
南纬 5° 47′ 53.29″	东经 67° 56′ 26.91″	200 米弧线	世界大地坐标系统 1984
南纬 5° 48′ 52.61″	东经 67° 56′ 16.36″	200 米弧线	世界大地坐标系统 1984
南纬 5° 49′ 51.98″	东经 67° 56′ 6.11″	200 米弧线	世界大地坐标系统 1984
南纬 5° 50′ 51.41″	东经 67° 55′ 56.16″	200 米弧线	世界大地坐标系统 1984
南纬 5° 51′ 50.89″	东经 67° 55′ 46.5″	200 米弧线	世界大地坐标系统 1984
南纬 5° 52′ 50.41″	东经 67° 55′ 37.13″	200 米弧线	世界大地坐标系统 1984
南纬 5° 53′ 49.98″	东经 67° 55′ 28.05″	200 米弧线	世界大地坐标系统 1984
南纬 5° 54′ 49.59″	东经 67° 55′ 19.28″	200 米弧线	世界大地坐标系统 1984
南纬 5° 55′ 49.24″	东经 67° 55′ 10.81″	200 米弧线	世界大地坐标系统 1984
南纬 5° 56′ 48.94″	东经 67° 55′ 2.64″	200 米弧线	世界大地坐标系统 1984
南纬 5° 57′ 48.67″	东经 67° 54′ 54.75″	200 米弧线	世界大地坐标系统 1984
南纬 5° 58′ 48.45″	东经 67° 54′ 47.17″	200 米弧线	世界大地坐标系统 1984
南纬 5° 59′ 48.26″	东经 67° 54′ 39.88″	200 米弧线	世界大地坐标系统 1984
南纬 6° 0′ 48.11″	东经 67° 54′ 32.89″	200 米弧线	世界大地坐标系统 1984
南纬 6° 1′ 47.99″	东经 67° 54′ 26.21″	200 米弧线	世界大地坐标系统 1984
南纬 6° 2′ 47.9″	东经 67° 54′ 19.81″	200 米弧线	世界大地坐标系统 1984
南纬 6° 3′ 47.85″	东经 67° 54′ 13.71″	200 米弧线	世界大地坐标系统 1984
南纬 6° 4′ 47.83″	东经 67° 54′ 7.92″	200 米弧线	世界大地坐标系统 1984
南纬 6° 5′ 47.83″	东经 67° 54′ 2.43″	200 米弧线	世界大地坐标系统 1984
南纬 6° 6′ 47.86″	东经 67° 53′ 57.23″	200 米弧线	世界大地坐标系统 1984
南纬 6° 7′ 47.92″	东经 67° 53′ 52.33″	200 米弧线	世界大地坐标系统 1984

续表

纬　度	经　度	线　型	数据库
南纬 6°8′48″	东经 67°53′47.73″	200 米弧线	世界大地坐标系统 1984
南纬 6°9′48.09″	东经 67°53′43.43″	200 米弧线	世界大地坐标系统 1984
南纬 6°10′48.22″	东经 67°53′39.43″	200 米弧线	世界大地坐标系统 1984
南纬 6°11′48.36″	东经 67°53′35.73″	200 米弧线	世界大地坐标系统 1984
南纬 6°12′48.52″	东经 67°53′32.33″	200 米弧线	世界大地坐标系统 1984
南纬 6°13′48.69″	东经 67°53′29.23″	200 米弧线	世界大地坐标系统 1984
南纬 6°14′48.88″	东经 67°53′26.43″	200 米弧线	世界大地坐标系统 1984
南纬 6°15′49.08″	东经 67°53′23.93″	200 米弧线	世界大地坐标系统 1984
南纬 6°16′49.3″	东经 67°53′21.73″	200 米弧线	世界大地坐标系统 1984
南纬 6°17′49.52″	东经 67°53′19.83″	200 米弧线	世界大地坐标系统 1984
南纬 6°18′49.76″	东经 67°53′18.23″	200 米弧线	世界大地坐标系统 1984
南纬 6°19′50″	东经 67°53′16.93″	200 米弧线	世界大地坐标系统 1984
南纬 6°20′50.24″	东经 67°53′15.93″	200 米弧线	世界大地坐标系统 1984
南纬 6°21′50.5″	东经 67°53′15.23″	200 米弧线	世界大地坐标系统 1984
南纬 6°22′50.75″	东经 67°53′14.83″	200 米弧线	世界大地坐标系统 1984
南纬 6°23′51″	东经 67°53′14.74″	200 米弧线	世界大地坐标系统 1984
南纬 6°24′51.26″	东经 67°53′14.94″	200 米弧线	世界大地坐标系统 1984
南纬 6°25′51.51″	东经 67°53′15.45″	200 米弧线	世界大地坐标系统 1984
南纬 6°26′51.76″	东经 67°53′16.25″	200 米弧线	世界大地坐标系统 1984
南纬 6°27′52″	东经 67°53′17.35″	200 米弧线	世界大地坐标系统 1984
南纬 6°28′52.24″	东经 67°53′18.76″	200 米弧线	世界大地坐标系统 1984
南纬 6°29′52.47″	东经 67°53′20.47″	200 米弧线	世界大地坐标系统 1984
南纬 6°30′52.69″	东经 67°53′22.47″	200 米弧线	世界大地坐标系统 1984
南纬 6°31′52.9″	东经 67°53′24.78″	200 米弧线	世界大地坐标系统 1984
南纬 6°32′53.1″	东经 67°53′27.4″	200 米弧线	世界大地坐标系统 1984

续表

纬　度	经　度	线　型	数　据　库
南纬 6° 33′ 53.28″	东经 67° 53′ 30.3″	200 米弧线	世界大地坐标系统 1984
南纬 6° 34′ 53.45″	东经 67° 53′ 33.51″	200 米弧线	世界大地坐标系统 1984
南纬 6° 35′ 53.6″	东经 67° 53′ 37.03″	200 米弧线	世界大地坐标系统 1984
南纬 6° 36′ 53.73″	东经 67° 53′ 40.83″	200 米弧线	世界大地坐标系统 1984
南纬 6° 37′ 11.75″	东经 67° 53′ 42.04″	200 米弧线	世界大地坐标系统 1984
南纬 6° 37′ 16.83″	东经 67° 53′ 42.37″	200 米弧线	世界大地坐标系统 1984
南纬 6° 38′ 16.94″	东经 67° 53′ 46.48″	200 米弧线	世界大地坐标系统 1984
南纬 6° 39′ 17.03″	东经 67° 53′ 50.89″	200 米弧线	世界大地坐标系统 1984
南纬 6° 40′ 17.1″	东经 67° 53′ 55.6″	200 米弧线	世界大地坐标系统 1984
南纬 6° 41′ 17.15″	东经 67° 54′ 0.62″	200 米弧线	世界大地坐标系统 1984
南纬 6° 42′ 17.17″	东经 67° 54′ 5.93″	200 米弧线	世界大地坐标系统 1984
南纬 6° 43′ 17.16″	东经 67° 54′ 11.54″	200 米弧线	世界大地坐标系统 1984
南纬 6° 44′ 17.12″	东经 67° 54′ 17.45″	200 米弧线	世界大地坐标系统 1984
南纬 6° 45′ 17.05″	东经 67° 54′ 23.66″	200 米弧线	世界大地坐标系统 1984
南纬 6° 46′ 16.96″	东经 67° 54′ 30.18″	200 米弧线	世界大地坐标系统 1984
南纬 6° 47′ 16.82″	东经 67° 54′ 36.98″	200 米弧线	世界大地坐标系统 1984
南纬 6° 48′ 16.66″	东经 67° 54′ 44.09″	200 米弧线	世界大地坐标系统 1984
南纬 6° 48′ 34.38″	东经 67° 54′ 46.26″	200 米弧线	世界大地坐标系统 1984
南纬 6° 48′ 35.78″	东经 67° 54′ 46.43″	200 米弧线	世界大地坐标系统 1984
南纬 6° 49′ 35.57″	东经 67° 54′ 53.84″	200 米弧线	世界大地坐标系统 1984
南纬 6° 50′ 35.33″	东经 67° 55′ 1.54″	200 米弧线	世界大地坐标系统 1984
南纬 6° 51′ 35.05″	东经 67° 55′ 9.55″	200 米弧线	世界大地坐标系统 1984
南纬 6° 52′ 34.73″	东经 67° 55′ 17.86″	200 米弧线	世界大地坐标系统 1984
南纬 6° 53′ 34.37″	东经 67° 55′ 26.46″	200 米弧线	世界大地坐标系统 1984
南纬 6° 54′ 33.96″	东经 67° 55′ 35.36″	200 米弧线	世界大地坐标系统 1984

续表

纬　度	经　度	线　型	数　据　库
南纬 6° 55′ 33.51″	东经 67° 55′ 44.56″	200 米弧线	世界大地坐标系统 1984
南纬 6° 56′ 33.01″	东经 67° 55′ 54.06″	200 米弧线	世界大地坐标系统 1984
南纬 6° 57′ 32.46″	东经 67° 56′ 3.86″	200 米弧线	世界大地坐标系统 1984
南纬 6° 58′ 31.86″	东经 67° 56′ 13.95″	200 米弧线	世界大地坐标系统 1984
南纬 6° 59′ 31.22″	东经 67° 56′ 24.34″	200 米弧线	世界大地坐标系统 1984
南纬 7° 0′ 30.51″	东经 67° 56′ 35.03″	200 米弧线	世界大地坐标系统 1984
南纬 7° 1′ 29.76″	东经 67° 56′ 46.02″	200 米弧线	世界大地坐标系统 1984
南纬 7° 2′ 28.95″	东经 67° 56′ 57.3″	200 米弧线	世界大地坐标系统 1984
南纬 7° 3′ 28.08″	东经 67° 57′ 8.88″	200 米弧线	世界大地坐标系统 1984
南纬 7° 4′ 27.15″	东经 67° 57′ 20.75″	200 米弧线	世界大地坐标系统 1984
南纬 7° 5′ 26.17″	东经 67° 57′ 32.92″	200 米弧线	世界大地坐标系统 1984
南纬 7° 6′ 25.11″	东经 67° 57′ 45.39″	200 米弧线	世界大地坐标系统 1984
南纬 7° 7′ 24″	东经 67° 57′ 58.15″	200 米弧线	世界大地坐标系统 1984
南纬 7° 8′ 22.83″	东经 67° 58′ 11.21″	200 米弧线	世界大地坐标系统 1984
南纬 7° 9′ 21.59″	东经 67° 58′ 24.55″	200 米弧线	世界大地坐标系统 1984
南纬 7° 10′ 20.28″	东经 67° 58′ 38.2″	200 米弧线	世界大地坐标系统 1984
南纬 7° 11′ 18.9″	东经 67° 58′ 52.14″	200 米弧线	世界大地坐标系统 1984
南纬 7° 12′ 17.46″	东经 67° 59′ 6.38″	200 米弧线	世界大地坐标系统 1984
南纬 7° 13′ 15.94″	东经 67° 59′ 20.9″	200 米弧线	世界大地坐标系统 1984
南纬 7° 14′ 14.34″	东经 67° 59′ 35.73″	200 米弧线	世界大地坐标系统 1984
南纬 7° 15′ 12.67″	东经 67° 59′ 50.84″	200 米弧线	世界大地坐标系统 1984
南纬 7° 16′ 10.93″	东经 68° 0′ 6.24″	200 米弧线	世界大地坐标系统 1984
南纬 7° 17′ 9.11″	东经 68° 0′ 21.94″	200 米弧线	世界大地坐标系统 1984
南纬 7° 18′ 7.21″	东经 68° 0′ 37.93″	200 米弧线	世界大地坐标系统 1984
南纬 7° 19′ 5.22″	东经 68° 0′ 54.2″	200 米弧线	世界大地坐标系统 1984

续表

纬　度	经　度	线　型	数据库
南纬 7°20′3.16″	东经 68°1′10.78″	200 米弧线	世界大地坐标系统 1984
南纬 7°21′1.01″	东经 68°1′27.64″	200 米弧线	世界大地坐标系统 1984
南纬 7°21′58.78″	东经 68°1′44.79″	200 米弧线	世界大地坐标系统 1984
南纬 7°22′56.46″	东经 68°2′2.24″	200 米弧线	世界大地坐标系统 1984
南纬 7°23′54.05″	东经 68°2′19.97″	200 米弧线	世界大地坐标系统 1984
南纬 7°24′51.55″	东经 68°2′37.99″	200 米弧线	世界大地坐标系统 1984
南纬 7°25′46.94″	东经 68°2′55.65″	200 米弧线	世界大地坐标系统 1984
南纬 7°26′6.64″	东经 68°3′0.22″	200 米弧线	世界大地坐标系统 1984
南纬 7°27′5.26″	东经 68°3′14.15″	200 米弧线	世界大地坐标系统 1984
南纬 7°28′3.82″	东经 68°3′28.38″	200 米弧线	世界大地坐标系统 1984
南纬 7°29′2.3″	东经 68°3′42.9″	200 米弧线	世界大地坐标系统 1984
南纬 7°30′0.71″	东经 68°3′57.71″	200 米弧线	世界大地坐标系统 1984
南纬 7°30′59.04″	东经 68°4′12.83″	200 米弧线	世界大地坐标系统 1984
南纬 7°31′57.3″	东经 68°4′28.22″	200 米弧线	世界大地坐标系统 1984
南纬 7°32′55.48″	东经 68°4′43.91″	200 米弧线	世界大地坐标系统 1984
南纬 7°33′53.59″	东经 68°4′59.89″	200 米弧线	世界大地坐标系统 1984
南纬 7°34′51.61″	东经 68°5′16.17″	200 米弧线	世界大地坐标系统 1984
南纬 7°35′49.54″	东经 68°5′32.74″	200 米弧线	世界大地坐标系统 1984
南纬 7°36′47.4″	东经 68°5′49.59″	200 米弧线	世界大地坐标系统 1984
南纬 7°37′45.17″	东经 68°6′6.74″	200 米弧线	世界大地坐标系统 1984
南纬 7°38′42.86″	东经 68°6′24.18″	200 米弧线	世界大地坐标系统 1984
南纬 7°39′40.46″	东经 68°6′41.91″	200 米弧线	世界大地坐标系统 1984
南纬 7°40′37.97″	东经 68°6′59.92″	200 米弧线	世界大地坐标系统 1984
南纬 7°41′35.38″	东经 68°7′18.23″	200 米弧线	世界大地坐标系统 1984
南纬 7°42′32.71″	东经 68°7′36.82″	200 米弧线	世界大地坐标系统 1984

续表

纬　度	经　度	线　型	数据库
南纬 7°43′29.94″	东经 68°7′55.71″	200米弧线	世界大地坐标系统1984
南纬 7°44′27.07″	东经 68°8′14.88″	200米弧线	世界大地坐标系统1984
南纬 7°45′24.12″	东经 68°8′34.34″	200米弧线	世界大地坐标系统1984
南纬 7°46′21.05″	东经 68°8′54.08″	200米弧线	世界大地坐标系统1984
南纬 7°47′17.9″	东经 68°9′14.11″	200米弧线	世界大地坐标系统1984
南纬 7°48′14.64″	东经 68°9′34.42″	200米弧线	世界大地坐标系统1984
南纬 7°49′11.28″	东经 68°9′55.02″	200米弧线	世界大地坐标系统1984
南纬 7°50′7.82″	东经 68°10′15.91″	200米弧线	世界大地坐标系统1984
南纬 7°51′4.24″	东经 68°10′37.08″	200米弧线	世界大地坐标系统1984
南纬 7°52′0.57″	东经 68°10′58.53″	200米弧线	世界大地坐标系统1984
南纬 7°52′56.78″	东经 68°11′20.27″	200米弧线	世界大地坐标系统1984
南纬 7°53′52.9″	东经 68°11′42.29″	200米弧线	世界大地坐标系统1984
南纬 7°54′4.87″	东经 68°11′47.03″	200米弧线	世界大地坐标系统1984
南纬 7°54′57.39″	东经 68°12′7.95″	200米弧线	世界大地坐标系统1984
南纬 7°55′53.27″	东经 68°12′30.54″	200米弧线	世界大地坐标系统1984
南纬 7°56′49.04″	东经 68°12′53.41″	200米弧线	世界大地坐标系统1984
南纬 7°57′44.69″	东经 68°13′16.55″	200米弧线	世界大地坐标系统1984
南纬 7°58′40.24″	东经 68°13′39.98″	200米弧线	世界大地坐标系统1984
南纬 7°59′35.66″	东经 68°14′3.68″	200米弧线	世界大地坐标系统1984
南纬 8°0′30.97″	东经 68°14′27.67″	200米弧线	世界大地坐标系统1984
南纬 8°1′26.14″	东经 68°14′51.93″	200米弧线	世界大地坐标系统1984
南纬 8°2′21.21″	东经 68°15′16.47″	200米弧线	世界大地坐标系统1984
南纬 8°3′16.15″	东经 68°15′41.29″	200米弧线	世界大地坐标系统1984
南纬 8°4′10.96″	东经 68°16′6.38″	200米弧线	世界大地坐标系统1984
南纬 8°5′5.65″	东经 68°16′31.75″	200米弧线	世界大地坐标系统1984

续表

纬　度	经　度	线　型	数据库
南纬 8° 6′ 0.21″	东经 68° 16′ 57.4″	200 米弧线	世界大地坐标系统 1984
南纬 8° 6′ 54.64″	东经 68° 17′ 23.32″	200 米弧线	世界大地坐标系统 1984
南纬 8° 7′ 48.94″	东经 68° 17′ 49.51″	200 米弧线	世界大地坐标系统 1984
南纬 8° 8′ 43.11″	东经 68° 18′ 15.98″	200 米弧线	世界大地坐标系统 1984
南纬 8° 9′ 37.15″	东经 68° 18′ 42.73″	200 米弧线	世界大地坐标系统 1984
南纬 8° 10′ 31.05″	东经 68° 19′ 9.74″	200 米弧线	世界大地坐标系统 1984
南纬 8° 11′ 24.82″	东经 68° 19′ 37.03″	200 米弧线	世界大地坐标系统 1984
南纬 8° 12′ 18.45″	东经 68° 20′ 4.59″	200 米弧线	世界大地坐标系统 1984
南纬 8° 13′ 11.94″	东经 68° 20′ 32.42″	200 米弧线	世界大地坐标系统 1984
南纬 8° 14′ 5.3″	东经 68° 21′ 0.51″	200 米弧线	世界大地坐标系统 1984
南纬 8° 14′ 58.5″	东经 68° 21′ 28.88″	200 米弧线	世界大地坐标系统 1984
南纬 8° 15′ 51.58″	东经 68° 21′ 57.51″	200 米弧线	世界大地坐标系统 1984
南纬 8° 16′ 44.5″	东经 68° 22′ 26.41″	200 米弧线	世界大地坐标系统 1984
南纬 8° 17′ 37.28″	东经 68° 22′ 55.58″	200 米弧线	世界大地坐标系统 1984
南纬 8° 18′ 29.91″	东经 68° 23′ 25.02″	200 米弧线	世界大地坐标系统 1984
南纬 8° 19′ 22.4″	东经 68° 23′ 54.72″	200 米弧线	世界大地坐标系统 1984
南纬 8° 19′ 35.25″	东经 68° 24′ 2.05″	200 米弧线	世界大地坐标系统 1984
南纬 8° 20′ 24.14″	东经 68° 24′ 30.05″	200 米弧线	世界大地坐标系统 1984
南纬 8° 21′ 16.33″	东经 68° 25′ 0.28″	200 米弧线	世界大地坐标系统 1984
南纬 8° 22′ 8.37″	东经 68° 25′ 30.78″	200 米弧线	世界大地坐标系统 1984
南纬 8° 23′ 0.25″	东经 68° 26′ 1.53″	200 米弧线	世界大地坐标系统 1984
南纬 8° 23′ 51.98″	东经 68° 26′ 32.55″	200 米弧线	世界大地坐标系统 1984
南纬 8° 24′ 43.55″	东经 68° 27′ 3.83″	200 米弧线	世界大地坐标系统 1984
南纬 8° 25′ 34.96″	东经 68° 27′ 35.37″	200 米弧线	世界大地坐标系统 1984
南纬 8° 26′ 26.22″	东经 68° 28′ 7.17″	200 米弧线	世界大地坐标系统 1984

续表

纬　度	经　度	线　型	数据库
南纬 8°27′17.32″	东经 68°28′39.23″	200 米弧线	世界大地坐标系统 1984
南纬 8°28′8.25″	东经 68°29′11.54″	200 米弧线	世界大地坐标系统 1984
南纬 8°28′59.04″	东经 68°29′44.12″	200 米弧线	世界大地坐标系统 1984
南纬 8°29′49.65″	东经 68°30′16.95″	200 米弧线	世界大地坐标系统 1984
南纬 8°30′40.09″	东经 68°30′50.04″	200 米弧线	世界大地坐标系统 1984
南纬 8°31′30.38″	东经 68°31′23.38″	200 米弧线	世界大地坐标系统 1984
南纬 8°32′20.49″	东经 68°31′56.98″	200 米弧线	世界大地坐标系统 1984
南纬 8°33′10.44″	东经 68°32′30.83″	200 米弧线	世界大地坐标系统 1984
南纬 8°34′0.21″	东经 68°33′4.92″	200 米弧线	世界大地坐标系统 1984
南纬 8°34′49.82″	东经 68°33′39.28″	200 米弧线	世界大地坐标系统 1984
南纬 8°35′39.25″	东经 68°34′13.88″	200 米弧线	世界大地坐标系统 1984
南纬 8°36′28.51″	东经 68°34′48.74″	200 米弧线	世界大地坐标系统 1984
南纬 8°37′17.59″	东经 68°35′23.83″	200 米弧线	世界大地坐标系统 1984
南纬 8°38′6.51″	东经 68°35′59.19″	200 米弧线	世界大地坐标系统 1984
南纬 8°38′55.24″	东经 68°36′34.79″	200 米弧线	世界大地坐标系统 1984
南纬 8°39′11.25″	东经 68°36′46.57″	200 米弧线	世界大地坐标系统 1984
南纬 8°39′56.06″	东经 68°37′19.67″	200 米弧线	世界大地坐标系统 1984
南纬 8°40′44.44″	东经 68°37′55.76″	200 米弧线	世界大地坐标系统 1984
南纬 8°41′32.63″	东经 68°38′32.09″	200 米弧线	世界大地坐标系统 1984
南纬 8°42′20.64″	东经 68°39′8.67″	200 米弧线	世界大地坐标系统 1984
南纬 8°43′8.47″	东经 68°39′45.49″	200 米弧线	世界大地坐标系统 1984
南纬 8°43′56.12″	东经 68°40′22.56″	200 米弧线	世界大地坐标系统 1984
南纬 8°44′43.57″	东经 68°40′59.86″	200 米弧线	世界大地坐标系统 1984
南纬 8°45′30.84″	东经 68°41′37.41″	200 米弧线	世界大地坐标系统 1984
南纬 8°46′17.93″	东经 68°42′15.2″	200 米弧线	世界大地坐标系统 1984

续表

纬 度	经 度	线 型	数据库
南纬 8° 47′ 4.82″	东经 68° 42′ 53.22″	200 米弧线	世界大地坐标系统 1984
南纬 8° 47′ 51.52″	东经 68° 43′ 31.48″	200 米弧线	世界大地坐标系统 1984
南纬 8° 48′ 38.04″	东经 68° 44′ 9.98″	200 米弧线	世界大地坐标系统 1984
南纬 8° 49′ 24.36″	东经 68° 44′ 48.71″	200 米弧线	世界大地坐标系统 1984
南纬 8° 50′ 10.48″	东经 68° 45′ 27.68″	200 米弧线	世界大地坐标系统 1984
南纬 8° 50′ 56.41″	东经 68° 46′ 6.89″	200 米弧线	世界大地坐标系统 1984
南纬 8° 51′ 42.14″	东经 68° 46′ 46.32″	200 米弧线	世界大地坐标系统 1984
南纬 8° 52′ 27.67″	东经 68° 47′ 25.99″	200 米弧线	世界大地坐标系统 1984
南纬 8° 53′ 13.01″	东经 68° 48′ 5.88″	200 米弧线	世界大地坐标系统 1984
南纬 8° 53′ 58.15″	东经 68° 48′ 46.01″	200 米弧线	世界大地坐标系统 1984
南纬 8° 54′ 43.08″	东经 68° 49′ 26.36″	200 米弧线	世界大地坐标系统 1984
南纬 8° 55′ 27.82″	东经 68° 50′ 6.95″	200 米弧线	世界大地坐标系统 1984
南纬 8° 56′ 12.35″	东经 68° 50′ 47.76″	200 米弧线	世界大地坐标系统 1984
南纬 8° 56′ 56.67″	东经 68° 51′ 28.79″	200 米弧线	世界大地坐标系统 1984
南纬 8° 57′ 40.79″	东经 68° 52′ 10.06″	200 米弧线	世界大地坐标系统 1984
南纬 8° 58′ 24.71″	东经 68° 52′ 51.54″	200 米弧线	世界大地坐标系统 1984
南纬 8° 59′ 8.42″	东经 68° 53′ 33.25″	200 米弧线	世界大地坐标系统 1984
南纬 8° 59′ 51.91″	东经 68° 54′ 15.18″	200 米弧线	世界大地坐标系统 1984
南纬 9° 0′ 35.2″	东经 68° 54′ 57.32″	200 米弧线	世界大地坐标系统 1984
南纬 9° 1′ 18.28″	东经 68° 55′ 39.7″	200 米弧线	世界大地坐标系统 1984
南纬 9° 2′ 1.14″	东经 68° 56′ 22.28″	200 米弧线	世界大地坐标系统 1984
南纬 9° 2′ 43.79″	东经 68° 57′ 5.09″	200 米弧线	世界大地坐标系统 1984
南纬 9° 3′ 26.22″	东经 68° 57′ 48.11″	200 米弧线	世界大地坐标系统 1984
南纬 9° 4′ 8.45″	东经 68° 58′ 31.35″	200 米弧线	世界大地坐标系统 1984
南纬 9° 4′ 50.45″	东经 68° 59′ 14.79″	200 米弧线	世界大地坐标系统 1984

续表

纬　度	经　度	线　型	数据库
南纬 9° 5′ 32.24″	东经 68° 59′ 58.46″	200 米弧线	世界大地坐标系统 1984
南纬 9° 6′ 13.81″	东经 69° 0′ 42.34″	200 米弧线	世界大地坐标系统 1984
南纬 9° 6′ 55.16″	东经 69° 1′ 26.42″	200 米弧线	世界大地坐标系统 1984
南纬 9° 7′ 36.29″	东经 69° 2′ 10.72″	200 米弧线	世界大地坐标系统 1984
南纬 9° 8′ 17.19″	东经 69° 2′ 55.23″	200 米弧线	世界大地坐标系统 1984
南纬 9° 8′ 57.87″	东经 69° 3′ 39.94″	200 米弧线	世界大地坐标系统 1984
南纬 9° 9′ 38.33″	东经 69° 4′ 24.86″	200 米弧线	世界大地坐标系统 1984
南纬 9° 10′ 18.57″	东经 69° 5′ 9.99″	200 米弧线	世界大地坐标系统 1984
南纬 9° 10′ 58.57″	东经 69° 5′ 55.32″	200 米弧线	世界大地坐标系统 1984
南纬 9° 11′ 38.36″	东经 69° 6′ 40.86″	200 米弧线	世界大地坐标系统 1984
南纬 9° 12′ 17.91″	东经 69° 7′ 26.59″	200 米弧线	世界大地坐标系统 1984
南纬 9° 12′ 57.23″	东经 69° 8′ 12.52″	200 米弧线	世界大地坐标系统 1984
南纬 9° 13′ 36.33″	东经 69° 8′ 58.66″	200 米弧线	世界大地坐标系统 1984
南纬 9° 14′ 15.19″	东经 69° 9′ 45″	200 米弧线	世界大地坐标系统 1984
南纬 9° 14′ 53.83″	东经 69° 10′ 31.54″	200 米弧线	世界大地坐标系统 1984
南纬 9° 15′ 32.22″	东经 69° 11′ 18.26″	200 米弧线	世界大地坐标系统 1984
南纬 9° 16′ 10.39″	东经 69° 12′ 5.18″	200 米弧线	世界大地坐标系统 1984
南纬 9° 16′ 48.32″	东经 69° 12′ 52.3″	200 米弧线	世界大地坐标系统 1984
南纬 9° 17′ 26.01″	东经 69° 13′ 39.61″	200 米弧线	世界大地坐标系统 1984
南纬 9° 18′ 3.47″	东经 69° 14′ 27.12″	200 米弧线	世界大地坐标系统 1984
南纬 9° 18′ 40.69″	东经 69° 15′ 14.81″	200 米弧线	世界大地坐标系统 1984
南纬 9° 19′ 17.67″	东经 69° 16′ 2.69″	200 米弧线	世界大地坐标系统 1984
南纬 9° 19′ 54.41″	东经 69° 16′ 50.76″	200 米弧线	世界大地坐标系统 1984
南纬 9° 20′ 30.9″	东经 69° 17′ 39.02″	200 米弧线	世界大地坐标系统 1984
南纬 9° 21′ 7.17″	东经 69° 18′ 27.47″	200 米弧线	世界大地坐标系统 1984

续表

纬 度	经 度	线 型	数 据 库
南纬 9° 21′ 43.18″	东经 69° 19′ 16.09″	200 米弧线	世界大地坐标系统 1984
南纬 9° 22′ 18.96″	东经 69° 20′ 4.9″	200 米弧线	世界大地坐标系统 1984
南纬 9° 22′ 25.68″	东经 69° 20′ 14.14″	200 米弧线	世界大地坐标系统 1984
南纬 9° 22′ 51.77″	东经 69° 20′ 49.78″	200 米弧线	世界大地坐标系统 1984
南纬 9° 23′ 27.29″	东经 69° 21′ 38.77″	200 米弧线	世界大地坐标系统 1984
南纬 9° 24′ 2.58″	东经 69° 22′ 27.95″	200 米弧线	世界大地坐标系统 1984
南纬 9° 24′ 37.62″	东经 69° 23′ 17.3″	200 米弧线	世界大地坐标系统 1984
南纬 9° 25′ 12.41″	东经 69° 24′ 6.83″	200 米弧线	世界大地坐标系统 1984
南纬 9° 25′ 46.95″	东经 69° 24′ 56.54″	200 米弧线	世界大地坐标系统 1984
南纬 9° 26′ 21.24″	东经 69° 25′ 46.42″	200 米弧线	世界大地坐标系统 1984
南纬 9° 26′ 55.29″	东经 69° 26′ 36.48″	200 米弧线	世界大地坐标系统 1984
南纬 9° 27′ 29.08″	东经 69° 27′ 26.72″	200 米弧线	世界大地坐标系统 1984
南纬 9° 28′ 2.62″	东经 69° 28′ 17.12″	200 米弧线	世界大地坐标系统 1984
南纬 9° 28′ 35.91″	东经 69° 29′ 7.7″	200 米弧线	世界大地坐标系统 1984
南纬 9° 29′ 8.95″	东经 69° 29′ 58.44″	200 米弧线	世界大地坐标系统 1984
南纬 9° 29′ 41.73″	东经 69° 30′ 49.35″	200 米弧线	世界大地坐标系统 1984
南纬 9° 30′ 14.26″	东经 69° 31′ 40.43″	200 米弧线	世界大地坐标系统 1984
南纬 9° 30′ 46.54″	东经 69° 32′ 31.68″	200 米弧线	世界大地坐标系统 1984
南纬 9° 31′ 18.55″	东经 69° 33′ 23.09″	200 米弧线	世界大地坐标系统 1984
南纬 9° 31′ 50.31″	东经 69° 34′ 14.66″	200 米弧线	世界大地坐标系统 1984
南纬 9° 32′ 21.81″	东经 69° 35′ 6.4″	200 米弧线	世界大地坐标系统 1984
南纬 9° 32′ 53.05″	东经 69° 35′ 58.29″	200 米弧线	世界大地坐标系统 1984
南纬 9° 33′ 24.03″	东经 69° 36′ 50.34″	200 米弧线	世界大地坐标系统 1984
南纬 9° 33′ 54.75″	东经 69° 37′ 42.55″	200 米弧线	世界大地坐标系统 1984
南纬 9° 34′ 25.21″	东经 69° 38′ 34.92″	200 米弧线	世界大地坐标系统 1984

续表

纬　度	经　度	线　型	数据库
南纬 9° 34′ 55.41″	东经 69° 39′ 27.45″	200 米弧线	世界大地坐标系统 1984
南纬 9° 35′ 25.35″	东经 69° 40′ 20.12″	200 米弧线	世界大地坐标系统 1984
南纬 9° 35′ 55.02″	东经 69° 41′ 12.95″	200 米弧线	世界大地坐标系统 1984
南纬 9° 36′ 24.43″	东经 69° 42′ 5.93″	200 米弧线	世界大地坐标系统 1984
南纬 9° 36′ 53.57″	东经 69° 42′ 59.06″	200 米弧线	世界大地坐标系统 1984
南纬 9° 37′ 22.45″	东经 69° 43′ 52.34″	200 米弧线	世界大地坐标系统 1984
南纬 9° 37′ 51.06″	东经 69° 44′ 45.76″	200 米弧线	世界大地坐标系统 1984
南纬 9° 38′ 19.4″	东经 69° 45′ 39.33″	200 米弧线	世界大地坐标系统 1984
南纬 9° 38′ 47.47″	东经 69° 46′ 33.05″	200 米弧线	世界大地坐标系统 1984
南纬 9° 39′ 15.28″	东经 69° 47′ 26.91″	200 米弧线	世界大地坐标系统 1984
南纬 9° 39′ 42.81″	东经 69° 48′ 20.91″	200 米弧线	世界大地坐标系统 1984
南纬 9° 40′ 10.08″	东经 69° 49′ 15.05″	200 米弧线	世界大地坐标系统 1984
南纬 9° 40′ 37.08″	东经 69° 50′ 9.33″	200 米弧线	世界大地坐标系统 1984
南纬 9° 41′ 3.8″	东经 69° 51′ 3.75″	200 米弧线	世界大地坐标系统 1984
南纬 9° 41′ 30.25″	东经 69° 51′ 58.3″	200 米弧线	世界大地坐标系统 1984
南纬 9° 41′ 38.76″	东经 69° 52′ 16″	200 米弧线	世界大地坐标系统 1984
南纬 9° 41′ 39.34″	东经 69° 52′ 17.2″	200 米弧线	世界大地坐标系统 1984
南纬 9° 42′ 5.52″	东经 69° 53′ 11.89″	200 米弧线	世界大地坐标系统 1984
南纬 9° 42′ 31.42″	东经 69° 54′ 6.71″	200 米弧线	世界大地坐标系统 1984
南纬 9° 42′ 57.06″	东经 69° 55′ 1.67″	200 米弧线	世界大地坐标系统 1984
南纬 9° 43′ 22.41″	东经 69° 55′ 56.75″	200 米弧线	世界大地坐标系统 1984
南纬 9° 43′ 47.49″	东经 69° 56′ 51.97″	200 米弧线	世界大地坐标系统 1984
南纬 9° 44′ 12.29″	东经 69° 57′ 47.31″	200 米弧线	世界大地坐标系统 1984
南纬 9° 44′ 28.86″	东经 69° 58′ 24.76″	200 米弧线	世界大地坐标系统 1984
南纬 9° 44′ 56.72″	东经 69° 58′ 51.11″	200 米弧线	世界大地坐标系统 1984

续表

纬　度	经　度	线　型	数据库
南纬 9° 45′ 40.45″	东经 69° 59′ 32.88″	200 米弧线	世界大地坐标系统 1984
南纬 9° 46′ 23.97″	东经 70° 0′ 14.87″	200 米弧线	世界大地坐标系统 1984
南纬 9° 47′ 7.28″	东经 70° 0′ 57.09″	200 米弧线	世界大地坐标系统 1984
南纬 9° 47′ 50.38″	东经 70° 1′ 39.53″	200 米弧线	世界大地坐标系统 1984
南纬 9° 48′ 33.26″	东经 70° 2′ 22.19″	200 米弧线	世界大地坐标系统 1984
南纬 9° 49′ 15.94″	东经 70° 3′ 5.07″	200 米弧线	世界大地坐标系统 1984
南纬 9° 49′ 58.39″	东经 70° 3′ 48.16″	200 米弧线	世界大地坐标系统 1984
南纬 9° 50′ 40.64″	东经 70° 4′ 31.47″	200 米弧线	世界大地坐标系统 1984
南纬 9° 51′ 22.66″	东经 70° 5′ 15″	200 米弧线	世界大地坐标系统 1984
南纬 9° 52′ 4.47″	东经 70° 5′ 58.74″	200 米弧线	世界大地坐标系统 1984
南纬 9° 52′ 46.07″	东经 70° 6′ 42.69″	200 米弧线	世界大地坐标系统 1984
南纬 9° 53′ 27.43″	东经 70° 7′ 26.85″	200 米弧线	世界大地坐标系统 1984
南纬 9° 54′ 8.58″	东经 70° 8′ 11.22″	200 米弧线	世界大地坐标系统 1984
南纬 9° 54′ 49.51″	东经 70° 8′ 55.81″	200 米弧线	世界大地坐标系统 1984
南纬 9° 55′ 30.22″	东经 70° 9′ 40.6″	200 米弧线	世界大地坐标系统 1984
南纬 9° 56′ 10.7″	东经 70° 10′ 25.6″	200 米弧线	世界大地坐标系统 1984
南纬 9° 56′ 50.95″	东经 70° 11′ 10.81″	200 米弧线	世界大地坐标系统 1984
南纬 9° 57′ 30.99″	东经 70° 11′ 56.22″	200 米弧线	世界大地坐标系统 1984
南纬 9° 58′ 10.79″	东经 70° 12′ 41.84″	200 米弧线	世界大地坐标系统 1984
南纬 9° 58′ 50.37″	东经 70° 13′ 27.66″	200 米弧线	世界大地坐标系统 1984
南纬 9° 59′ 29.71″	东经 70° 14′ 13.67″	200 米弧线	世界大地坐标系统 1984
南纬 10° 0′ 8.83″	东经 70° 14′ 59.9″	200 米弧线	世界大地坐标系统 1984
南纬 10° 0′ 47.71″	东经 70° 15′ 46.32″	200 米弧线	世界大地坐标系统 1984
南纬 10° 1′ 26.37″	东经 70° 16′ 32.94″	200 米弧线	世界大地坐标系统 1984
南纬 10° 2′ 4.79″	东经 70° 17′ 19.76″	200 米弧线	世界大地坐标系统 1984

续表

纬　度	经　度	线　型	数　据　库
南纬 10° 2′ 42.97″	东经 70° 18′ 6.77″	200 米弧线	世界大地坐标系统 1984
南纬 10° 3′ 20.93″	东经 70° 18′ 53.97″	200 米弧线	世界大地坐标系统 1984
南纬 10° 3′ 58.65″	东经 70° 19′ 41.37″	200 米弧线	世界大地坐标系统 1984
南纬 10° 4′ 36.12″	东经 70° 20′ 28.96″	200 米弧线	世界大地坐标系统 1984
南纬 10° 5′ 13.37″	东经 70° 21′ 16.75″	200 米弧线	世界大地坐标系统 1984
南纬 10° 5′ 50.37″	东经 70° 22′ 4.72″	200 米弧线	世界大地坐标系统 1984
南纬 10° 6′ 27.13″	东经 70° 22′ 52.88″	200 米弧线	世界大地坐标系统 1984
南纬 10° 7′ 3.65″	东经 70° 23′ 41.24″	200 米弧线	世界大地坐标系统 1984
南纬 10° 7′ 39.94″	东经 70° 24′ 29.77″	200 米弧线	世界大地坐标系统 1984
南纬 10° 8′ 15.97″	东经 70° 25′ 18.5″	200 米弧线	世界大地坐标系统 1984
南纬 10° 8′ 51.77″	东经 70° 26′ 7.4″	200 米弧线	世界大地坐标系统 1984
南纬 10° 9′ 27.32″	东经 70° 26′ 56.49″	200 米弧线	世界大地坐标系统 1984
南纬 10° 9′ 33.62″	东经 70° 27′ 5.25″	200 米弧线	世界大地坐标系统 1984
南纬 10° 10′ 7.12″	东经 70° 27′ 52.01″	200 米弧线	世界大地坐标系统 1984
南纬 10° 10′ 42.18″	东经 70° 28′ 41.47″	200 米弧线	世界大地坐标系统 1984
南纬 10° 11′ 16.98″	东经 70° 29′ 31.09″	200 米弧线	世界大地坐标系统 1984
南纬 10° 11′ 51.55″	东经 70° 30′ 20.9″	200 米弧线	世界大地坐标系统 1984
南纬 10° 12′ 25.86″	东经 70° 31′ 10.88″	200 米弧线	世界大地坐标系统 1984
南纬 10° 12′ 59.93″	东经 70° 32′ 1.05″	200 米弧线	世界大地坐标系统 1984
南纬 10° 13′ 33.74″	东经 70° 32′ 51.38″	200 米弧线	世界大地坐标系统 1984
南纬 10° 14′ 7.31″	东经 70° 33′ 41.89″	200 米弧线	世界大地坐标系统 1984
南纬 10° 14′ 40.62″	东经 70° 34′ 32.56″	200 米弧线	世界大地坐标系统 1984
南纬 10° 15′ 13.67″	东经 70° 35′ 23.41″	200 米弧线	世界大地坐标系统 1984
南纬 10° 15′ 46.48″	东经 70° 36′ 14.43″	200 米弧线	世界大地坐标系统 1984
南纬 10° 16′ 19.03″	东经 70° 37′ 5.61″	200 米弧线	世界大地坐标系统 1984

续表

纬　度	经　度	线　型	数　据　库
南纬 10° 16′ 51.32″	东经 70° 37′ 56.96″	200 米弧线	世界大地坐标系统 1984
南纬 10° 17′ 23.36″	东经 70° 38′ 48.48″	200 米弧线	世界大地坐标系统 1984
南纬 10° 17′ 55.14″	东经 70° 39′ 40.16″	200 米弧线	世界大地坐标系统 1984
南纬 10° 18′ 26.66″	东经 70° 40′ 32″	200 米弧线	世界大地坐标系统 1984
南纬 10° 18′ 57.91″	东经 70° 41′ 24″	200 米弧线	世界大地坐标系统 1984
南纬 10° 19′ 28.92″	东经 70° 42′ 16.16″	200 米弧线	世界大地坐标系统 1984
南纬 10° 19′ 59.66″	东经 70° 43′ 8.49″	200 米弧线	世界大地坐标系统 1984
南纬 10° 20′ 30.14″	东经 70° 44′ 0.97″	200 米弧线	世界大地坐标系统 1984
南纬 10° 21′ 0.36″	东经 70° 44′ 53.6″	200 米弧线	世界大地坐标系统 1984
南纬 10° 21′ 30.31″	东经 70° 45′ 46.38″	200 米弧线	世界大地坐标系统 1984
南纬 10° 22′ 0″	东经 70° 46′ 39.32″	200 米弧线	世界大地坐标系统 1984
南纬 10° 22′ 29.43″	东经 70° 47′ 32.42″	200 米弧线	世界大地坐标系统 1984
南纬 10° 22′ 58.59″	东经 70° 48′ 25.66″	200 米弧线	世界大地坐标系统 1984
南纬 10° 23′ 27.48″	东经 70° 49′ 19.06″	200 米弧线	世界大地坐标系统 1984
南纬 10° 23′ 56.12″	东经 70° 50′ 12.59″	200 米弧线	世界大地坐标系统 1984
南纬 10° 24′ 24.48″	东经 70° 51′ 6.28″	200 米弧线	世界大地坐标系统 1984
南纬 10° 24′ 52.57″	东经 70° 52′ 0.11″	200 米弧线	世界大地坐标系统 1984
南纬 10° 25′ 20.39″	东经 70° 52′ 54.09″	200 米弧线	世界大地坐标系统 1984
南纬 10° 25′ 47.95″	东经 70° 53′ 48.21″	200 米弧线	世界大地坐标系统 1984
南纬 10° 26′ 15.24″	东经 70° 54′ 42.46″	200 米弧线	世界大地坐标系统 1984
南纬 10° 26′ 42.25″	东经 70° 55′ 36.86″	200 米弧线	世界大地坐标系统 1984
南纬 10° 27′ 8.99″	东经 70° 56′ 31.4″	200 米弧线	世界大地坐标系统 1984
南纬 10° 27′ 35.46″	东经 70° 57′ 26.07″	200 米弧线	世界大地坐标系统 1984
南纬 10° 28′ 1.66″	东经 70° 58′ 20.88″	200 米弧线	世界大地坐标系统 1984
南纬 10° 28′ 27.57″	东经 70° 59′ 15.82″	200 米弧线	世界大地坐标系统 1984

续表

纬 度	经 度	线型	数据库
南纬 10° 28′ 53.23″	东经 71° 0′ 10.9″	200 米弧线	世界大地坐标系统 1984
南纬 10° 29′ 18.6″	东经 71° 1′ 6.11″	200 米弧线	世界大地坐标系统 1984
南纬 10° 29′ 43.69″	东经 71° 2′ 1.44″	200 米弧线	世界大地坐标系统 1984
南纬 10° 30′ 8.51″	东经 71° 2′ 56.9″	200 米弧线	世界大地坐标系统 1984
南纬 10° 30′ 33.06″	东经 71° 3′ 52.49″	200 米弧线	世界大地坐标系统 1984
南纬 10° 30′ 57.33″	东经 71° 4′ 48.21″	200 米弧线	世界大地坐标系统 1984
南纬 10° 31′ 21.31″	东经 71° 5′ 44.05″	200 米弧线	世界大地坐标系统 1984
南纬 10° 31′ 45.02″	东经 71° 6′ 40.01″	200 米弧线	世界大地坐标系统 1984
南纬 10° 32′ 8.45″	东经 71° 7′ 36.09″	200 米弧线	世界大地坐标系统 1984
南纬 10° 32′ 31.61″	东经 71° 8′ 32.3″	200 米弧线	世界大地坐标系统 1984
南纬 10° 32′ 54.47″	东经 71° 9′ 28.63″	200 米弧线	世界大地坐标系统 1984
南纬 10° 33′ 17.06″	东经 71° 10′ 25.07″	200 米弧线	世界大地坐标系统 1984
南纬 10° 33′ 39.36″	东经 71° 11′ 21.62″	200 米弧线	世界大地坐标系统 1984
南纬 10° 34′ 1.39″	东经 71° 12′ 18.29″	200 米弧线	世界大地坐标系统 1984
南纬 10° 34′ 23.13″	东经 71° 13′ 15.08″	200 米弧线	世界大地坐标系统 1984
南纬 10° 34′ 44.58″	东经 71° 14′ 11.97″	200 米弧线	世界大地坐标系统 1984
南纬 10° 35′ 5.76″	东经 71° 15′ 8.97″	200 米弧线	世界大地坐标系统 1984
南纬 10° 35′ 26.64″	东经 71° 16′ 6.08″	200 米弧线	世界大地坐标系统 1984
南纬 10° 35′ 47.25″	东经 71° 17′ 3.29″	200 米弧线	世界大地坐标系统 1984
南纬 10° 36′ 7.56″	东经 71° 18′ 0.62″	200 米弧线	世界大地坐标系统 1984
南纬 10° 36′ 27.59″	东经 71° 18′ 58.05″	200 米弧线	世界大地坐标系统 1984
南纬 10° 36′ 47.34″	东经 71° 19′ 55.57″	200 米弧线	世界大地坐标系统 1984
南纬 10° 37′ 6.8″	东经 71° 20′ 53.2″	200 米弧线	世界大地坐标系统 1984
南纬 10° 37′ 25.96″	东经 71° 21′ 50.94″	200 米弧线	世界大地坐标系统 1984
南纬 10° 37′ 44.85″	东经 71° 22′ 48.77″	200 米弧线	世界大地坐标系统 1984

续表

纬 度	经 度	线 型	数 据 库
南纬 10° 38′ 3.44″	东经 71° 23′ 46.69″	200 米弧线	世界大地坐标系统 1984
南纬 10° 38′ 21.74″	东经 71° 24′ 44.71″	200 米弧线	世界大地坐标系统 1984
南纬 10° 38′ 39.75″	东经 71° 25′ 42.82″	200 米弧线	世界大地坐标系统 1984
南纬 10° 38′ 57.48″	东经 71° 26′ 41.03″	200 米弧线	世界大地坐标系统 1984
南纬 10° 39′ 1.74″	东经 71° 26′ 55.2″	200 米弧线	世界大地坐标系统 1984
南纬 10° 39′ 17.07″	东经 71° 27′ 46.51″	200 米弧线	世界大地坐标系统 1984
南纬 10° 39′ 34.21″	东经 71° 28′ 44.9″	200 米弧线	世界大地坐标系统 1984
南纬 10° 39′ 51.06″	东经 71° 29′ 43.37″	200 米弧线	世界大地坐标系统 1984
南纬 10° 40′ 7.62″	东经 71° 30′ 41.93″	200 米弧线	世界大地坐标系统 1984
南纬 10° 40′ 23.89″	东经 71° 31′ 40.57″	200 米弧线	世界大地坐标系统 1984
南纬 10° 40′ 39.86″	东经 71° 32′ 39.29″	200 米弧线	世界大地坐标系统 1984
南纬 10° 40′ 55.54″	东经 71° 33′ 38.1″	200 米弧线	世界大地坐标系统 1984
南纬 10° 41′ 10.92″	东经 71° 34′ 36.99″	200 米弧线	世界大地坐标系统 1984
南纬 10° 41′ 26.01″	东经 71° 35′ 35.95″	200 米弧线	世界大地坐标系统 1984
南纬 10° 41′ 40.81″	东经 71° 36′ 35″	200 米弧线	世界大地坐标系统 1984
南纬 10° 41′ 55.32″	东经 71° 37′ 34.11″	200 米弧线	世界大地坐标系统 1984
南纬 10° 42′ 9.52″	东经 71° 38′ 33.31″	200 米弧线	世界大地坐标系统 1984
南纬 10° 42′ 23.43″	东经 71° 39′ 32.57″	200 米弧线	世界大地坐标系统 1984
南纬 10° 42′ 37.05″	东经 71° 40′ 31.91″	200 米弧线	世界大地坐标系统 1984
南纬 10° 42′ 50.37″	东经 71° 41′ 31.32″	200 米弧线	世界大地坐标系统 1984
南纬 10° 43′ 3.39″	东经 71° 42′ 30.79″	200 米弧线	世界大地坐标系统 1984
南纬 10° 43′ 16.12″	东经 71° 43′ 30.33″	200 米弧线	世界大地坐标系统 1984
南纬 10° 43′ 28.55″	东经 71° 44′ 29.93″	200 米弧线	世界大地坐标系统 1984
南纬 10° 43′ 40.68″	东经 71° 45′ 29.6″	200 米弧线	世界大地坐标系统 1984
南纬 10° 43′ 52.52″	东经 71° 46′ 29.33″	200 米弧线	世界大地坐标系统 1984

续表

纬　度	经　度	线　型	数　据　库
南纬 10° 44′ 4.05″	东经 71° 47′ 29.13″	200 米弧线	世界大地坐标系统 1984
南纬 10° 44′ 15.29″	东经 71° 48′ 28.97″	200 米弧线	世界大地坐标系统 1984
南纬 10° 44′ 26.22″	东经 71° 49′ 28.88″	200 米弧线	世界大地坐标系统 1984
南纬 10° 44′ 36.86″	东经 71° 50′ 28.84″	200 米弧线	世界大地坐标系统 1984
南纬 10° 44′ 47.2″	东经 71° 51′ 28.86″	200 米弧线	世界大地坐标系统 1984
南纬 10° 44′ 57.24″	东经 71° 52′ 28.92″	200 米弧线	世界大地坐标系统 1984
南纬 10° 45′ 6.98″	东经 71° 53′ 29.04″	200 米弧线	世界大地坐标系统 1984
南纬 10° 45′ 16.42″	东经 71° 54′ 29.21″	200 米弧线	世界大地坐标系统 1984
南纬 10° 45′ 25.56″	东经 71° 55′ 29.43″	200 米弧线	世界大地坐标系统 1984
南纬 10° 45′ 34.4″	东经 71° 56′ 29.69″	200 米弧线	世界大地坐标系统 1984
南纬 10° 45′ 42.94″	东经 71° 57′ 30″	200 米弧线	世界大地坐标系统 1984
南纬 10° 45′ 51.18″	东经 71° 58′ 30.34″	200 米弧线	世界大地坐标系统 1984
南纬 10° 45′ 59.11″	东经 71° 59′ 30.74″	200 米弧线	世界大地坐标系统 1984
南纬 10° 46′ 6.75″	东经 72° 0′ 31.17″	200 米弧线	世界大地坐标系统 1984
南纬 10° 46′ 14.08″	东经 72° 1′ 31.65″	200 米弧线	世界大地坐标系统 1984
南纬 10° 46′ 21.11″	东经 72° 2′ 32.15″	200 米弧线	世界大地坐标系统 1984
南纬 10° 46′ 27.1″	东经 72° 3′ 25.83″	200 米弧线	世界大地坐标系统 1984
南纬 10° 46′ 28.44″	东经 72° 3′ 38.16″	200 米弧线	世界大地坐标系统 1984
南纬 10° 46′ 34.87″	东经 72° 4′ 38.73″	200 米弧线	世界大地坐标系统 1984
南纬 10° 46′ 40.99″	东经 72° 5′ 39.34″	200 米弧线	世界大地坐标系统 1984
南纬 10° 46′ 46.82″	东经 72° 6′ 39.99″	200 米弧线	世界大地坐标系统 1984
南纬 10° 46′ 52.34″	东经 72° 7′ 40.66″	200 米弧线	世界大地坐标系统 1984
南纬 10° 46′ 57.56″	东经 72° 8′ 41.36″	200 米弧线	世界大地坐标系统 1984
南纬 10° 47′ 2.46″	东经 72° 9′ 42.08″	200 米弧线	世界大地坐标系统 1984
南纬 10° 47′ 7.08″	东经 72° 10′ 42.82″	200 米弧线	世界大地坐标系统 1984

续表

纬 度	经 度	线 型	数 据 库
南纬 10° 47′ 11.38″	东经 72° 11′ 43.6″	200 米弧线	世界大地坐标系统 1984
南纬 10° 47′ 15.39″	东经 72° 12′ 44.39″	200 米弧线	世界大地坐标系统 1984
南纬 10° 47′ 19.09″	东经 72° 13′ 45.21″	200 米弧线	世界大地坐标系统 1984
南纬 10° 47′ 22.49″	东经 72° 14′ 46.04″	200 米弧线	世界大地坐标系统 1984
南纬 10° 47′ 25.58″	东经 72° 15′ 46.89″	200 米弧线	世界大地坐标系统 1984
南纬 10° 47′ 25.77″	东经 72° 15′ 50.85″	200 米弧线	世界大地坐标系统 1984
南纬 10° 47′ 26.42″	东经 72° 16′ 4.11″	200 米弧线	世界大地坐标系统 1984
南纬 10° 47′ 29.21″	东经 72° 17′ 4.97″	200 米弧线	世界大地坐标系统 1984
南纬 10° 47′ 31.7″	东经 72° 18′ 5.85″	200 米弧线	世界大地坐标系统 1984
南纬 10° 47′ 33.88″	东经 72° 19′ 6.73″	200 米弧线	世界大地坐标系统 1984
南纬 10° 47′ 35.77″	东经 72° 20′ 7.64″	200 米弧线	世界大地坐标系统 1984
南纬 10° 47′ 37.34″	东经 72° 21′ 8.54″	200 米弧线	世界大地坐标系统 1984
南纬 10° 47′ 38.61″	东经 72° 22′ 9.46″	200 米弧线	世界大地坐标系统 1984
南纬 10° 47′ 39.58″	东经 72° 23′ 10.38″	200 米弧线	世界大地坐标系统 1984
南纬 10° 47′ 40.24″	东经 72° 24′ 11.31″	200 米弧线	世界大地坐标系统 1984
南纬 10° 47′ 40.59″	东经 72° 25′ 12.23″	200 米弧线	世界大地坐标系统 1984
南纬 10° 47′ 40.65″	东经 72° 26′ 13.17″	200 米弧线	世界大地坐标系统 1984
南纬 10° 47′ 40.4″	东经 72° 27′ 14.1″	200 米弧线	世界大地坐标系统 1984
南纬 10° 47′ 39.85″	东经 72° 28′ 15.02″	200 米弧线	世界大地坐标系统 1984
南纬 10° 47′ 39.47″	东经 72° 28′ 44.35″	200 米弧线	世界大地坐标系统 1984
南纬 10° 47′ 38.95″	东经 72° 29′ 18.85″	200 米弧线	世界大地坐标系统 1984
南纬 10° 47′ 37.8″	东经 72° 30′ 19.77″	200 米弧线	世界大地坐标系统 1984
南纬 10° 47′ 36.32″	东经 72° 31′ 20.68″	200 米弧线	世界大地坐标系统 1984
南纬 10° 47′ 34.56″	东经 72° 32′ 21.59″	200 米弧线	世界大地坐标系统 1984
南纬 10° 47′ 32.49″	东经 72° 33′ 22.48″	200 米弧线	世界大地坐标系统 1984

续表

纬　度	经　度	线　型	数　据　库
南纬 10° 47′ 30.11″	东经 72° 34′ 23.36″	200 米弧线	世界大地坐标系统 1984
南纬 10° 47′ 27.43″	东经 72° 35′ 24.23″	200 米弧线	世界大地坐标系统 1984
南纬 10° 47′ 24.45″	东经 72° 36′ 25.09″	200 米弧线	世界大地坐标系统 1984
南纬 10° 47′ 21.16″	东经 72° 37′ 25.92″	200 米弧线	世界大地坐标系统 1984
南纬 10° 47′ 17.56″	东经 72° 38′ 26.75″	200 米弧线	世界大地坐标系统 1984
南纬 10° 47′ 13.67″	东经 72° 39′ 27.54″	200 米弧线	世界大地坐标系统 1984
南纬 10° 47′ 9.47″	东经 72° 40′ 28.33″	200 米弧线	世界大地坐标系统 1984
南纬 10° 47′ 4.97″	东经 72° 41′ 29.08″	200 米弧线	世界大地坐标系统 1984
南纬 10° 47′ 0.17″	东经 72° 42′ 29.82″	200 米弧线	世界大地坐标系统 1984
南纬 10° 46′ 55.06″	东经 72° 43′ 30.53″	200 米弧线	世界大地坐标系统 1984
南纬 10° 46′ 49.65″	东经 72° 44′ 31.2″	200 米弧线	世界大地坐标系统 1984
南纬 10° 46′ 43.94″	东经 72° 45′ 31.86″	200 米弧线	世界大地坐标系统 1984
南纬 10° 46′ 37.92″	东经 72° 46′ 32.48″	200 米弧线	世界大地坐标系统 1984
南纬 10° 46′ 31.61″	东经 72° 47′ 33.07″	200 米弧线	世界大地坐标系统 1984
南纬 10° 46′ 24.99″	东经 72° 48′ 33.63″	200 米弧线	世界大地坐标系统 1984
南纬 10° 46′ 18.07″	东经 72° 49′ 34.15″	200 米弧线	世界大地坐标系统 1984
南纬 10° 46′ 10.84″	东经 72° 50′ 34.63″	200 米弧线	世界大地坐标系统 1984
南纬 10° 46′ 3.32″	东经 72° 51′ 35.08″	200 米弧线	世界大地坐标系统 1984
南纬 10° 45′ 55.49″	东经 72° 52′ 35.49″	200 米弧线	世界大地坐标系统 1984
南纬 10° 45′ 47.36″	东经 72° 53′ 35.85″	200 米弧线	世界大地坐标系统 1984
南纬 10° 45′ 38.93″	东经 72° 54′ 36.18″	200 米弧线	世界大地坐标系统 1984
南纬 10° 45′ 30.2″	东经 72° 55′ 36.46″	200 米弧线	世界大地坐标系统 1984
南纬 10° 45′ 21.17″	东经 72° 56′ 36.69″	200 米弧线	世界大地坐标系统 1984
南纬 10° 45′ 11.84″	东经 72° 57′ 36.88″	200 米弧线	世界大地坐标系统 1984
南纬 10° 45′ 2.21″	东经 72° 58′ 37.01″	200 米弧线	世界大地坐标系统 1984

续表

纬　度	经　度	线　型	数据库
南纬 10°44′52.28″	东经 72°59′37.1″	200 米弧线	世界大地坐标系统 1984
南纬 10°44′42.05″	东经 73°0′37.14″	200 米弧线	世界大地坐标系统 1984
南纬 10°44′31.52″	东经 73°1′37.12″	200 米弧线	世界大地坐标系统 1984
南纬 10°44′20.68″	东经 73°2′37.05″	200 米弧线	世界大地坐标系统 1984
南纬 10°44′9.55″	东经 73°3′36.91″	200 米弧线	世界大地坐标系统 1984
南纬 10°43′58.13″	东经 73°4′36.73″	200 米弧线	世界大地坐标系统 1984
南纬 10°43′46.4″	东经 73°5′36.48″	200 米弧线	世界大地坐标系统 1984
南纬 10°43′34.38″	东经 73°6′36.17″	200 米弧线	世界大地坐标系统 1984
南纬 10°43′22.06″	东经 73°7′35.8″	200 米弧线	世界大地坐标系统 1984
南纬 10°43′9.44″	东经 73°8′35.36″	200 米弧线	世界大地坐标系统 1984
南纬 10°42′56.53″	东经 73°9′34.85″	200 米弧线	世界大地坐标系统 1984
南纬 10°42′43.32″	东经 73°10′34.29″	200 米弧线	世界大地坐标系统 1984
南纬 10°42′29.8″	东经 73°11′33.65″	200 米弧线	世界大地坐标系统 1984
南纬 10°42′16″	东经 73°12′32.94″	200 米弧线	世界大地坐标系统 1984
南纬 10°42′1.9″	东经 73°13′32.16″	200 米弧线	世界大地坐标系统 1984
南纬 10°41′47.51″	东经 73°14′31.3″	200 米弧线	世界大地坐标系统 1984
南纬 10°41′32.82″	东经 73°15′30.38″	200 米弧线	世界大地坐标系统 1984
南纬 10°41′17.83″	东经 73°16′29.37″	200 米弧线	世界大地坐标系统 1984
南纬 10°41′2.55″	东经 73°17′28.29″	200 米弧线	世界大地坐标系统 1984
南纬 10°40′46.97″	东经 73°18′27.12″	200 米弧线	世界大地坐标系统 1984
南纬 10°40′40.33″	东经 73°18′51.9″	200 米弧线	世界大地坐标系统 1984
南纬 10°40′29.96″	东经 73°19′30.16″	200 米弧线	世界大地坐标系统 1984
南纬 10°40′13.8″	东经 73°20′28.84″	200 米弧线	世界大地坐标系统 1984
南纬 10°39′57.35″	东经 73°21′27.42″	200 米弧线	世界大地坐标系统 1984
南纬 10°39′40.6″	东经 73°22′25.93″	200 米弧线	世界大地坐标系统 1984

续表

纬　度	经　度	线　型	数 据 库
南纬 10°39′23.57″	东经 73°23′24.34″	200 米弧线	世界大地坐标系统 1984
南纬 10°39′6.24″	东经 73°24′22.67″	200 米弧线	世界大地坐标系统 1984
南纬 10°38′48.63″	东经 73°25′20.91″	200 米弧线	世界大地坐标系统 1984
南纬 10°38′30.71″	东经 73°26′19.06″	200 米弧线	世界大地坐标系统 1984
南纬 10°38′25.57″	东经 73°26′35.59″	200 米弧线	世界大地坐标系统 1984
南纬 10°38′10.83″	东经 73°27′22.51″	200 米弧线	世界大地坐标系统 1984
南纬 10°37′52.35″	东经 73°28′20.47″	200 米弧线	世界大地坐标系统 1984
南纬 10°37′33.57″	东经 73°29′18.34″	200 米弧线	世界大地坐标系统 1984
南纬 10°37′14.5″	东经 73°30′16.1″	200 米弧线	世界大地坐标系统 1984
南纬 10°36′55.15″	东经 73°31′13.76″	200 米弧线	世界大地坐标系统 1984
南纬 10°36′35.51″	东经 73°32′11.34″	200 米弧线	世界大地坐标系统 1984
南纬 10°36′15.59″	东经 73°33′8.79″	200 米弧线	世界大地坐标系统 1984
南纬 10°35′55.37″	东经 73°34′6.16″	200 米弧线	世界大地坐标系统 1984
南纬 10°35′34.87″	东经 73°35′3.41″	200 米弧线	世界大地坐标系统 1984
南纬 10°35′14.09″	东经 73°36′0.57″	200 米弧线	世界大地坐标系统 1984
南纬 10°34′53.02″	东经 73°36′57.6″	200 米弧线	世界大地坐标系统 1984
南纬 10°34′31.66″	东经 73°37′54.54″	200 米弧线	世界大地坐标系统 1984
南纬 10°34′10.03″	东经 73°38′51.37″	200 米弧线	世界大地坐标系统 1984
南纬 10°33′48.11″	东经 73°39′48.07″	200 米弧线	世界大地坐标系统 1984
南纬 10°33′25.9″	东经 73°40′44.67″	200 米弧线	世界大地坐标系统 1984
南纬 10°33′8.52″	东经 73°41′28.41″	200 米弧线	世界大地坐标系统 1984
南纬 10°33′1.27″	东经 73°41′46.55″	200 米弧线	世界大地坐标系统 1984
南纬 10°32′38.5″	东经 73°42′42.91″	200 米弧线	世界大地坐标系统 1984
南纬 10°32′15.45″	东经 73°43′39.15″	200 米弧线	世界大地坐标系统 1984
南纬 10°31′52.12″	东经 73°44′35.29″	200 米弧线	世界大地坐标系统 1984

续表

纬 度	经 度	线 型	数 据 库
南纬 10° 31′ 28.51″	东经 73° 45′ 31.29″	200 米弧线	世界大地坐标系统 1984
南纬 10° 31′ 4.63″	东经 73° 46′ 27.18″	200 米弧线	世界大地坐标系统 1984
南纬 10° 30′ 40.46″	东经 73° 47′ 22.94″	200 米弧线	世界大地坐标系统 1984
南纬 10° 30′ 16.02″	东经 73° 48′ 18.57″	200 米弧线	世界大地坐标系统 1984
南纬 10° 29′ 51.3″	东经 73° 49′ 14.08″	200 米弧线	世界大地坐标系统 1984
南纬 10° 29′ 26.31″	东经 73° 50′ 9.47″	200 米弧线	世界大地坐标系统 1984
南纬 10° 29′ 1.03″	东经 73° 51′ 4.72″	200 米弧线	世界大地坐标系统 1984
南纬 10° 28′ 35.48″	东经 73° 51′ 59.85″	200 米弧线	世界大地坐标系统 1984
南纬 10° 28′ 9.66″	东经 73° 52′ 54.83″	200 米弧线	世界大地坐标系统 1984
南纬 10° 27′ 43.56″	东经 73° 53′ 49.69″	200 米弧线	世界大地坐标系统 1984
南纬 10° 27′ 17.19″	东经 73° 54′ 44.41″	200 米弧线	世界大地坐标系统 1984
南纬 10° 26′ 50.55″	东经 73° 55′ 39″	200 米弧线	世界大地坐标系统 1984
南纬 10° 26′ 23.63″	东经 73° 56′ 33.45″	200 米弧线	世界大地坐标系统 1984
南纬 10° 25′ 56.45″	东经 73° 57′ 27.76″	200 米弧线	世界大地坐标系统 1984
南纬 10° 25′ 28.99″	东经 73° 58′ 21.93″	200 米弧线	世界大地坐标系统 1984
南纬 10° 25′ 1.26″	东经 73° 59′ 15.95″	200 米弧线	世界大地坐标系统 1984
南纬 10° 24′ 33.27″	东经 74° 0′ 9.84″	200 米弧线	世界大地坐标系统 1984
南纬 10° 24′ 5.01″	东经 74° 1′ 3.58″	200 米弧线	世界大地坐标系统 1984
南纬 10° 23′ 36.47″	东经 74° 1′ 57.17″	200 米弧线	世界大地坐标系统 1984
南纬 10° 23′ 7.67″	东经 74° 2′ 50.62″	200 米弧线	世界大地坐标系统 1984
南纬 10° 22′ 38.61″	东经 74° 3′ 43.92″	200 米弧线	世界大地坐标系统 1984
南纬 10° 22′ 9.28″	东经 74° 4′ 37.07″	200 米弧线	世界大地坐标系统 1984
南纬 10° 21′ 39.68″	东经 74° 5′ 30.06″	200 米弧线	世界大地坐标系统 1984
南纬 10° 21′ 9.82″	东经 74° 6′ 22.9″	200 米弧线	世界大地坐标系统 1984
南纬 10° 20′ 39.71″	东经 74° 7′ 15.59″	200 米弧线	世界大地坐标系统 1984

续表

纬　度	经　度	线　型	数　据　库
南纬 10° 20′ 9.32″	东经 74° 8′ 8.13″	200 米弧线	世界大地坐标系统 1984
南纬 10° 19′ 38.67″	东经 74° 9′ 0.5″	200 米弧线	世界大地坐标系统 1984
南纬 10° 19′ 7.76″	东经 74° 9′ 52.72″	200 米弧线	世界大地坐标系统 1984
南纬 10° 18′ 36.59″	东经 74° 10′ 44.79″	200 米弧线	世界大地坐标系统 1984
南纬 10° 18′ 5.17″	东经 74° 11′ 36.68″	200 米弧线	世界大地坐标系统 1984
南纬 10° 17′ 33.49″	东经 74° 12′ 28.42″	200 米弧线	世界大地坐标系统 1984
南纬 10° 17′ 1.54″	东经 74° 13′ 20″	200 米弧线	世界大地坐标系统 1984
南纬 10° 16′ 29.34″	东经 74° 14′ 11.41″	200 米弧线	世界大地坐标系统 1984
南纬 10° 15′ 56.88″	东经 74° 15′ 2.65″	200 米弧线	世界大地坐标系统 1984
南纬 10° 15′ 24.17″	东经 74° 15′ 53.73″	200 米弧线	世界大地坐标系统 1984
南纬 10° 14′ 51.21″	东经 74° 16′ 44.64″	200 米弧线	世界大地坐标系统 1984
南纬 10° 14′ 17.99″	东经 74° 17′ 35.38″	200 米弧线	世界大地坐标系统 1984
南纬 10° 13′ 44.52″	东经 74° 18′ 25.95″	200 米弧线	世界大地坐标系统 1984
南纬 10° 13′ 10.8″	东经 74° 19′ 16.34″	200 米弧线	世界大地坐标系统 1984
南纬 10° 12′ 36.83″	东经 74° 20′ 6.56″	200 米弧线	世界大地坐标系统 1984
南纬 10° 12′ 2.6″	东经 74° 20′ 56.62″	200 米弧线	世界大地坐标系统 1984
南纬 10° 11′ 28.13″	东经 74° 21′ 46.48″	200 米弧线	世界大地坐标系统 1984
南纬 10° 10′ 53.4″	东经 74° 22′ 36.18″	200 米弧线	世界大地坐标系统 1984
南纬 10° 10′ 18.43″	东经 74° 23′ 25.69″	200 米弧线	世界大地坐标系统 1984
南纬 10° 9′ 43.22″	东经 74° 24′ 15.03″	200 米弧线	世界大地坐标系统 1984
南纬 10° 9′ 7.75″	东经 74° 25′ 4.19″	200 米弧线	世界大地坐标系统 1984
南纬 10° 8′ 32.05″	东经 74° 25′ 53.16″	200 米弧线	世界大地坐标系统 1984
南纬 10° 7′ 56.1″	东经 74° 26′ 41.95″	200 米弧线	世界大地坐标系统 1984
南纬 10° 7′ 19.91″	东经 74° 27′ 30.55″	200 米弧线	世界大地坐标系统 1984
南纬 10° 6′ 43.47″	东经 74° 28′ 18.97″	200 米弧线	世界大地坐标系统 1984

续表

纬　度	经　度	线　型	数　据　库
南纬 10° 6′ 6.8″	东经 74° 29′ 7.2″	200 米弧线	世界大地坐标系统 1984
南纬 10° 5′ 52.14″	东经 74° 29′ 26.35″	200 米弧线	世界大地坐标系统 1984
南纬 10° 5′ 19.45″	东经 74° 30′ 8.86″	200 米弧线	世界大地坐标系统 1984
南纬 10° 4′ 42.3″	东经 74° 30′ 56.71″	200 米弧线	世界大地坐标系统 1984
南纬 10° 4′ 4.9″	东经 74° 31′ 44.37″	200 米弧线	世界大地坐标系统 1984
南纬 10° 3′ 27.28″	东经 74° 32′ 31.85″	200 米弧线	世界大地坐标系统 1984
南纬 10° 2′ 49.41″	东经 74° 33′ 19.12″	200 米弧线	世界大地坐标系统 1984
南纬 10° 2′ 11.31″	东经 74° 34′ 6.21″	200 米弧线	世界大地坐标系统 1984
南纬 10° 1′ 32.97″	东经 74° 34′ 53.09″	200 米弧线	世界大地坐标系统 1984
南纬 10° 0′ 54.4″	东经 74° 35′ 39.78″	200 米弧线	世界大地坐标系统 1984
南纬 10° 0′ 15.6″	东经 74° 36′ 26.28″	200 米弧线	世界大地坐标系统 1984
南纬 9° 59′ 36.56″	东经 74° 37′ 12.57″	200 米弧线	世界大地坐标系统 1984
南纬 9° 58′ 57.3″	东经 74° 37′ 58.66″	200 米弧线	世界大地坐标系统 1984
南纬 9° 58′ 17.81″	东经 74° 38′ 44.55″	200 米弧线	世界大地坐标系统 1984
南纬 9° 57′ 38.09″	东经 74° 39′ 30.24″	200 米弧线	世界大地坐标系统 1984
南纬 9° 56′ 58.14″	东经 74° 40′ 15.73″	200 米弧线	世界大地坐标系统 1984
南纬 9° 56′ 17.97″	东经 74° 41′ 1.01″	200 米弧线	世界大地坐标系统 1984
南纬 9° 55′ 37.57″	东经 74° 41′ 46.09″	200 米弧线	世界大地坐标系统 1984
南纬 9° 54′ 56.95″	东经 74° 42′ 30.95″	200 米弧线	世界大地坐标系统 1984
南纬 9° 54′ 16.09″	东经 74° 43′ 15.61″	200 米弧线	世界大地坐标系统 1984
南纬 9° 53′ 35.03″	东经 74° 44′ 0.06″	200 米弧线	世界大地坐标系统 1984
南纬 9° 52′ 53.74″	东经 74° 44′ 44.3″	200 米弧线	世界大地坐标系统 1984
南纬 9° 52′ 12.23″	东经 74° 45′ 28.33″	200 米弧线	世界大地坐标系统 1984
南纬 9° 51′ 30.5″	东经 74° 46′ 12.15″	200 米弧线	世界大地坐标系统 1984
南纬 9° 50′ 48.55″	东经 74° 46′ 55.75″	200 米弧线	世界大地坐标系统 1984

续表

纬 度	经 度	线 型	数 据 库
南纬 9° 50′ 6.38″	东经 74° 47′ 39.14″	200 米弧线	世界大地坐标系统 1984
南纬 9° 49′ 24″	东经 74° 48′ 22.31″	200 米弧线	世界大地坐标系统 1984
南纬 9° 48′ 41.41″	东经 74° 49′ 5.26″	200 米弧线	世界大地坐标系统 1984
南纬 9° 48′ 0.45″	东经 74° 49′ 46.16″	200 米弧线	世界大地坐标系统 1984
南纬 9° 47′ 52.49″	东经 74° 49′ 54.08″	200 米弧线	世界大地坐标系统 1984
南纬 9° 47′ 9.46″	东经 74° 50′ 36.6″	200 米弧线	世界大地坐标系统 1984
南纬 9° 46′ 26.23″	东经 74° 51′ 18.9″	200 米弧线	世界大地坐标系统 1984
南纬 9° 45′ 42.79″	东经 74° 52′ 0.97″	200 米弧线	世界大地坐标系统 1984
南纬 9° 44′ 59.13″	东经 74° 52′ 42.83″	200 米弧线	世界大地坐标系统 1984
南纬 9° 44′ 15.28″	东经 74° 53′ 24.46″	200 米弧线	世界大地坐标系统 1984
南纬 9° 43′ 31.2″	东经 74° 54′ 5.87″	200 米弧线	世界大地坐标系统 1984
南纬 9° 42′ 46.94″	东经 74° 54′ 47.05″	200 米弧线	世界大地坐标系统 1984
南纬 9° 42′ 2.46″	东经 74° 55′ 28″	200 米弧线	世界大地坐标系统 1984
南纬 9° 41′ 17.77″	东经 74° 56′ 8.73″	200 米弧线	世界大地坐标系统 1984
南纬 9° 40′ 32.89″	东经 74° 56′ 49.24″	200 米弧线	世界大地坐标系统 1984
南纬 9° 40′ 20.65″	东经 74° 57′ 0.2″	200 米弧线	世界大地坐标系统 1984
南纬 9° 40′ 18.52″	东经 74° 57′ 2.2″	200 米弧线	世界大地坐标系统 1984
南纬 9° 39′ 34.25″	东经 74° 57′ 43.37″	200 米弧线	世界大地坐标系统 1984
南纬 9° 38′ 49.77″	东经 74° 58′ 24.32″	200 米弧线	世界大地坐标系统 1984
南纬 9° 38′ 5.09″	东经 74° 59′ 5.05″	200 米弧线	世界大地坐标系统 1984
南纬 9° 37′ 20.21″	东经 74° 59′ 45.54″	200 米弧线	世界大地坐标系统 1984
南纬 9° 36′ 35.12″	东经 75° 0′ 25.81″	200 米弧线	世界大地坐标系统 1984
南纬 9° 35′ 49.84″	东经 75° 1′ 5.85″	200 米弧线	世界大地坐标系统 1984
南纬 9° 35′ 4.36″	东经 75° 1′ 45.65″	200 米弧线	世界大地坐标系统 1984
南纬 9° 34′ 18.67″	东经 75° 2′ 25.23″	200 米弧线	世界大地坐标系统 1984

续表

纬　度	经　度	线　型	数　据　库
南纬 9° 33′ 32.8″	东经 75° 3′ 4.57″	200 米弧线	世界大地坐标系统 1984
南纬 9° 32′ 46.72″	东经 75° 3′ 43.67″	200 米弧线	世界大地坐标系统 1984
南纬 9° 32′ 0.45″	东经 75° 4′ 22.55″	200 米弧线	世界大地坐标系统 1984
南纬 9° 31′ 13.99″	东经 75° 5′ 1.17″	200 米弧线	世界大地坐标系统 1984
南纬 9° 30′ 27.34″	东经 75° 5′ 39.58″	200 米弧线	世界大地坐标系统 1984
南纬 9° 29′ 40.49″	东经 75° 6′ 17.73″	200 米弧线	世界大地坐标系统 1984
南纬 9° 28′ 53.46″	东经 75° 6′ 55.66″	200 米弧线	世界大地坐标系统 1984
南纬 9° 28′ 6.23″	东经 75° 7′ 33.33″	200 米弧线	世界大地坐标系统 1984
南纬 9° 27′ 18.82″	东经 75° 8′ 10.77″	200 米弧线	世界大地坐标系统 1984
南纬 9° 26′ 31.23″	东经 75° 8′ 47.97″	200 米弧线	世界大地坐标系统 1984
南纬 9° 25′ 43.45″	东经 75° 9′ 24.93″	200 米弧线	世界大地坐标系统 1984
南纬 9° 24′ 55.48″	东经 75° 10′ 1.64″	200 米弧线	世界大地坐标系统 1984
南纬 9° 24′ 7.33″	东经 75° 10′ 38.11″	200 米弧线	世界大地坐标系统 1984
南纬 9° 23′ 19.01″	东经 75° 11′ 14.33″	200 米弧线	世界大地坐标系统 1984
南纬 9° 22′ 30.5″	东经 75° 11′ 50.31″	200 米弧线	世界大地坐标系统 1984
南纬 9° 21′ 41.81″	东经 75° 12′ 26.03″	200 米弧线	世界大地坐标系统 1984
南纬 9° 20′ 52.95″	东经 75° 13′ 1.52″	200 米弧线	世界大地坐标系统 1984
南纬 9° 20′ 3.91″	东经 75° 13′ 36.75″	200 米弧线	世界大地坐标系统 1984
南纬 9° 19′ 14.69″	东经 75° 14′ 11.74″	200 米弧线	世界大地坐标系统 1984
南纬 9° 18′ 46.9″	东经 75° 14′ 31.32″	200 米弧线	世界大地坐标系统 1984
南纬 9° 18′ 13.15″	东经 75° 14′ 55.01″	200 米弧线	世界大地坐标系统 1984
南纬 9° 17′ 23.59″	东经 75° 15′ 29.5″	200 米弧线	世界大地坐标系统 1984
南纬 9° 16′ 33.85″	东经 75° 16′ 3.73″	200 米弧线	世界大地坐标系统 1984
南纬 9° 15′ 43.95″	东经 75° 16′ 37.7″	200 米弧线	世界大地坐标系统 1984
南纬 9° 14′ 53.88″	东经 75° 17′ 11.42″	200 米弧线	世界大地坐标系统 1984

续表

纬 度	经 度	线 型	数 据 库
南纬9°14′3.64″	东经75°17′44.89″	200米弧线	世界大地坐标系统1984
南纬9°13′13.23″	东经75°18′18.1″	200米弧线	世界大地坐标系统1984
南纬9°12′22.66″	东经75°18′51.06″	200米弧线	世界大地坐标系统1984
南纬9°11′31.93″	东经75°19′23.76″	200米弧线	世界大地坐标系统1984
南纬9°10′41.03″	东经75°19′56.2″	200米弧线	世界大地坐标系统1984
南纬9°9′49.97″	东经75°20′28.38″	200米弧线	世界大地坐标系统1984
南纬9°8′58.75″	东经75°21′0.3″	200米弧线	世界大地坐标系统1984
南纬9°8′21.4″	东经75°21′23.36″	200米弧线	世界大地坐标系统1984
南纬9°8′6.27″	东经75°21′32.64″	200米弧线	世界大地坐标系统1984
南纬9°7′14.74″	东经75°22′4.04″	200米弧线	世界大地坐标系统1984
南纬9°6′23.05″	东经75°22′35.19″	200米弧线	世界大地坐标系统1984
南纬9°5′31.21″	东经75°23′6.06″	200米弧线	世界大地坐标系统1984
南纬9°4′39.21″	东经75°23′36.68″	200米弧线	世界大地坐标系统1984
南纬9°3′47.06″	东经75°24′7.03″	200米弧线	世界大地坐标系统1984
南纬9°2′54.76″	东经75°24′37.11″	200米弧线	世界大地坐标系统1984
南纬9°2′2.31″	东经75°25′6.94″	200米弧线	世界大地坐标系统1984
南纬9°1′9.71″	东经75°25′36.49″	200米弧线	世界大地坐标系统1984
南纬9°0′16.97″	东经75°26′5.78″	200米弧线	世界大地坐标系统1984
南纬8°59′24.08″	东经75°26′34.8″	200米弧线	世界大地坐标系统1984
南纬8°58′31.04″	东经75°27′3.55″	200米弧线	世界大地坐标系统1984
南纬8°57′37.87″	东经75°27′32.03″	200米弧线	世界大地坐标系统1984
南纬8°56′44.54″	东经75°28′0.25″	200米弧线	世界大地坐标系统1984
南纬8°55′51.09″	东经75°28′28.19″	200米弧线	世界大地坐标系统1984
南纬8°54′57.49″	东经75°28′55.86″	200米弧线	世界大地坐标系统1984
南纬8°54′3.76″	东经75°29′23.26″	200米弧线	世界大地坐标系统1984

续表

纬　度	经　度	线　型	数　据　库
南纬 8° 53′ 9.89″	东经 75° 29′ 50.39″	200 米弧线	世界大地坐标系统 1984
南纬 8° 52′ 15.88″	东经 75° 30′ 17.24″	200 米弧线	世界大地坐标系统 1984
南纬 8° 51′ 30.72″	东经 75° 30′ 39.44″	200 米弧线	世界大地坐标系统 1984
南纬 8° 51′ 17.11″	东经 75° 30′ 46.09″	200 米弧线	世界大地坐标系统 1984
南纬 8° 50′ 22.84″	东经 75° 31′ 12.4″	200 米弧线	世界大地坐标系统 1984
南纬 8° 49′ 28.44″	东经 75° 31′ 38.43″	200 米弧线	世界大地坐标系统 1984
南纬 8° 48′ 33.92″	东经 75° 32′ 4.19″	200 米弧线	世界大地坐标系统 1984
南纬 8° 47′ 39.26″	东经 75° 32′ 29.66″	200 米弧线	世界大地坐标系统 1984
南纬 8° 46′ 44.48″	东经 75° 32′ 54.87″	200 米弧线	世界大地坐标系统 1984
南纬 8° 45′ 49.57″	东经 75° 33′ 19.8″	200 米弧线	世界大地坐标系统 1984
南纬 8° 44′ 54.54″	东经 75° 33′ 44.45″	200 米弧线	世界大地坐标系统 1984
南纬 8° 43′ 59.38″	东经 75° 34′ 8.82″	200 米弧线	世界大地坐标系统 1984
南纬 8° 43′ 4.11″	东经 75° 34′ 32.91″	200 米弧线	世界大地坐标系统 1984
南纬 8° 42′ 8.71″	东经 75° 34′ 56.73″	200 米弧线	世界大地坐标系统 1984
南纬 8° 41′ 13.21″	东经 75° 35′ 20.25″	200 米弧线	世界大地坐标系统 1984
南纬 8° 40′ 17.58″	东经 75° 35′ 43.51″	200 米弧线	世界大地坐标系统 1984
南纬 8° 39′ 21.83″	东经 75° 36′ 6.48″	200 米弧线	世界大地坐标系统 1984
南纬 8° 38′ 25.98″	东经 75° 36′ 29.17″	200 米弧线	世界大地坐标系统 1984
南纬 8° 37′ 30″	东经 75° 36′ 51.57″	200 米弧线	世界大地坐标系统 1984
南纬 8° 36′ 33.92″	东经 75° 37′ 13.69″	200 米弧线	世界大地坐标系统 1984
南纬 8° 35′ 37.73″	东经 75° 37′ 35.54″	200 米弧线	世界大地坐标系统 1984
南纬 8° 34′ 41.43″	东经 75° 37′ 57.09″	200 米弧线	世界大地坐标系统 1984
南纬 8° 33′ 45.03″	东经 75° 38′ 18.36″	200 米弧线	世界大地坐标系统 1984
南纬 8° 32′ 48.51″	东经 75° 38′ 39.35″	200 米弧线	世界大地坐标系统 1984
南纬 8° 31′ 51.9″	东经 75° 39′ 0.06″	200 米弧线	世界大地坐标系统 1984

续表

纬　度	经　度	线　型	数　据　库
南纬 8° 30′ 55.19″	东经 75° 39′ 20.47″	200 米弧线	世界大地坐标系统 1984
南纬 8° 29′ 58.37″	东经 75° 39′ 40.6″	200 米弧线	世界大地坐标系统 1984
南纬 8° 29′ 1.45″	东经 75° 40′ 0.44″	200 米弧线	世界大地坐标系统 1984
南纬 8° 28′ 4.43″	东经 75° 40′ 20″	200 米弧线	世界大地坐标系统 1984
南纬 8° 27′ 7.32″	东经 75° 40′ 39.27″	200 米弧线	世界大地坐标系统 1984
南纬 8° 26′ 10.11″	东经 75° 40′ 58.25″	200 米弧线	世界大地坐标系统 1984
南纬 8° 25′ 12.81″	东经 75° 41′ 16.93″	200 米弧线	世界大地坐标系统 1984
南纬 8° 24′ 15.41″	东经 75° 41′ 35.34″	200 米弧线	世界大地坐标系统 1984
南纬 8° 23′ 17.93″	东经 75° 41′ 53.45″	200 米弧线	世界大地坐标系统 1984
南纬 8° 22′ 20.35″	东经 75° 42′ 11.27″	200 米弧线	世界大地坐标系统 1984
南纬 8° 21′ 22.69″	东经 75° 42′ 28.81″	200 米弧线	世界大地坐标系统 1984
南纬 8° 20′ 24.94″	东经 75° 42′ 46.05″	200 米弧线	世界大地坐标系统 1984
南纬 8° 19′ 27.1″	东经 75° 43′ 3″	200 米弧线	世界大地坐标系统 1984
南纬 8° 18′ 29.19″	东经 75° 43′ 19.66″	200 米弧线	世界大地坐标系统 1984
南纬 8° 17′ 31.18″	东经 75° 43′ 36.03″	200 米弧线	世界大地坐标系统 1984
南纬 8° 16′ 33.1″	东经 75° 43′ 52.11″	200 米弧线	世界大地坐标系统 1984
南纬 8° 15′ 34.94″	东经 75° 44′ 7.89″	200 米弧线	世界大地坐标系统 1984
南纬 8° 14′ 36.7″	东经 75° 44′ 23.38″	200 米弧线	世界大地坐标系统 1984
南纬 8° 13′ 38.38″	东经 75° 44′ 38.58″	200 米弧线	世界大地坐标系统 1984
南纬 8° 12′ 39.99″	东经 75° 44′ 53.48″	200 米弧线	世界大地坐标系统 1984
南纬 8° 11′ 41.53″	东经 75° 45′ 8.09″	200 米弧线	世界大地坐标系统 1984
南纬 8° 10′ 42.99″	东经 75° 45′ 22.4″	200 米弧线	世界大地坐标系统 1984
南纬 8° 9′ 44.38″	东经 75° 45′ 36.42″	200 米弧线	世界大地坐标系统 1984
南纬 8° 8′ 45.71″	东经 75° 45′ 50.14″	200 米弧线	世界大地坐标系统 1984
南纬 8° 7′ 46.96″	东经 75° 46′ 3.58″	200 米弧线	世界大地坐标系统 1984

续表

纬　度	经　度	线　型	数　据　库
南纬 8° 6′ 48.15″	东经 75° 46′ 16.71″	200 米弧线	世界大地坐标系统 1984
南纬 8° 5′ 49.27″	东经 75° 46′ 29.55″	200 米弧线	世界大地坐标系统 1984
南纬 8° 4′ 50.33″	东经 75° 46′ 42.1″	200 米弧线	世界大地坐标系统 1984
南纬 8° 3′ 51.33″	东经 75° 46′ 54.34″	200 米弧线	世界大地坐标系统 1984
南纬 8° 2′ 52.27″	东经 75° 47′ 6.3″	200 米弧线	世界大地坐标系统 1984
南纬 8° 1′ 53.15″	东经 75° 47′ 17.95″	200 米弧线	世界大地坐标系统 1984
南纬 8° 0′ 53.97″	东经 75° 47′ 29.3″	200 米弧线	世界大地坐标系统 1984
南纬 7° 59′ 54.74″	东经 75° 47′ 40.36″	200 米弧线	世界大地坐标系统 1984
南纬 7° 58′ 55.45″	东经 75° 47′ 51.12″	200 米弧线	世界大地坐标系统 1984
南纬 7° 57′ 56.11″	东经 75° 48′ 1.59″	200 米弧线	世界大地坐标系统 1984
南纬 7° 56′ 56.72″	东经 75° 48′ 11.75″	200 米弧线	世界大地坐标系统 1984
南纬 7° 55′ 57.28″	东经 75° 48′ 21.61″	200 米弧线	世界大地坐标系统 1984
南纬 7° 54′ 57.79″	东经 75° 48′ 31.19″	200 米弧线	世界大地坐标系统 1984
南纬 7° 53′ 58.25″	东经 75° 48′ 40.45″	200 米弧线	世界大地坐标系统 1984
南纬 7° 52′ 58.66″	东经 75° 48′ 49.43″	200 米弧线	世界大地坐标系统 1984
南纬 7° 51′ 59.04″	东经 75° 48′ 58.09″	200 米弧线	世界大地坐标系统 1984
南纬 7° 50′ 59.37″	东经 75° 49′ 6.47″	200 米弧线	世界大地坐标系统 1984
南纬 7° 49′ 59.66″	东经 75° 49′ 14.55″	200 米弧线	世界大地坐标系统 1984
南纬 7° 48′ 59.91″	东经 75° 49′ 22.31″	200 米弧线	世界大地坐标系统 1984
南纬 7° 48′ 0.12″	东经 75° 49′ 29.79″	200 米弧线	世界大地坐标系统 1984
南纬 7° 47′ 0.3″	东经 75° 49′ 36.96″	200 米弧线	世界大地坐标系统 1984
南纬 7° 46′ 0.44″	东经 75° 49′ 43.84″	200 米弧线	世界大地坐标系统 1984
南纬 7° 45′ 0.55″	东经 75° 49′ 50.41″	200 米弧线	世界大地坐标系统 1984
南纬 7° 44′ 0.62″	东经 75° 49′ 56.68″	200 米弧线	世界大地坐标系统 1984
南纬 7° 43′ 0.66″	东经 75° 50′ 2.66″	200 米弧线	世界大地坐标系统 1984

续表

纬 度	经 度	线型	数 据 库
南纬 7° 42′ 0.68″	东经 75° 50′ 8.33″	200 米弧线	世界大地坐标系统 1984
南纬 7° 41′ 0.67″	东经 75° 50′ 13.7″	200 米弧线	世界大地坐标系统 1984
南纬 7° 40′ 0.63″	东经 75° 50′ 18.77″	200 米弧线	世界大地坐标系统 1984
南纬 7° 39′ 0.57″	东经 75° 50′ 23.54″	200 米弧线	世界大地坐标系统 1984
南纬 7° 38′ 0.48″	东经 75° 50′ 28.01″	200 米弧线	世界大地坐标系统 1984
南纬 7° 37′ 0.37″	东经 75° 50′ 32.18″	200 米弧线	世界大地坐标系统 1984
南纬 7° 36′ 0.24″	东经 75° 50′ 36.04″	200 米弧线	世界大地坐标系统 1984
南纬 7° 35′ 0.1″	东经 75° 50′ 39.61″	200 米弧线	世界大地坐标系统 1984
南纬 7° 33′ 59.94″	东经 75° 50′ 42.87″	200 米弧线	世界大地坐标系统 1984
南纬 7° 32′ 59.76″	东经 75° 50′ 45.84″	200 米弧线	世界大地坐标系统 1984
南纬 7° 31′ 59.56″	东经 75° 50′ 48.5″	200 米弧线	世界大地坐标系统 1984
南纬 7° 30′ 59.36″	东经 75° 50′ 50.86″	200 米弧线	世界大地坐标系统 1984
南纬 7° 29′ 59.14″	东经 75° 50′ 52.92″	200 米弧线	世界大地坐标系统 1984
南纬 7° 28′ 58.91″	东经 75° 50′ 54.68″	200 米弧线	世界大地坐标系统 1984
南纬 7° 27′ 58.68″	东经 75° 50′ 56.13″	200 米弧线	世界大地坐标系统 1984
南纬 7° 26′ 58.44″	东经 75° 50′ 57.29″	200 米弧线	世界大地坐标系统 1984
南纬 7° 25′ 58.2″	东经 75° 50′ 58.14″	200 米弧线	世界大地坐标系统 1984
南纬 7° 24′ 57.94″	东经 75° 50′ 58.69″	200 米弧线	世界大地坐标系统 1984
南纬 7° 24′ 0.27″	东经 75° 50′ 58.94″	200 米弧线	世界大地坐标系统 1984
南纬 7° 23′ 12.82″	东经 75° 51′ 0.07″	200 米弧线	世界大地坐标系统 1984
南纬 7° 22′ 12.58″	东经 75° 51′ 1.23″	200 米弧线	世界大地坐标系统 1984
南纬 7° 21′ 12.33″	东经 75° 51′ 2.09″	200 米弧线	世界大地坐标系统 1984
南纬 7° 20′ 12.08″	东经 75° 51′ 2.65″	200 米弧线	世界大地坐标系统 1984
南纬 7° 19′ 11.83″	东经 75° 51′ 2.9″	200 米弧线	世界大地坐标系统 1984
南纬 7° 18′ 19.18″	东经 75° 51′ 2.88″	200 米弧线	世界大地坐标系统 1984

续表

纬　度	经　度	线型	数据库
南纬 7° 18′ 6.68″	东经 75° 51′ 2.84″	200 米弧线	世界大地坐标系统 1984
南纬 7° 17′ 6.43″	东经 75° 51′ 2.5″	200 米弧线	世界大地坐标系统 1984
南纬 7° 16′ 6.18″	东经 75° 51′ 1.86″	200 米弧线	世界大地坐标系统 1984
南纬 7° 15′ 5.94″	东经 75° 51′ 0.9″	200 米弧线	世界大地坐标系统 1984
南纬 7° 14′ 5.7″	东经 75° 50′ 59.66″	200 米弧线	世界大地坐标系统 1984
南纬 7° 13′ 5.46″	东经 75° 50′ 58.1″	200 米弧线	世界大地坐标系统 1984
南纬 7° 12′ 5.24″	东经 75° 50′ 56.25″	200 米弧线	世界大地坐标系统 1984
南纬 7° 11′ 5.03″	东经 75° 50′ 54.1″	200 米弧线	世界大地坐标系统 1984
南纬 7° 10′ 4.82″	东经 75° 50′ 51.64″	200 米弧线	世界大地坐标系统 1984
南纬 7° 9′ 4.64″	东经 75° 50′ 48.9″	200 米弧线	世界大地坐标系统 1984
南纬 7° 8′ 4.46″	东经 75° 50′ 45.84″	200 米弧线	世界大地坐标系统 1984
南纬 7° 7′ 4.3″	东经 75° 50′ 42.48″	200 米弧线	世界大地坐标系统 1984
南纬 7° 6′ 4.16″	东经 75° 50′ 38.83″	200 米弧线	世界大地坐标系统 1984
南纬 7° 5′ 5.41″	东经 75° 50′ 34.97″	200 米弧线	世界大地坐标系统 1984
南纬 7° 5′ 0.59″	东经 75° 50′ 34.64″	200 米弧线	世界大地坐标系统 1984
南纬 7° 4′ 0.48″	东经 75° 50′ 30.39″	200 米弧线	世界大地坐标系统 1984
南纬 7° 3′ 0.4″	东经 75° 50′ 25.83″	200 米弧线	世界大地坐标系统 1984
南纬 7° 2′ 0.35″	东经 75° 50′ 20.98″	200 米弧线	世界大地坐标系统 1984
南纬 7° 1′ 0.32″	东经 75° 50′ 15.82″	200 米弧线	世界大地坐标系统 1984
南纬 7° 0′ 0.31″	东经 75° 50′ 10.37″	200 米弧线	世界大地坐标系统 1984
南纬 6° 59′ 0.33″	东经 75° 50′ 4.61″	200 米弧线	世界大地坐标系统 1984
南纬 6° 58′ 0.38″	东经 75° 49′ 58.56″	200 米弧线	世界大地坐标系统 1984
南纬 6° 57′ 0.46″	东经 75° 49′ 52.21″	200 米弧线	世界大地坐标系统 1984
南纬 6° 56′ 0.58″	东经 75° 49′ 45.56″	200 米弧线	世界大地坐标系统 1984
南纬 6° 55′ 2.6″	东经 75° 49′ 38.83″	200 米弧线	世界大地坐标系统 1984

续表

纬　度	经　度	线　型	数　据　库
南纬 6° 54′ 57.61″	东经 75° 49′ 38.24″	200 米弧线	世界大地坐标系统 1984
南纬 6° 53′ 57.79″	东经 75° 49′ 31″	200 米弧线	世界大地坐标系统 1984
南纬 6° 52′ 58.01″	东经 75° 49′ 23.45″	200 米弧线	世界大地坐标系统 1984
南纬 6° 52′ 1.81″	东经 75° 49′ 16.08″	200 米弧线	世界大地坐标系统 1984
南纬 6° 51′ 52.07″	东经 75° 49′ 14.78″	200 米弧线	世界大地坐标系统 1984
南纬 6° 50′ 52.36″	东经 75° 49′ 6.64″	200 米弧线	世界大地坐标系统 1984
南纬 6° 49′ 52.7″	东经 75° 48′ 58.21″	200 米弧线	世界大地坐标系统 1984
南纬 6° 48′ 53.09″	东经 75° 48′ 49.47″	200 米弧线	世界大地坐标系统 1984
南纬 6° 47′ 53.51″	东经 75° 48′ 40.44″	200 米弧线	世界大地坐标系统 1984
南纬 6° 46′ 53.99″	东经 75° 48′ 31.11″	200 米弧线	世界大地坐标系统 1984
南纬 6° 45′ 54.5″	东经 75° 48′ 21.48″	200 米弧线	世界大地坐标系统 1984
南纬 6° 44′ 55.07″	东经 75° 48′ 11.56″	200 米弧线	世界大地坐标系统 1984
南纬 6° 43′ 55.69″	东经 75° 48′ 1.34″	200 米弧线	世界大地坐标系统 1984
南纬 6° 42′ 56.36″	东经 75° 47′ 50.83″	200 米弧线	世界大地坐标系统 1984
南纬 6° 41′ 57.08″	东经 75° 47′ 40.02″	200 米弧线	世界大地坐标系统 1984
南纬 6° 40′ 57.86″	东经 75° 47′ 28.92″	200 米弧线	世界大地坐标系统 1984
南纬 6° 39′ 58.69″	东经 75° 47′ 17.52″	200 米弧线	世界大地坐标系统 1984
南纬 6° 38′ 59.59″	东经 75° 47′ 5.83″	200 米弧线	世界大地坐标系统 1984
南纬 6° 38′ 0.54″	东经 75° 46′ 53.84″	200 米弧线	世界大地坐标系统 1984
南纬 6° 37′ 1.55″	东经 75° 46′ 41.56″	200 米弧线	世界大地坐标系统 1984
南纬 6° 36′ 2.62″	东经 75° 46′ 28.98″	200 米弧线	世界大地坐标系统 1984
南纬 6° 35′ 3.76″	东经 75° 46′ 16.11″	200 米弧线	世界大地坐标系统 1984
南纬 6° 34′ 4.96″	东经 75° 46′ 2.95″	200 米弧线	世界大地坐标系统 1984
南纬 6° 33′ 6.22″	东经 75° 45′ 49.5″	200 米弧线	世界大地坐标系统 1984
南纬 6° 32′ 7.56″	东经 75° 45′ 35.75″	200 米弧线	世界大地坐标系统 1984

续表

纬　度	经　度	线型	数据库
南纬 6° 31′ 8.96″	东经 75° 45′ 21.72″	200 米弧线	世界大地坐标系统 1984
南纬 6° 30′ 10.44″	东经 75° 45′ 7.39″	200 米弧线	世界大地坐标系统 1984
南纬 6° 29′ 11.99″	东经 75° 44′ 52.77″	200 米弧线	世界大地坐标系统 1984
南纬 6° 28′ 13.61″	东经 75° 44′ 37.86″	200 米弧线	世界大地坐标系统 1984
南纬 6° 27′ 15.3″	东经 75° 44′ 22.66″	200 米弧线	世界大地坐标系统 1984
南纬 6° 27′ 6.26″	东经 75° 44′ 20.27″	200 米弧线	世界大地坐标系统 1984
南纬 6° 26′ 55.22″	东经 75° 44′ 17.37″	200 米弧线	世界大地坐标系统 1984
南纬 6° 26′ 44.03″	东经 75° 44′ 14.42″	200 米弧线	世界大地坐标系统 1984
南纬 6° 25′ 55.37″	东经 75° 44′ 1.45″	200 米弧线	世界大地坐标系统 1984
南纬 6° 24′ 57.22″	东经 75° 43′ 45.68″	200 米弧线	世界大地坐标系统 1984
南纬 6° 23′ 59.15″	东经 75° 43′ 29.61″	200 米弧线	世界大地坐标系统 1984
南纬 6° 23′ 1.16″	东经 75° 43′ 13.25″	200 米弧线	世界大地坐标系统 1984
南纬 6° 22′ 3.24″	东经 75° 42′ 56.61″	200 米弧线	世界大地坐标系统 1984
南纬 6° 21′ 5.43″	东经 75° 42′ 39.67″	200 米弧线	世界大地坐标系统 1984
南纬 6° 20′ 7.68″	东经 75° 42′ 22.46″	200 米弧线	世界大地坐标系统 1984
南纬 6° 19′ 10.03″	东经 75° 42′ 4.95″	200 米弧线	世界大地坐标系统 1984
南纬 6° 18′ 12.47″	东经 75° 41′ 47.16″	200 米弧线	世界大地坐标系统 1984
南纬 6° 17′ 14.99″	东经 75° 41′ 29.09″	200 米弧线	世界大地坐标系统 1984
南纬 6° 16′ 17.61″	东经 75° 41′ 10.72″	200 米弧线	世界大地坐标系统 1984
南纬 6° 15′ 20.31″	东经 75° 40′ 52.07″	200 米弧线	世界大地坐标系统 1984
南纬 6° 14′ 23.12″	东经 75° 40′ 33.14″	200 米弧线	世界大地坐标系统 1984
南纬 6° 13′ 26.01″	东经 75° 40′ 13.92″	200 米弧线	世界大地坐标系统 1984
南纬 6° 12′ 29″	东经 75° 39′ 54.42″	200 米弧线	世界大地坐标系统 1984
南纬 6° 11′ 32.09″	东经 75° 39′ 34.64″	200 米弧线	世界大地坐标系统 1984
南纬 6° 10′ 35.28″	东经 75° 39′ 14.58″	200 米弧线	世界大地坐标系统 1984

续表

纬 度	经 度	线 型	数 据 库
南纬6°9′38.58″	东经75°38′54.23″	200米弧线	世界大地坐标系统1984
南纬6°8′41.97″	东经75°38′33.6″	200米弧线	世界大地坐标系统1984
南纬6°8′18.13″	东经75°38′24.78″	200米弧线	世界大地坐标系统1984
南纬6°8′17.64″	东经75°38′24.84″	200米弧线	世界大地坐标系统1984
南纬6°7′17.9″	东经75°38′32.68″	200米弧线	世界大地坐标系统1984
南纬6°6′18.12″	东经75°38′40.23″	200米弧线	世界大地坐标系统1984
南纬6°5′18.31″	东经75°38′47.49″	200米弧线	世界大地坐标系统1984
南纬6°4′18.45″	东经75°38′54.44″	200米弧线	世界大地坐标系统1984
南纬6°3′18.56″	东经75°39′1.09″	200米弧线	世界大地坐标系统1984
南纬6°2′18.65″	东经75°39′7.45″	200米弧线	世界大地坐标系统1984
南纬6°1′18.7″	东经75°39′13.5″	200米弧线	世界大地坐标系统1984
南纬6°0′18.72″	东经75°39′19.26″	200米弧线	世界大地坐标系统1984
南纬5°59′18.71″	东经75°39′24.72″	200米弧线	世界大地坐标系统1984
南纬5°58′18.68″	东经75°39′29.87″	200米弧线	世界大地坐标系统1984
南纬5°57′18.62″	东经75°39′34.73″	200米弧线	世界大地坐标系统1984
南纬5°56′18.54″	东经75°39′39.29″	200米弧线	世界大地坐标系统1984
南纬5°55′18.43″	东经75°39′43.55″	200米弧线	世界大地坐标系统1984
南纬5°54′18.31″	东经75°39′47.51″	200米弧线	世界大地坐标系统1984
南纬5°53′18.16″	东经75°39′51.16″	200米弧线	世界大地坐标系统1984
南纬5°52′18″	东经75°39′54.52″	200米弧线	世界大地坐标系统1984
南纬5°51′17.82″	东经75°39′57.58″	200米弧线	世界大地坐标系统1984
南纬5°50′17.63″	东经75°40′0.34″	200米弧线	世界大地坐标系统1984
南纬5°49′17.43″	东经75°40′2.8″	200米弧线	世界大地坐标系统1984
南纬5°48′17.21″	东经75°40′4.95″	200米弧线	世界大地坐标系统1984
南纬5°47′16.98″	东经75°40′6.81″	200米弧线	世界大地坐标系统1984

续表

纬　度	经　度	线　型	数　据　库
南纬 5° 46′ 16.75″	东经 75° 40′ 8.37″	200 米弧线	世界大地坐标系统 1984
南纬 5° 45′ 16.5″	东经 75° 40′ 9.62″	200 米弧线	世界大地坐标系统 1984
南纬 5° 44′ 16.25″	东经 75° 40′ 10.57″	200 米弧线	世界大地坐标系统 1984
南纬 5° 43′ 16″	东经 75° 40′ 11.23″	200 米弧线	世界大地坐标系统 1984
南纬 5° 42′ 15.74″	东经 75° 40′ 11.58″	200 米弧线	世界大地坐标系统 1984
南纬 5° 41′ 15.49″	东经 75° 40′ 11.64″	200 米弧线	世界大地坐标系统 1984
南纬 5° 40′ 15.23″	东经 75° 40′ 11.4″	200 米弧线	世界大地坐标系统 1984
南纬 5° 39′ 14.98″	东经 75° 40′ 10.85″	200 米弧线	世界大地坐标系统 1984
南纬 5° 38′ 14.73″	东经 75° 40′ 10.01″	200 米弧线	世界大地坐标系统 1984
南纬 5° 37′ 14.49″	东经 75° 40′ 8.86″	200 米弧线	世界大地坐标系统 1984
南纬 5° 36′ 14.25″	东经 75° 40′ 7.41″	200 米弧线	世界大地坐标系统 1984
南纬 5° 35′ 14.02″	东经 75° 40′ 5.67″	200 米弧线	世界大地坐标系统 1984
南纬 5° 34′ 13.79″	东经 75° 40′ 3.62″	200 米弧线	世界大地坐标系统 1984
南纬 5° 33′ 13.58″	东经 75° 40′ 1.28″	200 米弧线	世界大地坐标系统 1984
南纬 5° 32′ 13.39″	东经 75° 39′ 58.63″	200 米弧线	世界大地坐标系统 1984
南纬 5° 31′ 13.2″	东经 75° 39′ 55.69″	200 米弧线	世界大地坐标系统 1984
南纬 5° 30′ 13.04″	东经 75° 39′ 52.45″	200 米弧线	世界大地坐标系统 1984
南纬 5° 29′ 12.88″	东经 75° 39′ 48.9″	200 米弧线	世界大地坐标系统 1984
南纬 5° 28′ 12.75″	东经 75° 39′ 45.06″	200 米弧线	世界大地坐标系统 1984
南纬 5° 27′ 12.64″	东经 75° 39′ 40.91″	200 米弧线	世界大地坐标系统 1984
南纬 5° 26′ 12.54″	东经 75° 39′ 36.47″	200 米弧线	世界大地坐标系统 1984
南纬 5° 25′ 12.47″	东经 75° 39′ 31.73″	200 米弧线	世界大地坐标系统 1984
南纬 5° 24′ 12.43″	东经 75° 39′ 26.69″	200 米弧线	世界大地坐标系统 1984
南纬 5° 23′ 12.42″	东经 75° 39′ 21.35″	200 米弧线	世界大地坐标系统 1984
南纬 5° 22′ 12.42″	东经 75° 39′ 15.72″	200 米弧线	世界大地坐标系统 1984

续表

纬　度	经　度	线　型	数　据　库
南纬 5° 21′ 12.46″	东经 75° 39′ 9.78″	200 米弧线	世界大地坐标系统 1984
南纬 5° 20′ 12.52″	东经 75° 39′ 3.54″	200 米弧线	世界大地坐标系统 1984
南纬 5° 19′ 12.63″	东经 75° 38′ 57.02″	200 米弧线	世界大地坐标系统 1984
南纬 5° 18′ 12.76″	东经 75° 38′ 50.19″	200 米弧线	世界大地坐标系统 1984
南纬 5° 17′ 12.93″	东经 75° 38′ 43.05″	200 米弧线	世界大地坐标系统 1984
南纬 5° 16′ 13.13″	东经 75° 38′ 35.63″	200 米弧线	世界大地坐标系统 1984
南纬 5° 15′ 13.38″	东经 75° 38′ 27.91″	200 米弧线	世界大地坐标系统 1984
南纬 5° 14′ 13.66″	东经 75° 38′ 19.89″	200 米弧线	世界大地坐标系统 1984
南纬 5° 13′ 13.98″	东经 75° 38′ 11.58″	200 米弧线	世界大地坐标系统 1984
南纬 5° 12′ 14.35″	东经 75° 38′ 2.96″	200 米弧线	世界大地坐标系统 1984
南纬 5° 11′ 14.75″	东经 75° 37′ 54.05″	200 米弧线	世界大地坐标系统 1984
南纬 5° 10′ 15.21″	东经 75° 37′ 44.85″	200 米弧线	世界大地坐标系统 1984
南纬 5° 9′ 15.7″	东经 75° 37′ 35.35″	200 米弧线	世界大地坐标系统 1984
南纬 5° 8′ 16.25″	东经 75° 37′ 25.55″	200 米弧线	世界大地坐标系统 1984
南纬 5° 7′ 16.85″	东经 75° 37′ 15.46″	200 米弧线	世界大地坐标系统 1984
南纬 5° 6′ 17.5″	东经 75° 37′ 5.07″	200 米弧线	世界大地坐标系统 1984
南纬 5° 5′ 18.2″	东经 75° 36′ 54.39″	200 米弧线	世界大地坐标系统 1984
南纬 5° 4′ 18.97″	东经 75° 36′ 43.42″	200 米弧线	世界大地坐标系统 1984
南纬 5° 3′ 33.16″	东经 75° 36′ 34.69″	200 米弧线	世界大地坐标系统 1984
南纬 5° 3′ 4.09″	东经 75° 36′ 32.27″	200 米弧线	世界大地坐标系统 1984
南纬 5° 2′ 4.06″	东经 75° 36′ 26.95″	200 米弧线	世界大地坐标系统 1984
南纬 5° 1′ 4.07″	东经 75° 36′ 21.34″	200 米弧线	世界大地坐标系统 1984
南纬 5° 0′ 4.11″	东经 75° 36′ 15.43″	200 米弧线	世界大地坐标系统 1984
南纬 4° 59′ 4.17″	东经 75° 36′ 9.22″	200 米弧线	世界大地坐标系统 1984
南纬 4° 58′ 4.27″	东经 75° 36′ 2.71″	200 米弧线	世界大地坐标系统 1984

续表

纬 度	经 度	线 型	数 据 库
南纬 4° 57′ 4.4″	东经 75° 35′ 55.91″	200 米弧线	世界大地坐标系统 1984
南纬 4° 56′ 4.56″	东经 75° 35′ 48.8″	200 米弧线	世界大地坐标系统 1984
南纬 4° 55′ 4.76″	东经 75° 35′ 41.4″	200 米弧线	世界大地坐标系统 1984
南纬 4° 54′ 5″	东经 75° 35′ 33.71″	200 米弧线	世界大地坐标系统 1984
南纬 4° 53′ 5.28″	东经 75° 35′ 25.71″	200 米弧线	世界大地坐标系统 1984
南纬 4° 52′ 5.6″	东经 75° 35′ 17.43″	200 米弧线	世界大地坐标系统 1984
南纬 4° 51′ 5.96″	东经 75° 35′ 8.84″	200 米弧线	世界大地坐标系统 1984
南纬 4° 50′ 6.36″	东经 75° 34′ 59.95″	200 米弧线	世界大地坐标系统 1984
南纬 4° 49′ 6.81″	东经 75° 34′ 50.78″	200 米弧线	世界大地坐标系统 1984
南纬 4° 48′ 7.31″	东经 75° 34′ 41.3″	200 米弧线	世界大地坐标系统 1984
南纬 4° 47′ 7.86″	东经 75° 34′ 31.54″	200 米弧线	世界大地坐标系统 1984
南纬 4° 46′ 8.45″	东经 75° 34′ 21.47″	200 米弧线	世界大地坐标系统 1984
南纬 4° 45′ 9.1″	东经 75° 34′ 11.11″	200 米弧线	世界大地坐标系统 1984
南纬 4° 44′ 9.79″	东经 75° 34′ 0.46″	200 米弧线	世界大地坐标系统 1984
南纬 4° 43′ 10.55″	东经 75° 33′ 49.5″	200 米弧线	世界大地坐标系统 1984
南纬 4° 42′ 11.36″	东经 75° 33′ 38.26″	200 米弧线	世界大地坐标系统 1984
南纬 4° 41′ 12.21″	东经 75° 33′ 26.73″	200 米弧线	世界大地坐标系统 1984
南纬 4° 40′ 13.14″	东经 75° 33′ 14.89″	200 米弧线	世界大地坐标系统 1984
南纬 4° 39′ 14.12″	东经 75° 33′ 2.77″	200 米弧线	世界大地坐标系统 1984
南纬 4° 38′ 15.17″	东经 75° 32′ 50.35″	200 米弧线	世界大地坐标系统 1984
南纬 4° 37′ 16.27″	东经 75° 32′ 37.64″	200 米弧线	世界大地坐标系统 1984
南纬 4° 36′ 17.45″	东经 75° 32′ 24.64″	200 米弧线	世界大地坐标系统 1984
南纬 4° 35′ 18.68″	东经 75° 32′ 11.35″	200 米弧线	世界大地坐标系统 1984
南纬 4° 34′ 19.98″	东经 75° 31′ 57.76″	200 米弧线	世界大地坐标系统 1984
南纬 4° 33′ 21.36″	东经 75° 31′ 43.89″	200 米弧线	世界大地坐标系统 1984

续表

纬　度	经　度	线型	数据库
南纬 4° 32′ 22.8″	东经 75° 31′ 29.72″	200 米弧线	世界大地坐标系统 1984
南纬 4° 31′ 24.32″	东经 75° 31′ 15.26″	200 米弧线	世界大地坐标系统 1984
南纬 4° 30′ 25.9″	东经 75° 31′ 0.51″	200 米弧线	世界大地坐标系统 1984
南纬 4° 29′ 27.56″	东经 75° 30′ 45.48″	200 米弧线	世界大地坐标系统 1984
南纬 4° 28′ 29.3″	东经 75° 30′ 30.15″	200 米弧线	世界大地坐标系统 1984
南纬 4° 27′ 31.12″	东经 75° 30′ 14.53″	200 米弧线	世界大地坐标系统 1984
南纬 4° 26′ 33.02″	东经 75° 29′ 58.63″	200 米弧线	世界大地坐标系统 1984
南纬 4° 25′ 34.99″	东经 75° 29′ 42.45″	200 米弧线	世界大地坐标系统 1984
南纬 4° 24′ 37.04″	东经 75° 29′ 25.96″	200 米弧线	世界大地坐标系统 1984
南纬 4° 23′ 39.18″	东经 75° 29′ 9.19″	200 米弧线	世界大地坐标系统 1984
南纬 4° 22′ 41.41″	东经 75° 28′ 52.14″	200 米弧线	世界大地坐标系统 1984
南纬 4° 21′ 43.72″	东经 75° 28′ 34.8″	200 米弧线	世界大地坐标系统 1984
南纬 4° 20′ 46.11″	东经 75° 28′ 17.18″	200 米弧线	世界大地坐标系统 1984
南纬 4° 19′ 48.6″	东经 75° 27′ 59.27″	200 米弧线	世界大地坐标系统 1984
南纬 4° 18′ 51.18″	东经 75° 27′ 41.07″	200 米弧线	世界大地坐标系统 1984
南纬 4° 17′ 53.85″	东经 75° 27′ 22.59″	200 米弧线	世界大地坐标系统 1984
南纬 4° 16′ 56.61″	东经 75° 27′ 3.82″	200 米弧线	世界大地坐标系统 1984
南纬 4° 15′ 59.46″	东经 75° 26′ 44.77″	200 米弧线	世界大地坐标系统 1984
南纬 4° 15′ 2.42″	东经 75° 26′ 25.44″	200 米弧线	世界大地坐标系统 1984
南纬 4° 14′ 5.46″	东经 75° 26′ 5.83″	200 米弧线	世界大地坐标系统 1984
南纬 4° 13′ 8.61″	东经 75° 25′ 45.93″	200 米弧线	世界大地坐标系统 1984
南纬 4° 12′ 11.87″	东经 75° 25′ 25.75″	200 米弧线	世界大地坐标系统 1984
南纬 4° 11′ 15.22″	东经 75° 25′ 5.3″	200 米弧线	世界大地坐标系统 1984
南纬 4° 10′ 18.66″	东经 75° 24′ 44.56″	200 米弧线	世界大地坐标系统 1984
南纬 4° 9′ 22.22″	东经 75° 24′ 23.54″	200 米弧线	世界大地坐标系统 1984

续表

纬　度	经　度	线　型	数 据 库
南纬 4° 8′ 25.88″	东经 75° 24′ 2.24″	200 米弧线	世界大地坐标系统 1984
南纬 4° 7′ 29.66″	东经 75° 23′ 40.66″	200 米弧线	世界大地坐标系统 1984
南纬 4° 6′ 33.54″	东经 75° 23′ 18.8″	200 米弧线	世界大地坐标系统 1984
南纬 4° 5′ 37.52″	东经 75° 22′ 56.67″	200 米弧线	世界大地坐标系统 1984
南纬 4° 4′ 41.63″	东经 75° 22′ 34.26″	200 米弧线	世界大地坐标系统 1984
南纬 4° 3′ 45.85″	东经 75° 22′ 11.57″	200 米弧线	世界大地坐标系统 1984
南纬 4° 2′ 50.17″	东经 75° 21′ 48.61″	200 米弧线	世界大地坐标系统 1984
南纬 4° 1′ 54.61″	东经 75° 21′ 25.37″	200 米弧线	世界大地坐标系统 1984
南纬 4° 0′ 59.18″	东经 75° 21′ 1.86″	200 米弧线	世界大地坐标系统 1984
南纬 4° 0′ 3.85″	东经 75° 20′ 38.06″	200 米弧线	世界大地坐标系统 1984
南纬 3° 59′ 8.66″	东经 75° 20′ 14″	200 米弧线	世界大地坐标系统 1984
南纬 3° 58′ 13.57″	东经 75° 19′ 49.67″	200 米弧线	世界大地坐标系统 1984
南纬 3° 57′ 18.61″	东经 75° 19′ 25.06″	200 米弧线	世界大地坐标系统 1984
南纬 3° 56′ 23.78″	东经 75° 19′ 0.17″	200 米弧线	世界大地坐标系统 1984
南纬 3° 55′ 29.08″	东经 75° 18′ 35.02″	200 米弧线	世界大地坐标系统 1984
南纬 3° 54′ 39.8″	东经 75° 18′ 12.08″	200 米弧线	世界大地坐标系统 1984
南纬 3° 54′ 32.06″	东经 75° 18′ 8.46″	200 米弧线	世界大地坐标系统 1984
南纬 3° 53′ 37.6″	东经 75° 17′ 42.77″	200 米弧线	世界大地坐标系统 1984
南纬 3° 52′ 43.28″	东经 75° 17′ 16.81″	200 米弧线	世界大地坐标系统 1984
南纬 3° 51′ 49.08″	东经 75° 16′ 50.57″	200 米弧线	世界大地坐标系统 1984
南纬 3° 50′ 55.02″	东经 75° 16′ 24.08″	200 米弧线	世界大地坐标系统 1984
南纬 3° 50′ 1.09″	东经 75° 15′ 57.31″	200 米弧线	世界大地坐标系统 1984
南纬 3° 49′ 7.3″	东经 75° 15′ 30.27″	200 米弧线	世界大地坐标系统 1984
南纬 3° 48′ 13.64″	东经 75° 15′ 2.98″	200 米弧线	世界大地坐标系统 1984
南纬 3° 47′ 20.12″	东经 75° 14′ 35.42″	200 米弧线	世界大地坐标系统 1984

续表

纬　度	经　度	线　型	数　据　库
南纬 3° 46′ 26.73″	东经 75° 14′ 7.58″	200 米弧线	世界大地坐标系统 1984
南纬 3° 45′ 33.49″	东经 75° 13′ 39.49″	200 米弧线	世界大地坐标系统 1984
南纬 3° 44′ 40.39″	东经 75° 13′ 11.13″	200 米弧线	世界大地坐标系统 1984
南纬 3° 43′ 47.43″	东经 75° 12′ 42.51″	200 米弧线	世界大地坐标系统 1984
南纬 3° 42′ 54.61″	东经 75° 12′ 13.63″	200 米弧线	世界大地坐标系统 1984
南纬 3° 42′ 1.95″	东经 75° 11′ 44.49″	200 米弧线	世界大地坐标系统 1984
南纬 3° 41′ 9.42″	东经 75° 11′ 15.09″	200 米弧线	世界大地坐标系统 1984
南纬 3° 40′ 17.05″	东经 75° 10′ 45.43″	200 米弧线	世界大地坐标系统 1984
南纬 3° 39′ 24.82″	东经 75° 10′ 15.5″	200 米弧线	世界大地坐标系统 1984
南纬 3° 38′ 32.74″	东经 75° 9′ 45.33″	200 米弧线	世界大地坐标系统 1984
南纬 3° 37′ 40.82″	东经 75° 9′ 14.89″	200 米弧线	世界大地坐标系统 1984
南纬 3° 36′ 49.04″	东经 75° 8′ 44.2″	200 米弧线	世界大地坐标系统 1984
南纬 3° 35′ 57.43″	东经 75° 8′ 13.25″	200 米弧线	世界大地坐标系统 1984
南纬 3° 35′ 5.97″	东经 75° 7′ 42.05″	200 米弧线	世界大地坐标系统 1984
南纬 3° 34′ 14.66″	东经 75° 7′ 10.59″	200 米弧线	世界大地坐标系统 1984
南纬 3° 33′ 23.52″	东经 75° 6′ 38.88″	200 米弧线	世界大地坐标系统 1984
南纬 3° 32′ 32.53″	东经 75° 6′ 6.91″	200 米弧线	世界大地坐标系统 1984
南纬 3° 32′ 13.8″	东经 75° 5′ 55.08″	200 米弧线	世界大地坐标系统 1984
南纬 3° 31′ 37.82″	东经 75° 5′ 32.24″	200 米弧线	世界大地坐标系统 1984
南纬 3° 31′ 21.86″	东经 75° 5′ 22.05″	200 米弧线	世界大地坐标系统 1984
南纬 3° 31′ 14.61″	东经 75° 5′ 17.48″	200 米弧线	世界大地坐标系统 1984
南纬 3° 30′ 23.78″	东经 75° 4′ 45.27″	200 米弧线	世界大地坐标系统 1984
南纬 3° 29′ 33.11″	东经 75° 4′ 12.8″	200 米弧线	世界大地坐标系统 1984
南纬 3° 28′ 42.61″	东经 75° 3′ 40.08″	200 米弧线	世界大地坐标系统 1984
南纬 3° 27′ 56.82″	东经 75° 3′ 10.1″	200 米弧线	世界大地坐标系统 1984

大陆架（指定区）（联合）令

（2000年11月15日 [1] [2]）

白金汉宫宫廷，2000年11月15日
由最尊敬的女王陛下在议会上颁布

女王陛下根据1964年《大陆架法》第一条第7款部分以及其他女王权利的规定，并结合其枢密院提供的建议，特此颁布命令如下：

1.（1）本法令称为"《大陆架（指定区）（联合）令》（2000年）"。

（2）废除1964年至1999年间所有的《大陆架（指定区）令》，仅保留1987年《大陆架（指定区）（领海延伸）令》第三条继续有效。

（3）本法令生效日期为2000年12月6日。

2. 本法令附件中涉及的区域规定为指定区，联合王国对所有指定区内的领海包括其海床、底土及自然资源享有主权。

A.K.Galloway
枢密院书记官

附件1

本法令第二条适用的两块区域分别位于英国本岛领海和马恩岛领海的外部界限以外，并通过将下列第1栏给定的具体坐标按第2栏描述的方式连接成为一系列边界线进行划界。

---

[1] 2008年3月13日，由英国常驻联合国代表团邮寄至联合国法律顾问处。
[2] 2000年11月15日颁布，2000年12月6日生效。

地点编号	第1栏		第2栏 线型
	纬 度	经 度	
第一区域			
1	北纬 55° 31′ .223	西经 06° 45′ .000	经线
2	北纬 55° 28′ .000	西经 06° 45′ .000	经线
3	北纬 55° 28′ .000	西经 06° 48′ .000	纬线
4	北纬 55° 30′ .000	西经 06° 48′ .000	经线
5	北纬 55° 30′ .000	西经 06° 51′ .000	纬线
6	北纬 55° 35′ .000	西经 06° 51′ .000	经线
7	北纬 55° 35′ .000	西经 06° 57′ .000	纬线
8	北纬 55° 40′ .000	西经 06° 57′ .000	经线
9	北纬 55° 40′ .000	西经 07° 02′ .000	纬线
10	北纬 55° 45′ .000	西经 07° 02′ .000	经线
11	北纬 55° 45′ .000	西经 07° 08′ .000	纬线
12	北纬 55° 50′ .000	西经 07° 08′ .000	经线
13	北纬 55° 50′ .000	西经 07° 15′ .000	纬线
14	北纬 55° 55′ .000	西经 07° 15′ .000	经线
15	北纬 55° 55′ .000	西经 07° 23′ .000	纬线
16	北纬 56° 00′ .000	西经 07° 23′ .000	经线
17	北纬 56° 00′ .000	西经 08° 13′ .000	纬线
18	北纬 56° 05′ .000	西经 08° 13′ .000	经线
19	北纬 56° 05′ .000	西经 08° 39′ .500	纬线
20	北纬 56° 10′ .000	西经 08° 39′ .500	经线
21	北纬 56° 10′ .000	西经 09° 07′ .000	纬线
22	北纬 56° 21′ .500	西经 09° 07′ .000	经线
23	北纬 56° 21′ .500	西经 10° 30′ .000	纬线

续表

地点编号	第 1 栏		第 2 栏 线　型
	纬　度	经　度	
24	北纬 56° 32′.500	西经 10° 30′.000	经线
25	北纬 56° 32′.500	西经 12° 12′.000	纬线
26	北纬 56° 42′.000	西经 12° 12′.000	经线
27	北纬 56° 42′.000	西经 14° 00′.000	纬线
28	北纬 56° 49′.000	西经 14° 00′.000	经线
29	北纬 56° 49′.000	西经 15° 36′.000	纬线
30	北纬 56° 56′.000	西经 15° 36′.000	经线
31	北纬 56° 56′.000	西经 17° 24′.000	纬线
32	北纬 57° 05′.500	西经 17° 24′.000	经线
33	北纬 57° 05′.500	西经 19° 30′.000	纬线
34	北纬 57° 14′.000	西经 19° 30′.000	经线
35	北纬 57° 14′.000	西经 21° 32′.000	纬线
36	北纬 57° 22′.000	西经 21° 32′.000	经线
37	北纬 57° 22′.000	西经 23° 57′.400	纬线
38	北纬 57° 30′.000	西经 23° 57′.400	经线
39	北纬 57° 30′.000	西经 23° 48′.000	纬线
40	北纬 57° 50′.000	西经 23° 48′.000	经线
41	北纬 57° 50′.000	西经 23° 36′.000	纬线
42	北纬 58° 00′.000	西经 23° 36′.000	经线
43	北纬 58° 00′.000	西经 23° 24′.000	纬线
44	北纬 58° 20′.000	西经 23° 24′.000	经线
45	北纬 58° 20′.000	西经 23° 12′.000	纬线
46	北纬 58° 30′.000	西经 23° 12′.000	经线
47	北纬 58° 30′.000	西经 23° 00′.000	纬线

续表

地点编号	第1栏		第2栏 线　型
	纬　度	经　度	
48	北纬 58° 50′.000	西经 23° 00′.000	经线
49	北纬 58° 50′.000	西经 22° 48′.000	纬线
50	北纬 59° 10′.000	西经 22° 48′.000	经线
51	北纬 59° 10′.000	西经 22° 36′.000	纬线
52	北纬 59° 20′.000	西经 22° 36′.000	经线
53	北纬 59° 20′.000	西经 22° 24′.000	纬线
54	北纬 59° 30′.000	西经 22° 24′.000	经线
55	北纬 59° 30′.000	西经 22° 00′.000	纬线
56	北纬 59° 40′.000	西经 22° 00′.000	经线
57	北纬 59° 40′.000	西经 21° 48′.000	纬线
58	北纬 59° 50′.000	西经 21° 48′.000	经线
59	北纬 59° 49′.948	西经 13° 16′.199	纬线
60	北纬 60° 09′.031	西经 13° 16′.199	经线
61	北纬 60° 07′.306	西经 12° 17′.622	测地线
62	北纬 60° 02′.833	西经 11° 16′.458	测地线
63	北纬 60° 02′.137	西经 10° 50′.778	测地线
64	北纬 60° 00′.951	西经 10° 20′.853	测地线
65	北纬 59° 56′.450	西经 09° 00′.660	测地线
66	北纬 60° 18′.754	西经 05° 24′.195	测地线
67	北纬 60° 21′.101	西经 04° 56′.672	测地线
68	北纬 60° 24′.077	西经 04° 44′.272	测地线
69	北纬 60° 47′.717	西经 04° 18′.541	测地线
70	北纬 60° 51′.809	西经 04° 14′.008	测地线
71	北纬 60° 54′.979	西经 04° 10′.497	测地线

续表

地点编号	第1栏		第2栏 线型
	纬 度	经 度	
72	北纬 61° 02′.757	西经 04° 03′.859	测地线
73	北纬 61° 04′.449	西经 04° 02′.425	测地线
74	北纬 61° 07′.651	西经 03° 59′.619	测地线
75	北纬 61° 21′.611	西经 03° 47′.898	测地线
76	北纬 61° 52′.114	西经 03° 11′.729	测地线
77	北纬 61° 59′.233	西经 03° 03′.325	测地线
78	北纬 63° 40′.649	西经 00° 47′.736	测地线
79	北纬 63° 53′.224	西经 00° 29′.444	测地线
80	北纬 63° 50′.448	西经 00° 25′.788	测地线
81	北纬 63° 44′.214	西经 00° 18′.139	测地线
82	北纬 63° 38′.178	西经 00° 10′.989	测地线
83	北纬 63° 03′.345	东经 00° 28′.209	测地线
84	北纬 62° 58′.351	东经 00° 33′.517	测地线
85	北纬 62° 53′.492	东经 00° 38′.465	测地线
86	北纬 62° 44′.272	东经 00° 47′.462	测地线
87	北纬 62° 39′.967	东经 00° 51′.491	测地线
88	北纬 62° 36′.346	东经 00° 54′.746	测地线
89	北纬 62° 32′.788	东经 00° 57′.805	测地线
90	北纬 62° 30′.164	东经 01° 00′.099	测地线
91	北纬 62° 27′.547	东经 01° 02′.295	测地线
92	北纬 62° 24′.945	东经 01° 04′.431	测地线
93	北纬 62° 22′.350	东经 01° 06′.470	测地线
94	北纬 62° 19′.679	东经 01° 08′.516	测地线
95	北纬 62° 16′.732	东经 01° 10′.678	测地线

续表

地点编号	第 1 栏		第 2 栏 线 型
	纬 度	经 度	
96	北纬 61° 44′.200	东经 01° 33′.224	测地线
97	北纬 61° 44′.200	东经 01° 33′.600	测地线
98	北纬 61° 21′.400	东经 01° 47′.400	大圆弧线
99	北纬 59° 53′.800	东经 02° 04′.600	大圆弧线
100	北纬 59° 17′.400	东经 01° 42′.700	大圆弧线
101	北纬 58° 25′.800	东经 01° 29′.000	大圆弧线
102	北纬 57° 54′.300	东经 01° 57′.900	大圆弧线
103	北纬 56° 35′.700	东经 02° 36′.800	大圆弧线
104	北纬 56° 05′.200	东经 03° 15′.000	大圆弧线
105	北纬 55° 55′.157	东经 03° 21′.000	大圆弧线
106	北纬 55° 50′.100	东经 03° 24′.000	大圆弧线
107	北纬 55° 45′.900	东经 03° 22′.217	大圆弧线
108	北纬 54° 37′.300	东经 02° 53′.900	大圆弧线
109	北纬 54° 22′.800	东经 02° 45′.800	大圆弧线
110	北纬 53° 57′.800	东经 02° 52′.000	大圆弧线
111	北纬 53° 40′.100	东经 02° 57′.400	大圆弧线
112	北纬 53° 35′.100	东经 02° 59′.300	大圆弧线
113	北纬 53° 28′.200	东经 03° 01′.000	大圆弧线
114	北纬 53° 18′.100	东经 03° 03′.400	大圆弧线
115	北纬 52° 53′.000	东经 03° 10′.500	大圆弧线
116	北纬 52° 47′.000	东经 03° 12′.300	大圆弧线
117	北纬 52° 37′.300	东经 03° 11′.000	大圆弧线
118	北纬 52° 25′.000	东经 03° 03′.500	大圆弧线
119	北纬 52° 17′.400	东经 02° 56′.000	大圆弧线

续表

地点编号	第 1 栏		第 2 栏 线 型
	纬 度	经 度	
120	北纬 52° 12′.400	东经 02° 50′.400	大圆弧线
121	北纬 52° 06′.000	东经 02° 42′.900	大圆弧线
122	北纬 52° 05′.300	东经 02° 42′.200	大圆弧线
123	北纬 52° 01′.000	东经 02° 39′.500	大圆弧线
124	北纬 51° 59′.000	东经 02° 37′.600	大圆弧线
125	北纬 51° 48′.300	东经 02° 28′.900	大圆弧线
126	北纬 51° 36′.783	东经 02° 15′.200	斜航线
127	北纬 51° 33′.467	东经 02° 14′.300	斜航线
128	北纬 51° 30′.233	东经 02° 07′.300	斜航线
129	北纬 51° 20′.183	东经 02° 02′.300	斜航线
130	北纬 51° 19′.633	东经 02° 01′.800	斜航线
131	北纬 51° 14′.450	东经 01° 57′.300	斜航线
朝大不列颠岛的领海界限西南方向的一条斜航线位于：			
132	北纬 51° 12′.012	东经 01° 53′.335	
第二区域			
133	北纬 50° 49′.516	东经 01° 15′.891	
134	北纬 50° 47′.833	东经 01° 15′.467	斜航线
135	北纬 50° 38′.633	东经 01° 07′.433	斜航线
136	北纬 50° 23′.367	东经 00° 46′.650	斜航线
137	北纬 50° 19′.683	东经 00° 36′.200	斜航线
138	北纬 50° 14′.200	东经 00° 02′.233	斜航线
139	北纬 50° 13′.217	西经 00° 15′.500	斜航线
140	北纬 50° 07′.483	西经 00° 30′.000	斜航线
141	北纬 50° 08′.450	西经 01° 00′.000	斜航线

续表

地点编号	第1栏		第2栏 线型
	纬 度	经 度	
142	北纬 50° 09′.250	西经 01° 30′.000	斜航线
143	北纬 50° 09′.233	西经 02° 03′.433	斜航线
144	北纬 49° 57′.833	西经 02° 48′.400	斜航线
145	北纬 49° 46′.500	西经 02° 56′.500	斜航线
146	北纬 49° 38′.500	西经 03° 21′.000	斜航线
147	北纬 49° 33′.200	西经 03° 34′.833	斜航线
148	北纬 49° 32′.700	西经 03° 42′.733	斜航线
149	北纬 49° 32′.133	西经 03° 55′.783	斜航线
150	北纬 49° 27′.667	西经 04° 17′.900	斜航线
151	北纬 49° 27′.383	西经 04° 21′.767	斜航线
152	北纬 49° 23′.233	西经 04° 32′.650	斜航线
153	北纬 49° 14′.467	西经 05° 11′.000	斜航线
154	北纬 49° 13′.367	西经 05° 18′.000	斜航线
155	北纬 49° 13′.000	西经 05° 20′.667	斜航线
156	北纬 49° 12′.167	西经 05° 40′.500	斜航线
157	北纬 49° 12′.000	西经 05° 41′.500	斜航线
158	北纬 48° 10′.000	西经 09° 22′.265	斜航线
159	北纬 48° 10′.000	西经 10° 00′.000	纬线
160	北纬 48° 20′.000	西经 10° 00′.000	经线
161	北纬 48° 20′.000	西经 09° 48′.000	纬线
162	北纬 48° 30′.000	西经 09° 48′.000	经线
163	北纬 48° 30′.000	西经 09° 36′.000	纬线
164	北纬 48° 50′.000	西经 09° 36′.000	经线
165	北纬 48° 50′.000	西经 09° 24′.000	纬线

续表

地点编号	第 1 栏		第 2 栏 线 型
	纬 度	经 度	
166	北纬 49° 00′.000	西经 09° 24′.000	经线
167	北纬 49° 00′.000	西经 09° 17′.000	纬线
168	北纬 49° 10′.000	西经 09° 17′.000	经线
169	北纬 49° 10′.000	西经 09° 12′.000	纬线
170	北纬 49° 20′.000	西经 09° 12′.000	经线
171	北纬 49° 20′.000	西经 09° 03′.000	纬线
172	北纬 49° 30′.000	西经 09° 03′.000	经线
173	北纬 49° 30′.000	西经 08° 54′.000	纬线
174	北纬 49° 40′.000	西经 08° 54′.000	经线
175	北纬 49° 40′.000	西经 08° 45′.000	纬线
176	北纬 49° 50′.000	西经 08° 45′.000	经线
177	北纬 49° 50′.000	西经 08° 36′.000	纬线
178	北纬 50° 00′.000	西经 08° 36′.000	经线
179	北纬 50° 00′.000	西经 08° 24′.000	纬线
180	北纬 50° 10′.000	西经 08° 24′.000	经线
181	北纬 50° 10′.000	西经 08° 12′.000	纬线
182	北纬 50° 20′.000	西经 08° 12′.000	经线
183	北纬 50° 20′.000	西经 08° 00′.000	纬线
184	北纬 50° 30′.000	西经 08° 00′.000	经线
185	北纬 50° 30′.000	西经 07° 36′.000	纬线
186	北纬 50° 40′.000	西经 07° 36′.000	经线
187	北纬 50° 40′.000	西经 07° 12′.000	纬线
188	北纬 50° 50′.000	西经 07° 12′.000	经线
189	北纬 50° 50′.000	西经 07° 03′.000	纬线

续表

地点编号	第1栏 纬度	第1栏 经度	第2栏 线型
190	北纬 51° 00′.000	西经 07° 03′.000	经线
191	北纬 51° 00′.000	西经 06° 48′.000	纬线
192	北纬 51° 10′.000	西经 06° 48′.000	经线
193	北纬 51° 10′.000	西经 06° 42′.000	纬线
194	北纬 51° 20′.000	西经 06° 42′.000	经线
195	北纬 51° 20′.000	西经 06° 33′.000	纬线
196	北纬 51° 30′.000	西经 06° 33′.000	经线
197	北纬 51° 30′.000	西经 06° 18′.000	纬线
198	北纬 51° 40′.000	西经 06° 18′.000	经线
199	北纬 51° 40′.000	西经 06° 06′.000	纬线
200	北纬 51° 50′.000	西经 06° 06′.000	经线
201	北纬 51° 50′.000	西经 06° 00′.000	纬线
202	北纬 51° 54′.000	西经 06° 00′.000	经线
203	北纬 51° 54′.000	西经 05° 57′.000	纬线
204	北纬 51° 58′.000	西经 05° 57′.000	经线
205	北纬 51° 58′.000	西经 05° 54′.000	纬线
206	北纬 52° 00′.000	西经 05° 54′.000	经线
207	北纬 52° 00′.000	西经 05° 50′.000	纬线
208	北纬 52° 04′.000	西经 05° 50′.000	经线
209	北纬 52° 04′.000	西经 05° 46′.000	纬线
210	北纬 52° 08′.000	西经 05° 46′.000	经线
211	北纬 52° 08′.000	西经 05° 42′.000	纬线
212	北纬 52° 12′.000	西经 05° 42′.000	经线
213	北纬 52° 12′.000	西经 05° 39′.000	纬线

续表

地点编号	第1栏		第2栏 线　型
	纬　度	经　度	
214	北纬 52° 16′.000	西经 05° 39′.000	经线
215	北纬 52° 16′.000	西经 05° 35′.000	纬线
216	北纬 52° 24′.000	西经 05° 35′.000	经线
217	北纬 52° 24′.000	西经 05° 22′.800	纬线
218	北纬 52° 32′.000	西经 05° 22′.800	经线
219	北纬 52° 32′.000	西经 05° 28′.000	纬线
220	北纬 52° 44′.000	西经 05° 28′.000	经线
221	北纬 52° 44′.000	西经 05° 24′.500	纬线
222	北纬 52° 52′.000	西经 05° 24′.500	经线
223	北纬 52° 52′.000	西经 05° 22′.500	纬线
224	北纬 52° 59′.000	西经 05° 22′.500	经线
225	北纬 52° 59′.000	西经 05° 19′.000	纬线
226	北纬 53° 09′.000	西经 05° 19′.000	经线
227	北纬 53° 09′.000	西经 05° 20′.000	纬线
228	北纬 53° 26′.000	西经 05° 20′.000	经线
229	北纬 53° 26′.000	西经 05° 19′.000	纬线
230	北纬 53° 32′.000	西经 05° 19′.000	经线
231	北纬 53° 32′.000	西经 05° 17′.000	纬线
232	北纬 53° 39′.000	西经 05° 17′.000	经线
233	北纬 53° 39′.000	西经 05° 16′.340	纬线
234	北纬 53° 42′.140	西经 05° 16′.340	经线
235	北纬 53° 42′.140	西经 05° 17′.850	纬线
236	北纬 53° 44′.400	西经 05° 17′.850	经线
237	北纬 53° 44′.400	西经 05° 19′.330	纬线

续表

地点编号	第1栏		第2栏 线 型
	纬 度	经 度	
238	北纬53°45′.800	西经05°19′.330	经线
239	北纬53°45′.800	西经05°22′.000	纬线
240	北纬53°46′.000	西经05°22′.000	经线
241	北纬53°46′.000	西经05°19′.000	纬线
242	北纬53°69′.949	西经05°19′.000	经线
朝北爱尔兰岛的领海界限正西方向位于：			
243	北纬54°00′.000	西经05°36′.333	

2. 附件中每个地点分别来源于以下各测地数据库：

1号地点	欧洲地球参考系统1989（简称"ETRF89"）
2号地点至37号地点	世界大地坐标系统1984（简称"WGS84"）
38号地点至79号地点	ETRF89
80号地点至158号地点	欧洲数据（1950年第一次修正）（简称"ED50"）
159号地点至242号地点	WGS84
243号地点	爱尔兰地形测量数据库1965（简称"OSI65"）

注释说明
（本注释不属于法令部分）

本法令整合了所有基于1964年《大陆架法》框架下出台的法令，对大陆架指定区作出规定，明确了联合王国对指定区内的领海包括其海床、底土及自然资源享有主权。同时，本法令修正了1999年《大陆架（指定区）令》附件中的一处错误。

加勒比及北大西洋地区英属维尔京群岛（领海）令（2007年）

（2007年7月25日颁布，2007年8月15日生效）

白金汉宫宫廷，2007年7月25日
由最尊敬的女王陛下在议会上颁布

女王陛下根据1895年《殖民地边界法案》[3]中授权女王的规定以及其他女王权力的规定，并结合其枢密院提供的建议，现颁布命令如下：

1. 本法令称为"《英属维尔京群岛（领海）令》（2007年）"，将于2007年8月15日生效。

2. （1）除了本条第（2）款的另行规定之外，英属维尔京群岛的边界线据此延伸至包括领海及其海床和底土，根据本法令第3条和第4条规定，领海是由基线向外测量12海里的海域。

（2）毗邻英属维尔京群岛领海的朝海界限列举在本法令附件中的A到FF等地点，这些界限将由一系列测地线之间的连接所组成，从A到FF各地点将按给定的顺序规定在本法令的附表中。

3. （1）除了本条第（2）款以及接下来第4条和第5条的另行规定之外，英属维尔京群岛领海宽度的测算基线应当是沿着包括群岛内所有岛屿海岸的低水位线。

（2）本条在于指明如果所有的低潮高地都无视宽度测量的宗旨，那么一个全部或者部分坐落于领海宽度内的低潮高地由此将被视为一个岛屿。

4. （1）在靠近海岸的海域中存在岸礁的情况下，测量领海宽度的测算基线应当是岸礁低水位线的朝海界限。

（2）当本条第（1）款中提及的岸礁有断裂或通路时，测量领海宽度的测算基线应当是该断裂或通路的朝海入口点所连接的直线。

5. 在毗邻海湾的海域，测量领海宽度的测算基线的确定包含以下情况：

（1）如果该海湾只有一个入口且该海湾自然入口点的低水位线之间的距离不超过24海里，那么测量领海宽度的测算基线应当是该低水位线所连接

---
[3] 1895 c.34.

的直线；

（2）如果由于存在岛屿，该海湾不止一个入口且各个入口点的低水位线之间相加的总距离不超过 24 海里，那么测量领海宽度的测算基线应当是按照这些低水位线进行连接，穿过每个入口所画的一系列直线；

（3）如果并非本条第（1）和第（2）款的情况，那么测量领海宽度的测算基线应当是一条 24 海里的直线，按照这条直线所能围住最大海域面积的方式来画出一条从该海湾一边低水位线到另一边低水位线的长达 24 海里的直线。

6. 在本法令中：

（1）"海湾"是指海岸的一个凹口区域，这个凹口区域的面积不小于以凹口入口点所画的直线为直径的半圆形，并且根据本定义的宗旨，该凹口区域应当是由凹口周围岸边的低水位线和其自然入口点低水位线连成的直线共同划界的区域，同时当凹口内存在岛屿，凹口有不止一个入口时，半圆形的直线长度应当是指穿过每个入口的直线长度总和，并且在计算凹口区域面积时，任何在凹口中的岛屿都应当视为凹口区域的一部分；

（2）"岸礁"是指礁石直接连接或位于最近的海岸或任何沿海环礁湖；

（3）"岛屿"是指在海面高潮时依然高于水面，四面环水，自然形成的陆地；

（4）"低潮高地"是指在海面低潮时四面环水，在高潮时没入水中的自然形成的干燥陆地；

（5）"直线"是指一条测地线；并且

（6）"海里"是指国际标准海里，1 海里 =1852 米。

朱蒂斯·辛普森
枢密院书记官

附件第 2 条第（2）款

地点列表

地点编号	条 款	地点位置
A		12 海里弧形相交点
B	10	北纬 18° 29′ 22″，西经 64° 53′ 50″
C	11	北纬 18° 27′ 36″，西经 64° 53′ 22″
D	12	北纬 18° 25′ 22″，西经 64° 52′ 39″
E	13	北纬 18° 24′ 31″，西经 64° 52′ 19″
F	14	北纬 18° 23′ 51″，西经 64° 51′ 50″
G	15	北纬 18° 23′ 43″，西经 64° 51′ 23″
H	16	北纬 18° 23′ 37″，西经 64° 50′ 18″
I	17	北纬 18° 23′ 48″，西经 64° 49′ 42″
J	18	北纬 18° 24′ 11″，西经 64° 49′ 01″
K	19	北纬 18° 24′ 29″，西经 64° 47′ 57″
L	20	北纬 18° 24′ 18″，西经 64° 47′ 00″
M	21	北纬 18° 23′ 14″，西经 64° 46′ 37″
N	22	北纬 18° 22′ 38″，西经 64° 45′ 21″
O	23	北纬 18° 22′ 40″，西经 64° 44′ 42″
P	24	北纬 18° 22′ 42″，西经 64° 44′ 36″
Q	25	北纬 18° 22′ 37″，西经 64° 44′ 24″
R	26	北纬 18° 22′ 40″，西经 64° 43′ 42″
S	27	北纬 18° 22′ 30″，西经 64° 43′ 36″
T	28	北纬 18° 22′ 25″，西经 64° 42′ 58″
U	29	北纬 18° 22′ 27″，西经 64° 42′ 28″

续表

地点编号	条　款	地点位置
V	30	北纬 18° 22′ 16″，西经 64° 42′ 03″
W	31	北纬 18° 22′ 23″，西经 64° 40′ 59″
X	32	北纬 18° 21′ 58″，西经 64° 40′ 15″
Y	33	北纬 18° 21′ 51″，西经 64° 38′ 22″
Z	34	北纬 18° 21′ 22″，西经 64° 38′ 16″
AA	35	北纬 18° 20′ 39″，西经 64° 38′ 32″
BB	36	北纬 18° 19′ 16″，西经 64° 38′ 13″
CC	37	北纬 18° 19′ 07″，西经 64° 38′ 16″
DD	38	北纬 18° 17′ 24″，西经 64° 39′ 37″
EE	39	北纬 18° 16′ 43″，西经 64° 39′ 41″
FF		12 海里弧形相交点

A 地点和 FF 地点是上述边界的 12 海里交点，如果领海基线发生类似于本法令第 3 条规定的变化，那么 A 地点和 FF 地点也相应改变。

从 B 地点到 EE 地点各自对应 1993 年 11 月 5 日大不列颠及北爱尔兰联合王国和美利坚合众国[4]签署的《关于涉及波多黎各/美属维尔京群岛和英属维尔京群岛加勒比海海洋边界划界的条约》第 10 条至第 39 条的规定。

附表中给出的所有地理坐标都来源于北美数据（北美数据 1983 版）。

注释说明
（本注释不属于法令部分）

该法令将英属维尔京群岛的海洋领土边界延伸至包括英属维尔京群岛基线以外 12 海里的海域及其海床和底土，并且在这方面作出其他规定。特别是，法令规定了测量领海宽度的测算基线通常是低水位线，除了存在岸礁或海湾的情况。

毗邻美属维尔京群岛的界限由附表列举的地点所连接的测地线构成，并

4　1995 Cm 2978

依照 1993 年 11 月 5 日大不列颠及北爱尔兰联合王国和美利坚合众国签署的《关于涉及波多黎各/美属维尔京群岛和英属维尔京群岛加勒比海海洋边界划界的条约》中对该线的规定。

加勒比及北大西洋地区安圭拉岛（领海）令（2007 年）
(2007 年 10 月 10 日颁布，2007 年 10 月 31 日生效)

白金汉宫宫廷，2007 年 10 月 10 日
由最尊贵的女王陛下在议会上颁布

女王陛下根据 1895 年《殖民地边界法案》[5] 中授权女王的规定以及其他女王权力的规定，并结合其枢密院提供的建议，现颁布命令如下：

1. 本法令称为"《安圭拉岛（领海）令》（2007 年）"，将于 2007 年 10 月 31 日生效。

2.（1）除了本条第（2）款的另行规定之外，安圭拉岛的边界线据此延伸至包括领海及其海床和底土，根据本法令第三条和第四条规定，领海是由基线向外测量 12 海里的海域。

（2）毗邻安圭拉岛领海的朝海界限列举在本法令附件中的 A 到 E 等地点，这些界限将由一系列测地线之间的连接所组成，从 A 到 E 各地点将按给定的顺序规定在本法令的附表中。

3.（1）除了本条第（2）款以及接下来第四条和第五条的另行规定之外，安圭拉岛领海宽度的测算基线应当是沿着包括群岛内所有岛屿海岸的低水位线。

（2）本条在于指明，如果所有的低潮高地都无视宽度测量的宗旨，那么一个全部或者部分坐落于领海宽度内的低潮高地由此将被视为一个岛屿。

4.（1）在靠近海岸的海域中存在岸礁的情况下，测量领海宽度的测算基线应当是岸礁低水位线的朝海界限。

（2）当本条第（1）款中提及的岸礁有断裂或通路时，测量领海宽度的测

5　1895 c.34.

算基线应当是该断裂或通路的朝海入口点所连接的直线。

5. 在毗邻海湾的海域,测量领海宽度的测算基线的确定包含以下情况:

(1) 如果该海湾只有一个入口且该海湾自然入口点的低水位线之间的距离不超过24海里,那么测量领海宽度的测算基线应当是该低水位线所连接的直线;

(2) 如果,由于存在岛屿,该海湾不止一个入口且各个入口点的低水位线之间相加的总距离不超过24海里,那么测量领海宽度的测算基线应当是按照这些低水位线进行连接,穿过每个入口所画的一系列直线;

(3) 如果并非本条第(1)和第(2)款的情况,那么测量领海宽度的测算基线应当是一条24海里的直线,按照这条直线所能围住最大海域面积的方式来画出一条从该海湾一边低水位线到另一边低水位线的长达24海里的直线。

6. 在本法令中:

(1) "海湾"是指海岸的一个凹口区域,这个凹口区域的面积不小于以凹口入口点所画的直线为直径的半圆形,并且根据本定义的宗旨,该凹口区域应当是由凹口周围岸边的低水位线和其自然入口点低水位线连成的直线共同划界的区域,同时当凹口内存在岛屿,凹口有不止一个入口时,半圆形的直线长度应当是指穿过每个入口的直线长度总和,并且在计算凹口区域面积时,任何在凹口中的岛屿都应当视为凹口区域的一部分;

(2) "岸礁"是指礁石直接连接或位于最近的海岸或任何沿海环礁湖;

(3) "岛屿"是指在海面高潮时依然高于水面,四面环水,自然形成的陆地;

(4) "低潮高地"是指在海面低潮时四面环水,在高潮时没入水中的自然形成的干燥陆地;

(5) "直线"是指一条测地线;并且

(6) "海里"是指国际海里标准1852米。

朱蒂斯·辛普森
枢密院书记官